Horcht! Die Schritte des Propheten Muhammad ﷺ.

一部爲穆斯林而寫的先知傳記（一）

聆聽先知穆罕默德的跫音

願主福安之

從出生到公開宣教

Mariem Dhouib

麥爾彥・杜艾伊伯──著　林謂妤──譯

推薦序

至聖的典範

趙錫麟

台北清真寺教長、國立陽明交通大學通識中心兼任助理教授

萬讚歸於真主安拉ﷻ，養育眾世界的主，祈求安拉ﷻ賜吉慶與平安予他的使者，至聖穆罕默德ﷺ，與他的家人、弟子及追隨他的人們。

《聖訓》是真主安拉ﷻ的使者穆罕默德聖人ﷺ的言行等記錄，包括他的言論、行為、教導，及一切無言的示意、教誨與相關事蹟的記錄，通稱為《聖訓》。穆聖ﷺ在宣達伊斯蘭的初期，為避免其聖訓與《古蘭經》產生混淆，故戒訓弟子不可任意記錄他的言行。弟子們謹遵教導，多依循口耳相傳穆聖ﷺ的教誨與相關事務。當穆聖ﷺ歸真後，大賢弟子們決定開始全面蒐集、確認及記錄《聖訓》，以保存穆聖ﷺ的教誨免於失傳。到了再傳弟子時代，學者們繼續蒐集《聖訓》並開始按照它的不同課題加以分門別類，編輯抄錄成書。

到烏麥亞王朝（白衣大食）的賢君歐瑪爾・伊布尼・阿布

杜・阿濟茲主政時期，鑑於當時伊斯蘭已經廣泛傳播到阿拉伯半島外的其他地區，《聖訓》的真偽難辨，事關伊斯蘭信仰與學術的研究，因此，這位賢君下令，要求當時的大學者們輯錄可靠的《聖訓》。學者們對於每段《聖訓》傳述人加以考據查證，包括最初開始傳述聖訓的聖門弟子，至再傳弟子，及其後近兩世紀接續傳述的每位傳述人的年代背景、人格品性、及生活情況等一切相關資料，均以最嚴謹的治學態度一一追溯核實。他們憑藉建立確鑿的傳述鏈方式發展出可靠的考據學術，確保了《聖訓》傳述的正確性。穆斯林學者們的嚴謹治學方式，成為舉世景仰的學術典範。

安拉ﷻ慈憫世人，選派了使者穆聖ﷺ來教化引領人們。穆聖ﷺ的品德就是遵循仁慈的主的品德，涵蓋了一切明顯的與內涵的完美品行，穆聖ﷺ以他的品德領先了所有的今世和後世裡的人，他在安拉ﷻ那裡是最受尊重的，安拉ﷻ說：「你確是具備偉大的品德。」（《古蘭經》68章4節），穆聖ﷺ除了具備使者們的四個共同特性：誠實、信託、宣達、聰慧外，謙和寬容、睿智果斷的聖人還具備許多典範；安拉ﷻ說：「安拉的使者確是你們，（這些）期盼安拉和末日並且多多記念安拉者的優良典範。」（《古蘭經》33章21節），穆聖ﷺ的偉大崇高人格，確實足以成為全體世人的典範。

阿拉伯人將他們接受伊斯蘭信仰以前的時代稱為「愚昧時代」或「蒙昧時代」，就是穆聖ﷺ品德教化的最好見證。聖門弟子長期追隨其側，仔細觀摩、聆聽，背記下穆聖ﷺ一切的日常生活細節、為人處事，及宗教實行之道與教法之判斷等，因此，《聖訓》不但內涵廣泛豐富，而且因其傳述確鑿可信，而成為伊斯蘭律法之第二法源，是正確可靠的治學依據。

穆斯林學者們歷經世代的努力，將《古蘭經》與《聖訓》教誨的精華發揚光大，使得伊斯蘭教義落實為生活文化，進而締造了長達十幾個世紀的高品質文明，大舉提升了人類的道德水準及學術發展，帶動了全體人類的共存共榮。

聖門弟子細心地蒐集保存穆聖ﷺ的教誨，到了伊斯蘭曆二世紀（西元八世紀）就已經有了法學大師伊瑪目．馬立克蒐集的《穆沃塔聖訓集》，後來陸續又有許多大學者們全力投入這項艱鉅的工作，才有今天家喻戶曉的六大《聖訓》集。

與穆聖ﷺ的《聖訓》同時受到重視的，是詳實蒐錄穆聖ﷺ生平史實的傳記，鑑於至聖的豐功偉業，阿拉伯文習慣將其生平與戰事並稱，惟《聖訓》多為聖門弟子所傳述，而《至聖傳記》則多為史家執筆，雖然也引述並抄錄傳述者的姓名，但是傳述多有不同，且多為敘事體材；以故事方式傳誦，作為穆斯林身教與品德培養的教材。自古至今陸續有阿拉伯文及其他語文的著作與研究專書，甚至有歐美人士的著作和讚揚穆聖ﷺ的文章，可謂書卷浩繁，汗牛充棟。伊斯蘭自從唐代傳入中土至今，早在清乾隆年間即有金陵（南京）劉智（字介廉），撰述並刊印《天方至聖實錄》共有二十卷，是個人所知最早的完整中文《至聖傳記》。

千餘年前的至聖生活實錄傳承至今，仍然有它的巨大價值，供吾人參考與仿效。尤以當前傳媒科技發達，雖多造福人群，惟亦導致資訊真偽難辨，聳動追求物慾，使得我們社會的價值觀與生活方式面臨諸多考驗，物質與精神亟需平衡；而伊斯蘭的宗旨與實踐就體現在穆聖 ﷺ 的《聖訓》與傳記裡，可供我們參考。惟《聖訓》與《至聖傳記》兩者皆為專門學術，引用《聖訓》作為法源，更是學者專家們的工作，不可隨意驟下斷語批判，或是以偏概全，執著於細節而忽略了大綱，更不能斷章取義，或是僅只採納一部分，而放棄其他相關的教義或規範，如此必將導致嚴重缺陷。

先賢們治學都是只問耕耘不問收穫，期盼獲得安拉ﷻ的喜悅與後世裡的善賞。因為伊斯蘭信仰同時重視我們生活的今世，和今世生命終止以後，必將面臨的復活與公平的審判。敬謹以真主安拉ﷻ的教誨與各位先進共勉：「你說：你們做吧！安拉ﷻ和他的使者與穆民們都將看見你們的作為；你們將被送回到知曉一切隱不可見與可見證事物的主那裡，那時他會將你們過去的作為告訴你們。」（《古蘭經》9 章 105 節）毫無疑問，將來後世裡的審判是我們每一個人都必將面臨的，我們應當儘早做好準備，及時懺悔改過，努力爭取真主ﷻ的喜悅。

安拉 ﷻ 是徹知一切的，祈求安拉 ﷻ 接受我們的虔誠舉意，襄助我們追隨穆聖 ﷺ 的典範處事為人，服務主道；感讚真主安拉 ﷻ 的慈憫，他是養育眾世界的唯一真主 ﷻ。

推薦序

信仰與理性的對話

一部從穆斯林觀點出發的先知傳記

蔡源林

（國立政治大學宗教研究所所長）

近年來國內出版界有關伊斯蘭宗教、歷史與文明的著作與譯介如百花齊放、百家爭鳴，質量皆比十年、二十年前有著顯著成長，可謂迎頭趕上歐美國家的伊斯蘭熱潮。台灣讀者對伊斯蘭知識的渴求，已不能只以輕薄短小的介紹性導讀來滿足，卷帙浩繁的大部頭學術鉅著或深度探索的專題論述，也是一部接著一部被翻譯成冊，足見伊斯蘭讀者群的品味，與一般閱讀公眾偏好簡淺明確的特質，呈現相反的趨勢。

不過，上述眾多伊斯蘭的譯著仍以西方學者所作居多，或許是因為出版業者擔心文化隔閡或選擇題材受限，穆斯林作者從自身的伊斯蘭信仰與文明視角而寫的專著只佔少部分，而且這些穆斯林作者大多是在西方世界接受教育、熟悉西方語言與文化、深諳西方讀者的品味與想法，其著書立說的預設讀者群也是西方人，這些穆斯林作者大概也未預期其著作會被翻成中文而有意料之外的華人讀者群。整體而言，從西方視角來認識伊斯蘭，仍是台灣乃至中文世界閱聽大眾難以避免的主要模式，直接和伊斯蘭宗教與文明深度交流的機會仍然有限。

數月前接獲八旗編輯部傳來的這本先知穆罕默德傳記譯稿，著實令人耳目一新。原作者為穆斯林學者，遵循古典伊斯蘭聖傳體例書寫，企圖以原汁原味的伊斯蘭傳統風格撰寫先知的聖傳，中譯者則是台灣出身的穆斯林，並與原作者熟識，兩人共同在奧地利推展伊斯蘭教育，這樣難得的組合乃是中文世界首見的穆聖傳記。本書所承襲的聖傳書寫形式溯源於伊斯蘭第二聖典《聖訓》的體例，《聖訓》為穆聖生平的言行輯錄，編纂者以「述而不作」的嚴謹方法記錄下穆聖前兩代追隨者（中譯為「聖門弟子」）所記憶與傳述的穆聖言行，並在每則聖訓的開頭附上一長串的傳述者人名，可以往前回溯至曾親自受教於穆聖的第一代「聖門弟子」，以作為詮釋與補充《古蘭經》未提及事項的教義與教法之權威依據，消弭了穆聖歸真之後宗派分裂、異說紛陳的亂局，為後代穆斯林樹立伊斯蘭信仰與實踐的典範。《聖訓》一段又一段相互不連貫的對話與敘述，正是為了保存口述採訪的原貌，盡可能降低記錄者與編纂者本人主觀意識所作的加油添醋，以避免讀者理解穆聖教誨與行誼的原貌受到扭曲。穆斯林相當自豪於其聖典與先知的教誨乃是歷代穆斯林學者以最忠於原貌的嚴謹方法一代又一代地傳承至今，與其他宗教的傳承模式受到每一代傳述者的主觀詮釋而逐漸偏離原本教導，實不可同日而語。

雖然，作者謹守伊斯蘭聖傳的「述而不作」書寫模式，但其預設的讀者群為二十一世紀的穆斯林，特別是受西方現代文明薰陶的歐洲穆斯林移民社群，作者遂將身為伊斯蘭教育家的關懷融入其中，不但將古典的聖傳敘事巧妙地轉化為穆斯林青年的勵志故事，並為已逐漸與伊斯蘭傳統疏離，或甚至產生誤解的歐洲穆斯林移民第二代，重塑穆聖典範並回應移民社群的當代處境。故作者在關鍵的敘事段落之後，穿插著針對西方的「東方主義」學派之批判，這對不熟悉穆斯林學者與西方的「東方主義」學者論戰之思想史脈絡的讀者，增添了一層閱讀的障礙。作者並非無端挑起學術的「文明衝突」，而是深知在西方世界成長的穆斯林世代，受到西方現代世俗教育與反伊斯蘭媒體再現的耳濡目染，對伊斯蘭傳統、《古蘭經》的天啟訊息、穆聖的人格典範等等的認識，已受到系統性的扭曲，所以要引導穆斯林移民第二代回歸伊斯蘭認同，必須適時地批判當代西方反伊斯蘭意識形態的思想源頭——「東方主義」學術思潮所建構的伊斯蘭論述。

「東方主義」學派的知識系譜，雖已有薩伊德的鉅著《東方主義》進行深刻的批判分析，但自命為世俗人文主義的薩伊德，並未將此批判方法運用於「東方主義」學派對《古蘭經》、《聖訓》、穆聖傳記等伊斯蘭宗教主題的研究，後起的穆斯林學者如何引薩伊德的批判方法運用於西方學界的伊斯蘭研究，中文世界的譯介不多。所以，本書針對「東方主義」學派的穆聖論述所提出的反駁，讀者大概只能望文生義，難求甚解！嚴格說來，十九世紀以降的「東方主義」學派對伊斯蘭與其他文明的觀點，並非全然只有負面與貶抑，部分西方學者甚至以欣賞與讚嘆的方式探討東方文明，並藉此反批西方文明的種種問題。

具體而言，「東方主義」學派的知識典範，承續啟蒙運動、浪漫主義等反基督教傳統的革命思潮，因此也延續著上述思潮的世俗主義、理性主義、反教權主義之意識型態，並企圖吸收非西方傳統的精神養分，以為西方現代文明找尋新出路，故而「東方主義」學者對伊斯蘭傳統與穆聖表示肯定與讚揚者，為數也相當可觀。然則，西方現代文明所標榜的理性主義與世俗人文主義，已將宗教信仰視為文明進步的反命題，無論是基督教或伊斯蘭，都是保守、落後與非理性的傳統文化，「東方主義」學派承接相同的現代性立場，其所稱道者乃是穆聖作為阿拉伯民族英雄、政治改革者、公正立法者的世俗成就，這是被西方現代性觀點所重構的穆聖形象，而非穆斯林熟悉與尊崇的穆聖。

作者所要強調的是經由「東方主義」學者世俗化、理性化、人文化的穆聖，同時也是宗教先知的角色被消解掉的穆聖，但正是穆聖的先知典範，才是穆斯林認同的核心之所繫，也是回歸伊斯蘭傳統的必要條件。作者深知世俗化、理性化版本的穆聖形象已深植於西方社會，也可能為穆斯林青年所習焉而不察，所以特別將穆聖生平所經歷的超自然神蹟，包括：三度被天使開膛剖胸、天啟經驗、誦讀《古蘭經》文而感化精靈、夜行耶路撒冷、登上七重天親聆真主的旨意等等，皆以《古蘭經》與《聖訓》傳述的真確無誤，駁斥「東方主義」學者的世俗化詮釋。

作者身為教育家的另一巧思，便是將穆聖傳記轉化為鼓勵年輕人勇於面對生命逆境、力爭上游的勵志故事。相較於其他文明傳統開宗立派的精神導師，穆聖的家庭背景與成長環境可說是最貧賤與最平凡不過的了！穆聖童年時期經歷了父親、母親、祖父相繼過世的喪親之痛，扶養其長大成人的叔父阿布 · 塔力伯善盡撫育孤兒之責，使得穆聖青少年時期不缺家庭親情的溫暖。但穆聖所屬的哈希姆家族，為麥加最強大的古萊氏族中相對弱勢的支系，所以青少年穆聖只能過著「少也賤，故多能鄙事」的牧羊人清苦生活，每逢生命中重大的危難時刻，就會有出乎意料的外援助穆聖化險為夷，提供這些及時援助者，大多是與穆聖出身同樣卑賤的平凡部落民，甚至是奴隸。這一切的遭遇促成了穆聖從小就萌生同情弱勢群體的胸懷，並願意挺身而出對抗豪強勢力的欺凌。

當然，從穆斯林角度來詮釋穆聖一生傳奇性的事蹟，只能讚嘆一切都是真主阿拉的旨意所安排，唯一造物主才是穆聖最終的援助者與依靠者。如果對照穆聖的低賤出身與前半生的不幸遭遇，以及其後半生所開創的非凡事業，一人兼具宗教先知與民族英雄的神聖與世俗雙重角色，實為前無古人、迄今亦無來者的傳奇人物，難道這一切不是真主的前定使然嗎！

穆聖的前半生助其翻轉逆境最重要的兩位貴人，除扶養其長大成人的叔父之外，便是提供其經濟上與感情上最大支持的聖妻哈蒂佳。作者以細膩筆調刻劃這段終生不渝的姐弟戀情與美滿婚姻，有意藉此反駁長期以來對伊斯蘭的一項成見，亦即將一夫多妻制與伊斯蘭劃上等號，而未能理解該婚姻制度與阿拉伯部落社會的習俗與家族制度有關。從該部落社會脈絡來看，穆聖在哈蒂佳辭世之前未再娶第二任妻室，更彰顯穆聖與哈蒂佳這段婚姻的獨特性，也樹立了伊斯蘭夫妻關係的永恆典範。哈蒂佳除提供世俗可見的物質與感情之支持外，還是穆聖領受天啟之後，第一位認證其先知身分的穆斯林，在穆聖傳教初期勢單力孤的困境中，哈蒂佳一直是最大的精神後盾。

本書以穆斯林立場訴說穆聖的一生傳奇故事，或許會令習於「東方主義」觀點的中文讀者感受到某種文化震撼，也可藉此自我反思吾人受西方文化霸權的潛移默化到底有多深。筆者在宗教學系所開授伊斯蘭課程二十餘年，初學伊斯蘭的同學們所提的問題與看法，經常難以擺脫西方現代文明與「東方主義」學派的特定觀點。我經常會反問同學們，你們會以質疑穆聖的人格與行為相同的方式來質疑自己所信仰的儒家、佛教與道教的聖賢嗎？如果穆斯林以其信仰與道德標準質疑你們所信仰的儒家、佛教與道教的聖賢，你們自己可以接受嗎？若是雙方都只用自己的角度與標準來質問其他宗教與文化傳統，當然也就只有導向無解的「文明衝突」式結論了！研讀穆斯林作者現身說法的穆聖傳記，讀者可深入伊斯蘭文明的泉源與核心，透過攀登精神層次的高峰而與異己文明相會，才是將相互排斥、較勁與敵對的「文明衝突」觀，轉化為相互包容、欣賞與學習的「文明對話」觀的不二法門。

If you don’t know him then follow his footstep now!

如果你不認識他，那麼現在就跟隨他的腳步吧！

—— 盧米（Rumi）

بِسْمِ ٱللَّهِ ٱلرَّحْمَٰنِ ٱلرَّحِيمِ

聖人穆罕默德 ﷺ 之生平

願主（Allāh[1]）福安之

1 Allāh ﷻ 在阿拉伯文裡的意思為「造物主」，也被稱為「真主 ﷻ」或「安拉 ﷻ」，為阿拉伯國家裡的通用語。在伊斯蘭教裡，我們相信 Allāh ﷻ 是獨一無偶的，如《古蘭經》112 章：「你（穆聖）說：祂是安拉，是獨一的主，安拉是無所求的，是萬物所需求的，祂不生（兒）育（女）也不是被生育的，絕沒有任何物能做祂的匹敵。」（馬仲剛譯本，本文以下以 # 標示代表本段所引《古蘭經》為馬仲剛譯。）安拉 ﷻ 有九十九個尊名，每個都代表著他獨一的特性，無任何一個被創造物與他有相同或相似的特性。所有宇宙萬物皆為安拉 ﷻ 所創造，他們的生存有開始也有結束，並且受時間及空間的限制。但相反的，安拉 ﷻ 他不受時間及空間的限制，他的存在沒有開始也沒有結束。是絕對必要的，沒有他，所有的被創造者與被創造物都不可能存在。他無所不能，他有意志，所決定之事無人能改變或左右。（引述自：http://islamchina.net/index.html）

目　錄

前　言

✧《古蘭經》第 21 章〈眾先知〉107 節

وَمَا أَرْسَلْنَاكَ إِلَّا رَحْمَةً لِّلْعَالَمِينَ

「我派遣你，只為憐憫全世界的人。」

✧《古蘭經》第 33 章〈同盟軍〉21 節

لَقَدْ كَانَ لَكُمْ فِي رَسُولِ اللَّهِ أُسْوَةٌ حَسَنَةٌ لِّمَن
كَانَ يَرْجُو اللَّهَ وَالْيَوْمَ الْآخِرَ وَذَكَرَ اللَّهَ كَثِيرًا

「希望真主和末日，並且多多記念真主者，你們有使者可以作為他們的優良模範。」

✧「穆聖ﷺ說：你們中沒有一人的信仰能達到全美，直到他愛我勝過於他的父親、他的孩子和全人類。」布哈里聖訓集、穆司林聖訓集共同收錄。

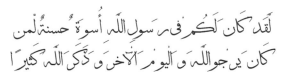

✧願將此書獻給

1. 穆聖（願主福安之）

他是那一輪明月，為我們照亮了世界的黑暗。

他是那一把鑰匙，為我們開啟了今世的幸福與後世的救贖。

他是最好的導師，為我們帶來了正信與方針。

他是最好的榜樣，團結眾人，引領我們獲得真主的滿意而到達天堂。

2. 聖門弟子們（願主喜悅他們）

他們為我們記下了穆聖（願主福安之）的生平、言行，
並將它傳承給我們。

3. 我的父母（願主慈憫他們）

4. 我敬愛的學者老師們（願主慈憫他們）

學者穆罕默德・阿布・夏赫巴博士
（Šayḫ Dr. Muhammad Abū Šahbah），
學者穆罕默德・沙意德・賴買丹・阿爾・布提
（ŠayḫMuḥammad Ṣa'īd Ramaḍān al-Būṭī），
是他們教會了我如何去愛穆聖（願主福安之）。

5. 我的四姊 Mounira（願主慈憫她）

「長姊如母」！是她，在我失去母親之後以愛心與溫暖照亮了我的生命，將我撫養長大。她熱切地期待這本書印刷、出版的那一刻，以便穆聖（願主福安之）的光能照亮更多的人。

6. 本書譯者阿伊莎林謂好與李國辰姊妹的父親們（願主慈憫他們）

在此特別感謝李國辰姊妹在校正的工作中為本書提供了非常大的支持與幫助。

✧研讀穆聖傳的重要

穆聖傳（Sīrah）是一本充滿吉慶的書，首先我們得先了解如何去定義 Sīrah？它是一個阿拉伯文的名稱。它出自於 Sāra 這個字，動詞的意思是指行走；走向一個目標或目的地。而它的名詞是形容一個人的性格；他 ﷺ 的為人處事；他 ﷺ 的一生。在伊斯蘭教中，Sīrah 專指的是穆聖 ﷺ 的生平。在這個傳記中我們學習研究的不僅是在他 ﷺ 生命中所發生的歷史，而是對他 ﷺ 整個人從出生到歸真，在不同的事件中無論是身處劣勢或優勢他 ﷺ 如何行動如何處理？以他 ﷺ 的品格無論在平時或戰時、私下或公開，對家人或同伴，甚至是對敵人及異教徒時，他 ﷺ 如何應對？

研究穆聖傳對我們穆斯林來說尤其重要。這其中有許多重要的理由，包括我們為什麼需要學習穆聖傳？真主 ﷻ 在《古蘭經》中說：「確實！你們有使者可以作為你們的優良楷模。」真主 ﷻ 要求我們以穆聖 ﷺ 為榜樣要我們去追隨他。而我們絕不可能在對他 ﷺ 不認識、不了解的情況下去效仿他 ﷺ。真主 ﷻ 形容穆聖 ﷺ：「你的品格是優異的。」我們每一位信士都希望自己能擁有美好的品格並且能不斷地改進。穆聖 ﷺ 是人類之中最出類拔萃的人，連造物主都在《古蘭經》多處的經文中讚賞他的優異。他是個優秀的榜樣，真主 ﷻ 要求我們向他 ﷺ 學習，所以我們應該努力的從穆聖傳中研究他 ﷺ 的人格品性。既然我們有一個實際的好榜樣，那麼就得為學習仿效而努力，使它不成為一種空談、一種理論。

那麼我們要如何才能達到這個目標呢？真主 ﷻ 在《古蘭經》第 3 章〈儀姆蘭的家屬〉第 31 節中說道：你說：「如果你們喜愛真主，就當順從我；（你們順從我），真主就喜愛你們，就赦宥你們的罪過。真主是至赦的，是至慈的。」[*]

也就是說我們追隨穆聖 ﷺ 是對真主 ﷻ 一種敬愛的表現，如果我們敬愛真主 ﷻ 就必須追隨穆聖 ﷺ，如果我們追隨了他 ﷺ 就表達了我們對真主 ﷻ 的愛，而其結果是真主 ﷻ 愛我們，愛我們所有人並寬恕我們的罪過。這不就是我們所追求的嗎？

真主 ﷻ 接著在第 3 章第 32 節中說道：你說：「你們當服從真主和使者。」

追隨真主 ﷻ、追隨使者和順從真主 ﷻ、順從使者，真主 ﷻ 將我們對他的順從和對使者的順從直接連繫在一起。這又是一個為什麼我們必須更進一步認識穆聖 ﷺ 的原因。

穆聖 ﷺ 在一個重要的聖訓中告訴我們：「你們之中沒有一個人是信士，直到他愛我勝過他的父親、他的孩子、勝過所有人類包括他自己。」這裡指的是達到全美的信仰。我們在這裡不應當誤以為自己若是做不到愛穆聖 ﷺ 勝過自己的父親、孩子包括他自己的程度那麼自己就不是信士了，錯了！這裡指的是信仰還沒有到達完整、全美的境界。

穆聖 ﷺ 有一天在街上遇見了大賢歐瑪爾（‘Umar），穆聖 ﷺ 問他：「歐瑪爾你好嗎？」（穆聖 ﷺ 問的是他信仰的狀態）

歐瑪爾回答穆聖ﷺ說：「真主的使者啊！我愛你勝過我的父親、我的孩子、勝過我的財產，唯一沒勝過我自己。」穆聖ﷺ不滿意歐瑪爾的答案，因為歐瑪爾的信仰還沒有達到全美的狀態，他應當更努力些。他ﷺ告訴歐瑪爾：「噢！歐瑪爾你還沒做到。」當下歐瑪爾馬上理解了穆聖ﷺ的話，他立刻使自己超越他之前的狀態，並回答穆聖ﷺ說：「真主的使者啊！我愛你勝過我的父親、我的孩子、勝過我的財產，勝過所有人類包括我自己。」穆聖ﷺ這一回滿意了歐瑪爾的答覆，他ﷺ對歐瑪爾說：「噢！歐瑪爾現在你已達到了全美。」

所以如果我們也希望自己也能達到全美的階級那麼就得學習更深層地認識穆聖ﷺ。

聖妻阿依莎（'Ayša）曾說道：「聖人穆罕默德ﷺ是一個活著並在大地上行走的《古蘭經》！」意思是《古蘭經》是真主ﷻ的話語；它是理論、原理；是真主ﷻ對人們的講演。而穆聖ﷺ是範例，他ﷺ體現了《古蘭經》，以完美的方式去實踐它，好讓人們理解並效仿，所以他ﷺ是在大地上行走的《古蘭經》。我們也希望能夠實踐《古蘭經》，希望將《古蘭經》靈活地運用在我們的生活中。那麼就必須透過學習穆聖ﷺ這個美好的榜樣、《古蘭經》的範例讓我們也能獲得真主賜給我們的幸福。

為什麼必須學習穆聖傳的另一個原因，或許有某些穆斯林的群體正生活在受壓迫或不公平對待的社會中。它可能是在家庭中、社區內、城市或國家裡、甚或是世界上的任何一個地方。或許他們正在徬徨或失去希望，不知何去何從，那麼他們必須在穆聖傳中看看穆聖 ﷺ 與聖門弟子們的例子。穆聖 ﷺ 在接受啟示後的十三年裡直到遷徙前，他 ﷺ 和聖門弟子們都曾受到古萊氏的非信徒們非常大的迫害。研究了穆聖傳就學習到在這些情況下該如何應對？如何忍耐？因為穆聖 ﷺ 和聖門弟子們為我們做出了榜樣。我們必須學習在真主 ﷻ 的道路上忍耐、懂得犧牲、堅定信念、請求真主使我們容易，把希望寄託在真主 ﷻ 那裡而且永遠不要對真主 ﷻ 失去希望、失去信心，期待真主 ﷻ 的祥助與成功終將到來，時光飛逝今世中所有的事都有盡頭。穆聖 ﷺ 在麥加生活時在他的周遭有很多是崇拜偶像的古萊氏人；而當他 ﷺ 到了麥地那時那裡有基督教徒、猶太教徒，另外還有一些崇拜偶像的人。穆聖 ﷺ 的例子教導了我們與其他有著不同信仰的人們生活在一起時該如何應對進退。當年穆聖 ﷺ 遷徙到麥地那，他 ﷺ 著手蓋清真寺，將遷士與輔士締結為兄弟，緊接著制定了一部憲法，其中一部分就是處理與猶太人來往的問題。他公開地承認猶太人為一共同體。這是第一回猶太人被其他信仰族群所承認。

在這裡穆聖傳又教會了我們，倘若身處困難的考驗當中，無論這個考驗是身體上、精神上或物質上如生病、孤獨、飢餓、貧困或被壓迫，所有的困境、所有的問題一定會有終結或迎刃而解的時候。唯有真主 ﷻ 的存在是永恆，其他的一切都會結束。儘管很多時候人們感到絕望，覺得看不到生機，但對一個信士而言

他對真主 ﷻ 寄予強烈希望，唯有真主 ﷻ 可以在短短的時間內翻轉整個逆境，他只需要說「有」他就有了！

穆聖 ﷺ 教導了我們當受到欺壓或是受到不公平的待遇時，更甚至是與敵人在戰場上相對峙時，我們都絕不採取報復的行為。「報復」這兩個字對穆聖 ﷺ 來說是不存在的，他的原則是仁慈，他不懂得報復。相反地，他所努力的目標是為人們求改善、治癒他們的心靈使他們走向正道。

他 ﷺ 對待他的敵人仁慈，他 ﷺ 不以其人之道還治其人之身，他 ﷺ 只期望給予別人好的，期望他們能獲得正道、獲得天堂、獲得與真主 ﷻ 的連繫與他 ﷻ 的喜悅。這些都是我們能從穆聖傳中學習到的，所以學習它是何等重要！

作者序

我，麥爾彥·杜艾伊伯（Mariem Dhouib），和我先生馬赫穆特·凱那爾（Dr. Mahmud Kellner）博士為了學習伊斯蘭的知識踏上了一個長達十二年的學術旅程，我們分為停留在敘利亞、埃及的愛資哈爾、吉達、麥加及麥地那的各個地方，其中停留最久的是敘利亞。

當我們學成之後對於是否繼續留在聖城或返回歐洲一度陷在兩難的抉擇中。一方面，若留在聖城則能繼續追隨我們愛戴與珍惜的學者們學習，圍繞他們身旁不斷地享受學海無涯、豁然貫通的樂趣。另一方面，若回到歐洲，則可以貢獻所學，造福鄉梓。我們的老師告訴了我們應該返鄉，那塊土地更需要我們播種耕耘。於是在二〇一一年我們回到了奧地利維也納。

我們深切體會到傳播伊斯蘭知識對我們和穆斯林的重要性，要如何讓知識能更快速地傳達到更多的穆民那裡，下個步驟就是培養更多的老師們和我們一起努力。於是我和一些姊妹們提出想辦一個學習圈的想法，學習的內容包括有穆聖傳、古蘭經注、聖訓、伊斯蘭信仰學、伊斯蘭教法學等課程。

之後有五位姊妹提出希望我撥出一些時間為她們講課，我很高興姊妹們有了學習的慾望。幾番考量之後，我們決定採取網上授課的方式，我首先選擇了穆聖傳和伊斯蘭教法學作為教材，因為它們是最基礎而且是最重要的伊斯蘭知識，有了這些基礎知識生活中就會有一個清楚明朗的指導方針。

於是在二〇一二年起我們開始授課一直維持到今日，目前穆聖傳的課已漸入尾聲。

為了穆聖傳這堂課我特地挑選了兩本書：

- 學者阿布·夏赫巴（Šayẖ Dr. Muhammad Abū Šahbah）的《先知生平》（*as-Sīrah an-Nabbawiyyah*）
- 學者阿爾·布提（Šayẖ Muḥammad Ṣa'īd Ramaḍān al-Būṭī）的《聖傳解析》（*Fiqh as-Sīrah*）

（願主慈憫他們），這兩本著作深受學者們的重視與喜愛，書中對穆聖生平的分析特別仔細，內容可靠值得信賴。

就在我們開課不久後，原屬維也納學習群的阿伊莎（即林謂妤）和其他的姊妹們也都紛紛加入了網上課程。幾年後，在一次飛往突尼西亞的旅途中，我正在思考穆聖傳的課時突然有了一個想法，阿伊莎來自台灣，中文是她的母語，她可以將我們學習的內容整理出來並加以翻譯成書。如此一來便可提供給中文語系的穆斯林們，一個可靠的、信息豐富的知識基礎並且給予他們穆聖生平的一個美好畫面。

原本我的想法是希望除了中文以外還能讓其它兩位姊妹用德

文將這些課程內容呈現出來，可惜沒有成功。

當我將我的想法告訴當時人在台灣的阿伊莎時，她非常贊同我的想法並表示願意一試，她也希望能將自己所學特別是關於穆聖 ﷺ 的事蹟將它分享給所有中文語系的穆斯林們。當時在台灣探親的她馬上著手整理課堂資料並進行翻譯，幾天之後我便收到她的第一份手稿，我知道阿伊莎已經起跑了，為這本書她花了很多時間在收集資料、整理、翻譯修正上（祈求真主喜悅她）。感謝遠在美國的李國辰（Hawa）姊妹為這本書校稿，她在校正和閱讀方面也做了很多工作，非常努力，以最好、最正確的方式編輯了這本書。祈求真主 ﷻ 喜悅國辰姐並給予她最好的報酬並祈求真主 ﷻ 賜福使這本書順利完結。阿憫[2]。

穆聖傳的第一與第二冊講述的是從穆聖 ﷺ 出生到遷徙至麥地那。阿伊莎已經開始著手翻譯第三冊。祈求真主 ﷻ 賜福並給予吉慶。煩請大家多做好都阿以[3]讓這份工作能順利成功。祈求真主 ﷻ 喜悅並接受這些善功。阿憫。

麥爾彥・杜艾伊伯

2　阿憫（Amin）意即「求主準成」。

3　都阿以（Dua）即祈禱之意。

譯者序

我在一九九一年的一月在台北入教，入教以來在心裡一直想知道，到底穆罕默德ﷺ是怎樣的一個人？當時他對我來說很陌生，雖然我經常在媒體中聽到、看到關於他的話題，可是總是眾說紛紜。我在心裡常問著到底是怎麼樣的一個人，能被造物主選中成為最後一位使者呢？一千四百年來代代的穆民們對他有著非常濃厚的愛，不僅是在功修上仿效他，甚至是生活及禮儀上的細微末節都以他為榜樣，他對所有的穆民們有著無法言喻的巨大影響。那麼到底他是怎麼樣的一個人呢？我期望能學習認識先知穆罕默德ﷺ，但不是從別人的印象中、主觀意識中或以自學的方式去認識他，而是想要有系統地、從可靠的消息來源中、從知識豐富的學者口中學習深入地了解他。

二〇一二年在維也納教授我伊斯蘭知識的麥爾彥老師開了一系列的課，有穆聖傳、伊斯蘭教法、伊斯蘭信仰學、聖訓等。我終於開始了一個嚮往已久、浩瀚的知識旅行，每一站都讓我大開眼界，每學到一段關於穆聖ﷺ的歷史，我的心就隨之澎湃激盪，甚至經常在心裡吶喊——生不逢時，我要是活在他的那個年代該有多好，那樣我就能親眼見到他、聽他說、看他做。

當麥爾彥老師把穆聖傳課程內容的翻譯重任交給我的那一刻時，我只想到這個工作很重要一定需要有人做。但是興奮地接下這個重擔後，頓時才恍然大悟，我後悔地在心裡喊著！唉呀！我是多麼地自不量力啊！我從來沒有出過書，別說是關於伊斯蘭知識的書，更別說去翻譯穆聖ﷺ生平的書，但我清楚地知道我的心裡是如何熱切渴望地去完成它，我知道只憑著一股傻勁兒是無法達成的。果真我的擔心開始逐一浮現，我缺的知識太多了，自入教後我對教門的學習一直是以德文為主，所有有關的中文宗教術語（經堂語）更是一問三不知，再加上出國多年不用中文早已生疏。我不斷地和真主求助，我發自內心地和他傾訴我是真心想把這份工作做好，請襄助我能為那些和我一樣對穆聖ﷺ了解得很少甚至根本不認識他的人提供一個管道；請祥助我能為那些聽過穆聖生平歷史，但僅僅是知道而沒有深入去理解的人提供學者們的解說，幫助他們潛入伊斯蘭智慧的大海，然後能高興地吶喊：啊！太好了，我懂了！

然後我開始了收集資料翻譯的工作，每每遇到困難真主就為我開一扇門，甚至讓我認識了一些遠在中國的阿訇們、學者們，他們為我解答了許多問題，甚至給了我在平台上和大家分享我的翻譯內容的機會，從一次又一次的分享課程中我得到不斷重新思考與改進的機會。

翻譯穆聖傳的工作非常繁複，我尤其害怕出錯，我知道我急需一位中文書寫能力好、編寫能力強、教門[4]好，最重要的是能容忍我粗心大意的人。

二〇一五年末我去麥加做副朝，之前我們先到了麥地那，我在聖寺裡做都阿以祈求真主賜給我一個好幫手，沒多久我就想起我才認識不久的國辰姐，她退休前曾是台北一所國中的教務主任，我所希望的條件她都有，至感主詢問她的意見後，她馬上答應了我。從二〇一六年到現在，國辰姐依然耐著性子一遍遍地審稿，我們把正文分成十份，而每一部分反反覆覆地至少校正了十次。感謝國辰姐的幫助她一頁一頁的比對、一字一字的找錯字，還經常給我很多很好的建議，祈求真主給予國辰姐以及她的家人最好的回賜和吉慶。阿慣。

這本書能完成要感謝的人很多，謝謝麥爾彥老師抱病仍然努力的教導我們，謝謝一起學習的姊妹們細心整理打字為我提供上課資料，為我們翻寫所有拉丁文部分的文字。最最感謝的是真主賜給我這份榮耀，讓我把這份如此重要的歷史紀錄翻譯成書。一路翻譯過來，書的內容雖不是倒背如流，但一次又一次的刪除補正、重新順過。自己宛如是個剛學習走路的小孩，雖然一路摔摔絆絆但總是滿懷希望地又重新站起繼續邁步前進。眼看著第一、二冊就要完成，翻譯過程中的疲憊已經拋在腦後，隨著工作的進行，穆聖ﷺ生平中所發生的各種事情，或喜或悲或憂或怒，他

4　教門是指信仰虔誠，有敬畏之心的意思。

的言行舉止在我的腦中越來越清晰，我對他的敬仰和愛越來越深。祈求真主喜悅我並潔淨我的舉意，賜予我們恆心與毅力再接再勵地為穆民們服務。阿憫。

我把這本書命為：《聆聽，先知穆罕默德（願主福安之）的跫音》，原因是我們距離穆聖生活的年代已有一千四百餘年，我們雖從未見過他，但至今我們仍可以聽到他的歷史、看到他的遺跡，把心靜下來你可以聽到他的訊息。

願和平與你們同在

阿伊莎謂

2021 年 1 月 31 日

導　言

1. 研讀聖人穆罕默德 ﷺ 傳記的重要性

這是一本記述最後一位使者及先知[5]—— 穆罕默德 ﷺ 的傳記。它不僅僅敘述穆聖[6] ﷺ 一生中的經歷，並述及了許多在他艱難宣教過程中曾給過他精神、物質、人身安全等全力支持的親人

5 「使者」（رَسُول）與「先知」（نَبِيّ）的差別：先知們及使者們的任務是引導人們崇拜唯一值得崇拜的「真主」（الله），並且不要給「真主」舉任何的夥伴或匹偶。他們（先知們及使者們）都帶來正確以及完美的宗教，也就是伊斯蘭（الإسْلام），沒有任何一位「使者」或「先知」帶別的宗教來。「使者」與「先知」，他們兩者都是受到「真主」（الله）的啟示，並且被「真主」命令將這些啟示傳達給人們的人。然而「使者」帶來新的律法（這些律法取代了部分以往的「使者」所帶來的律法），而「先知」遵守比他早的「使者」的律法（شَرِيعَة）。因此每一位「使者」是「先知」而並非每一位「先知」是「使者」。在布哈里聖訓中提到：「先知們」（الأنْبِياءُ）就好像是同父異母的兄弟，他們有相同的宗教（也就是伊斯蘭教），但是有不同的律法。

6 「穆聖」為聖人穆罕默德的簡稱，為了表示尊敬並祈求真主 ﷻ 賜他平安，所以每次在提到他時，在名字之後會加上 ﷺ（ṣallā'llāhu 'alayhi wa-sallam），意思是虔祈安拉賜福予他。

們和同伴們的親身經歷；同時也包含了《古蘭經》的研究學者們、聖訓學者們所作的解析。其中，學者們更分析了現代東方主義學者們其論點觀念的謬誤之處，以協助我們在研讀穆聖傳的同時能清楚了解、警惕、並多加防備，才不會被引導至錯誤的思考方向。這是我們翻譯並寫下穆聖傳的初衷。

這本傳記對所有穆斯林而言非常重要，它是伊斯蘭教的起點與穆斯林歷史的開端，也是伊斯蘭教信仰中的主要支幹之一。雖然，穆斯林因種族、語言、文化、區域相異而各有所不同，但了解穆聖 ﷺ 生平中的細節典故，將會幫助我們理解伊斯蘭教，了解伊斯蘭教信仰的真諦，並在堅定我們的信仰上產生很大的助益。因為，穆聖 ﷺ 是我們的活典範。

✧ 從理論上而言

在穆聖 ﷺ 的傳記裡可以尋找到很多關於伊斯蘭教知識的根源與訊息。例如：伊斯蘭教法（Fiqh）、伊斯蘭信仰學（'Aqīdah）、聖行美德學[7]（Sīrah Aẖlāq）等等。

✧ 從實際生活範例而言

穆聖傳不僅僅是訊息的收集或是一份普普通通的生活記述，

7 聖行美德學，這門學問是以教導穆斯林如何以穆聖的行為、言談、舉止、風範為基礎的學問，聖行為穆斯林生活行為的最高典範。

而是經由這份傳記，教導我們認識一位至今已縱橫一千四百餘年、橫跨全世界、教育著世世代代穆斯林們的最高學者；教導我們敬仰一位最受世人愛戴效仿的領導者和最高模範；教導我們看出最崇高獨一的神——安拉ﷻ在他精選的眾使者中，如何教育、引導、保護一位既是孤兒又是文盲的人——穆罕默德ﷺ，並且賜予他至高的使者品級。穆聖ﷺ雖是文盲，安拉ﷻ卻賜予他各種有關地理、法律、政治、經濟、社會等等的知識；甚至使他能精通各個部落的語言。安拉ﷻ不僅命令天使們為他祝福，更是鼓勵所有的穆斯林為他祝福，足見安拉ﷻ對穆聖ﷺ的喜愛。學者們為我們分析穆聖ﷺ尊貴的身分，並帶領我們藉由這本傳記看到安拉ﷻ是如何為他安排人生中的每一個過程及細節，包括從未出生到長大成人、結婚、接受啟示成為聖人、麥加的十三年艱辛傳教、遷徙至麥地那的十年，直到最後收復麥加；我們看到安拉ﷻ是如何地親自教育他，時予提醒、譴責，時予鼓勵、讚揚與獎勵，直到穆聖ﷺ歸真。隨著傳記裡所發生的一點一滴，我們看到它背後所隱藏的巨大智慧，它不僅教育了穆聖ﷺ更是教育了日後我們每一個穆斯林。

聖門弟子們（Saḥābah）在當時已意識到詳細記錄它的重要性。在教導他們的孩子學習背誦《古蘭經》的同時，也教導他們身體力行的學習穆聖ﷺ所言所行。他們在開始記錄穆聖ﷺ生平的同時，他們也同時記錄阿拉伯半島未進入伊斯蘭教時期前的歷史、記錄當時的社會風氣是如何的敗壞，例如貪污盛行、道德淪喪、奴隸制度猖狂、迷信、拜金、崇拜勢力等等。反觀穆聖ﷺ所帶來的訊息，它徹底改變人們的宗教精神生活，廢除多神教，呼籲人們只能崇拜真主ﷻ，提倡人權，廢除奴隸制度。在當時，這個信仰就像一股清流，淨化了人們的心靈。即使當時有一些人，他們追隨易卜拉欣（Ibrahīm）聖人所帶來的信仰，但因年代久遠，大多也已失傳。穆聖ﷺ的到來，填寫了人們空虛的心靈。穆聖ﷺ在世時，這些追隨他的聖門弟子們清楚知道，這段歷史對於後來的信士們將有多麼深遠的意義。如何能讓世世代代的子孫們都能獲得並保存這份珍貴、完整、精確的歷史，並將最真實的歷史紀錄傳承下去，他們覺得自己對於這個任務責無旁貸！於是他們運用巧思研究發明，將穆聖ﷺ的一言一行及他一生中所發生過的事盡力鉅細靡遺的以科學及正確的方式記錄下來，並保存這份珍貴無比的傳記以便傳遞給世世代代穆斯林們，讓他們以穆聖ﷺ為榜樣，用心體會努力學習，並將它靈活的實踐在自己的精神行為與生活上，使它成為穆斯林們生活的指標、行為的典範，一個不可或缺非常重要的範本。

2. 穆斯林致力於穆聖ﷺ傳記研究與學習的原因

「凡期望〔後世與〕安拉〔相會〕和末日，並常贊念安拉者，安拉的使者〔穆聖〕就是你們追隨的好榜樣。」（＃《古蘭經》33 章：21 節）。

伊斯蘭教是真主 ﷻ 透過大天使吉布力爾（Ğibrīl）傳達給聖人穆罕默德 ﷺ 的宗教。聖人穆罕默德 ﷺ 是安拉 ﷻ 派遣給世人的最後一位使者和先知。伊斯蘭教宗教的知識寬闊深奧，如同大海深不可測。安拉 ﷻ 的智慧與知識是無限的。所有宇宙萬物，全在他意願之下被創造與發生。我們人所理解的往往會因智慧、經驗與條件的不同而受到侷限；而能獲得的知識深、淺、多、寡又全取決安拉 ﷻ 的意願。

穆聖 ﷺ 是為了全世界萬物而被遴選派遣來的。安拉 ﷻ 透過穆聖 ﷺ 的一言一行，傳遞啟示給我們。穆聖 ﷺ 教導我們如何封齋、如何禮拜、如何敬畏真主 ﷻ；經由穆聖 ﷺ 的傳述與解說，可以讓我們理解到很多寶貴的《古蘭經》經文；也經由他了解經文的歷史典故、意義和如何實踐。聖妻阿依莎曾說道：「聖人穆罕默德 ﷺ 他是一個活著並在地上行走的《古蘭經》！」意味著穆聖 ﷺ 的行為依據皆為《古蘭經》。想要理解《古蘭經》，理解真主 ﷻ 的話語，並非只靠閱讀或自我體會就可以理解並加以實踐的。我們透過對穆聖 ﷺ 的了解、認識與仿效，透過穆聖 ﷺ 的教導，期待能成為更好的穆聖 ﷺ 追隨者和安拉 ﷻ 忠實的僕人。以《古蘭經》經典中浩瀚的知識和穆聖 ﷺ 帶領我們的行事規範，期望能成為安拉 ﷻ 滿意的僕人，期望天堂為我們後世永遠的歸宿，而非成為被自我私慾駕馭及被惡魔操縱的僕人，他們的下場則是火獄。

《古蘭經》21章：107節：

「我派遣你，只為憐憫全世界的人。」（＊馬堅譯本，本文以下以＊標示代表本段所引《古蘭經》為馬堅翻譯。）

1.

穆聖 ﷺ 出生及被賦予聖品

1.1 完美的特性

穆聖 ﷺ 他遠離罪惡之事，早在青年時就獲得「可信賴者」（al-Amin）的美名；他的個性純潔、正直、待人真誠、熱情、心地仁慈，極具耐心且有卓越的智慧。

1.2 完美的角色

他的身上匯聚所有美好的特質及真主 ﷻ 對他的仁慈。這奠定了他日後完美多重角色的基礎，使他成為了家庭中最好的丈夫、孩子們最好的父親、孫子們慈愛的祖父、穆斯林們最好的老師及最好的領導者。

1.3 最優良的家世

學者伊亞德（Qāḍī ‘Iyāḍ）[8] 在他的書《心靈良藥》（*al-Šifā’*）中提到：「穆聖ﷺ出身高貴，他出生的城市與成長的地點是為世人所景仰的聖城。對此根本不須要再提出證明或詳加討論，因為它是不容置疑而且不須要隱瞞。穆聖ﷺ是哈希姆家族（Banū Hāšim）中最精選的，他是古萊氏的後裔中最核心的人物，是阿拉伯人中最高貴者，他們所有人當中最高尚者，不管是從父親家族或是母親家族來看，不管是對安拉ﷻ或是對安拉ﷻ的僕人們而言，穆聖ﷺ是麥加聖城居民中最受敬仰的人。」

阿布．胡萊拉（Abū Hurayrah）傳述，穆聖ﷺ說：「我被派遣至亞當的每一代最優秀子孫中代代相傳，直到這一代的到來，我出現在其中。」

穆聖ﷺ說：「安拉ﷻ賜我為聖人易司馬儀（Ismā‘īl）的後代、其那納（Kinānah）之後代，而後成為古萊氏之後代，而後成為哈希姆家族的後代。」（穆司林聖訓集 Saḥīḥ Muslim Nr.2276）

---

8 伊亞德（Qāḍī ‘Iyāḍ）是一位非常重要的聖訓學學者、歷史學家、伊斯蘭教法學家。出生於伊曆 476 年 Schaban 月 15 日（西元 1083 年 12 月 28 日）在西班牙的一個城市 Ceuta。

1.4 聖人穆罕默德 ﷺ 的祖譜

Muḥammad Ibn ‘Abdullāh Ibn ‘Abd al-Muṭṭalib Ibn Hāšim Ibn ‘Abd Manāf Ibn Quṣayy Ibn Kilāb Ibn Murrah Ibn Ka‘b Ibn Lu’ayy Ibn Ġālib Ibn Fihr Ibn Mālik Ibn an-Naḍr Ibn Kinānah Ibn Ḫuzaymah Ibn Mudrikah Ibn Ilyās Ibn Muḍar Ibn Nizār Ibn Ma‘ad Ibn ‘Adnān 這個聖訓中穆聖 ﷺ 親口敘述了二十一位先祖之祖譜，此祖譜也經所有伊斯蘭教的學者們的認同。

無可置疑的是阿得南（‘Adnān）為聖人易司馬儀的後代，而易司馬儀為聖人易卜拉欣（Ibrahīm）的後代，這實實在在地證實了穆聖 ﷺ 的傳述。至於介於聖人易司馬儀與阿得南之間的先祖，學者們認為穆聖 ﷺ 沒有傳述我們也不須要妄加猜測。

穆聖 ﷺ 是安拉 ﷻ 遴選來的，他有最優秀的祖先，出生於最好的種族與家庭，他的祖先們都非常純正，安拉 ﷻ 保護他們免於任何一種不良行為，如淫亂、偷竊等等。穆聖 ﷺ 說道：「安拉 ﷻ 將其那納選為聖人易司馬儀的後代，而古萊氏則為其那納的子孫，古萊氏之後代為哈希姆家族，他在哈希姆家族的子孫當中選出了我。」

穆聖 ﷺ 為人周到，對待生物仁慈，對安拉 ﷻ 的創造物憐憫。他有意識的知道他是被派遣來的使者，他用最崇敬的方式讚美安拉 ﷻ，用最高的敬意、最好的方式敬拜安拉 ﷻ，宣揚主道，他服從安拉 ﷻ 的所有命令。

《古蘭經》裡提到：「他（穆聖ﷺ）是為全人類而派遣的……」

當他收到啟示時，他用謹慎和愛護的口吻，告訴他的家人、朋友、他的族人及所有的人們，關於真主ﷻ創造天地萬物的訊息，告訴他們真主ﷻ對我們的要求以及命令。他用婉轉的口氣、合適的方式、好的舉證來引導人們。他告知大家服從真主ﷻ的重要性，服從並且行義之人可以期待的賞賜。他要求人們接受自己的身分，因為安拉ﷻ賜予人理智與判斷力，他們可以自由決定自己的方向，因為「對於宗教，絕無強迫；因為正邪確已分明了。……」（＊《古蘭經》2 章：256 節）

2.

探尋研究穆聖ﷺ傳記的歷史軌跡

2.1 了解保存穆聖傳的重要性

當真主ﷻ賜予穆聖ﷺ聖品之後，穆聖ﷺ和大家宣告自己的身分，說明他是一個人，有著人類的特性並且和所有人一樣都是真主ﷻ的僕人，他為全人類而被派遣。真主ﷻ將傳遞啟示的任務任命於他，並給予了他一個真實的身分。他的任務是和在他之前的先知、聖人們一樣，都是為了邀請人們相信並且事奉真主ﷻ，為他們解說每個人所負的責任並且讓他們注意。穆聖ﷺ強調他是最後的一位先知，在他之後將不再有先知出現，他所收到的啟示是真主ﷻ的話語，在他的一生中他從不省略也不附加任何啟示的內容，他忠實於他的任務。

他待人謙和，在他成為先知之後也想讓大家知道他和所有人一樣都是真主ﷻ的僕人，他指出這啟示是安拉ﷻ的話語，安拉

ﷻ 遴選最值得信任的人來作為聖人。甚至穆聖 ﷺ 的敵人也從不懷疑他的正直，及他對真理的熱愛。

「假若他假借我的名義，揑造謠言，我必以權力逮捕他，然後必割斷他的大動脈，你們中沒有一個人能保衛他。這確是敬畏者的教訓。」（＊《古蘭經》69 章：44-48 節）

穆聖 ﷺ 一再強調他是最後一位聖人，他的信息是給所有的人，其中也包括給不信道的人。儘管他貴為一位聖人，但他比任何人更感恩、更謙遜、更謙卑。

研究他的傳記對穆斯林來說，如同是沙漠裡迷途的人的一個路標，漠視它就會走上苦難、毀滅，甚至死亡。穆斯林藉此認識穆聖 ﷺ，更珍惜他、敬愛他，並試著努力效仿他。因為，他的行徑教導我們，如何以最好的方式敬畏服從真主 ﷻ，而使真主 ﷻ 對我們滿意。每一個穆斯林都應該將穆聖 ﷺ 的言談生活舉止當作是自己的生活典範。

「你確是具備一種偉大的性格的。」（＊《古蘭經》68 章：4 節）

用書面文件的方式來記載穆聖 ﷺ 的生平歷史，是為了確實記錄歷史使之不被竄改，讓後代能得到正確真實的記錄。當時的穆斯林覺得基於宗教理由有義務去記載並保存傳記。對他們來說，這也是一種功修[9]。因此，小心保護傳記的真實性是非常重要

9　功修指五功（唸、禮、齋、課、朝）以及其他的宗教修養工作。

的。為了對安拉 ﷻ 表示最大的敬意，他們非常重視客觀性，所以寧可放下自己個人的意見或詮釋方式。他們認為如果用其他的方式與方法可能導向誤解和錯誤，於是發展出了兩種科學的方法以保護而避免偽造。

2.2 探索聖訓正確性的兩種科學的方法

聖門弟子了解到記錄關於穆聖 ﷺ 外形的描述、言談舉止、行為與所有經歷等這其中所包含歷史的神聖性與重要性，它是開啟世世代代穆民對穆聖 ﷺ 景仰愛慕的一把鑰匙，用它來探索穆聖 ﷺ 的一生，用它來完美我們的信仰，唯有我們認定他、了解他才能愛這一位眾世人的最好的榜樣。

為了使每份傳述精確忠實地傳遞到每一代的穆民手中，聖門弟子嚴謹地探索出兩種科學的方法來確定所記錄或傳述的聖訓是否正確，這兩種科學的方法分別是：

(1) ‘Ilm Mustalah al-Hadith —— 聖訓術語學

將有關聖訓的術語予以分類，如：

- 聖訓的傳述世系分類為單一傳述與眾傳（Mutawātir）
- 聖訓的可靠性則分為：健全、良好、羸弱等級

(2) ‘Ilm al-Ğarḥ wa at-Ta‘dīl —— 稽查傳述人人品的科學

用來稽查傳述人的人品及傳述內容的準確性與可靠性。聖訓會因傳述人及傳述鏈的可信度而被分級。

第一代最有名的記錄人其手作已失傳，例如：

- 烏爾瓦・本・祖貝爾・本・阿爾・阿望（'Urwah Ibn az-Zubayr Ibn al-'Awwām）
- 阿邦・本・歐斯曼（Abān Ibn 'Uṯmān）
- 本・希哈伯・阿祖賀利（Ibn Šihāb az-Zuhrī）（唯一一位非聖門弟子的記錄者）

再傳弟子們從他們的老師（聖門弟子）口述中記錄抄寫聖訓。其中最有名的為穆罕默德・本・伊司哈葛（Muḥammad Ibn Isḥāq，此段簡稱為本・伊司哈葛），後文我們會再提到他，他的手抄本至今被推為最值得信賴的。

2.3 研究穆聖 ﷺ 傳記的主要資料來源

- 《古蘭經》
- 聖訓
- 伊瑪目[10]馬立克（Imām Malik）穆宛塔聖訓集（al-Muwatta）
- 穆司林聖訓集（Ṣaḥīḥ Muslim）
- 布哈里聖訓集（Ṣaḥīḥ al-Buḫārī）
- 阿布・達晤得聖訓集（Sunan Abū Dawūd）

---

10 伊瑪目（Imām）一詞通常有兩種意義，一為清真寺的領拜者，二被用作對虔誠或博學的人物的榮譽稱號，內文中所提到的伊瑪目為第二種。

- 安・那沙義聖訓集（Sunan an-Nasā’ī）
- 鐵爾密濟聖訓集（Sunan at-Tirmiḏī）
- 本・馬加聖訓集（Sunan Ibn Māğah）
- 伊瑪目艾哈默德（Imām Aḥmad）穆斯奈德聖訓集（al-Musnad）一書等等
- 穆聖 ﷺ 弟子們的傳述

2.4 當今穆斯林所面臨的巨大考驗

2.4.1 內憂外患

聖門弟子們記錄了由穆聖 ﷺ 親口告知或由聖門弟子親眼所見、親耳所聞的傳述，或間接由其他人所獲得的聖訓內容。這個記錄編寫的方式一直保持至十九世紀。十九世紀的伊斯蘭世界被歐洲列強殖民，在此時期主張記錄現代化。殖民時期的勢力群體，特別是大英帝國，他們將伊斯蘭列為打擊的主要目標。他們滲透到當時享譽最高的愛資哈爾大學。愛資哈爾大學位於埃及首都開羅，是為當時的最高伊斯蘭學府。他們密切接觸伊斯蘭學者與穆斯林高級知識分子，試以最快的速度分裂知識分子與其他穆民，進而打擊消滅伊斯蘭。他們誇讚歐洲在實行了宗教、政治分離，並且遏制宗教之後，為歐洲的進步帶來偉大的成果。而當時的一些穆斯林一方面覺得自己退步落伍，另一方面又因經常受到不公平的待遇，在這種心態之下，使得殖民帝國的唆使者有機可乘，那些崇尚西方國家的穆斯林對他們承諾將推動經濟與科學，並接受這些外表看似成功的歐洲人的意見，以他們為領導的先驅。他們建議穆斯林改變撰寫穆聖傳的方式，不再採用傳述世系，也不利用聖門弟子和伊斯蘭學者們精心研究出來，為保護聖訓內容完整與精確的兩種科學方法，而是以他們自認所謂的「理智」來解釋所有的事蹟，凡「理智」無法想像之事便用作者自己主觀的論點加以詮釋。

2.4.2 十九世紀東方學派[11]被建立

英國的代表以他們自己在這方面的經驗，建議首先應將宗教和政治領導分離。他們認為研究穆聖傳：

(1) 應該用現代科學的方法來記載。

(2) 禁止盲目接受，非理智所能接受之訊息必須用其他方式詮釋。

其結果是產生了一個新的穆聖傳抄本。許多穆聖 ﷺ 的經歷都被當作是做夢與錯覺而加以駁回。那些可靠客觀的驗證，被主觀的詮釋所替代；那些為了防止竄改做假而做的保護措施反倒被忽視捨去。

使用這些所謂的「現代科學」的方法的作者們將安拉 ﷻ 賜

11 東方學領域的科學家們所建立之學派。

予穆聖ﷺ的特質與奇蹟（Muajise）[12] 詮釋為「不尋常」與「不正常」。他們強調穆罕默德ﷺ為一個偉大的時代英雄與天才，其目的在於轉移人們對他所帶來訊息的注意力，企圖抹滅穆罕默德ﷺ為聖人的身分，就連安拉ﷻ賜予他的非比尋常的奇蹟，亦被有計畫性的扭曲。

使用這類寫作方式的作家例如：穆罕默德・胡笙・海凱爾（Muhammad Ḥusayn Haykal）在他的書中《穆罕默德ﷺ的一生（*Hayat Muhammad*）》提到他自己記述的方法。他說：「我在我的書中沒有運用穆聖ﷺ弟子們的傳述以及引用聖訓的方法來撰寫穆罕默德ﷺ生平，而是優先利用現代的科學方法還有根據我自己的研究來寫。」

其他也用相同方式來寫作的代表性作家如：穆罕默德・法力得・瓦哥迪（Muḥammad Fārid Wağdī）說：「我們的讀者可能會注意到，我們對於穆罕默德ﷺ生平中所發生的奇蹟在寫作中不被過分強調，我們盡可能將這些所謂的『奇蹟』解釋為一個正常的事，一個可以以我們自己的理解力、想像力所接受的事，即使這些『奇蹟』不是一般人所能遇見或發生也是這樣。」

直到今天，東方主義學者依然將不能想像及意會之事詮釋為「不可能發生」之事。他們的說法誘導「凡事只能理性化分析」

---

12 Muajise 是安拉ﷻ為了使者們打破自然界的定律使之發生的奇蹟，這種奇蹟只發生在使者們身上。

而忽略「真主 ﷻ 之全能」。試問，全能的真主 ﷻ 創造或是欲使發生之奇蹟又怎可能讓我們人類以自己如此微乎其微、有限以及殘缺的知識能力來理解？

他們企圖抹滅真主 ﷻ 所賜予穆聖 ﷺ 無與倫比、獨一高貴的品級，和特殊的能力與奇蹟。他們一邊讚美聖人穆罕默德 ﷺ 卓越的智慧及英雄般的特性，另一方面則用他們主觀的方式重寫、省略，以及刪除傳記，並使讀者對穆聖 ﷺ 的身分及其能力產生質疑，進而使人們對傳記的可靠性也產生懷疑。問題是，這種主觀的寫作方式，他完全不採用最原始完整及最真實保留傳記的科學方法。他的結果就是使這些記述淪為童話或神話般充滿神奇美麗與幻景，而非真實的歷史陳述，使歷史的真相永遠沉沒。

殖民帝國的勢力將伊斯蘭教信仰推展的過程誤解為是貧窮反抗富有，被壓迫者反抗暴君，意圖使權力和財富被客觀分配的一種革命。許多天真的穆斯林被外表看似無憂無慮的歐洲所迷惑，著迷於所謂的「進步」與「現代」。於是，他們淪為被利用從內部對伊斯蘭進行破壞的工具。

隨著時間的推移，穆斯林終於了解東方主義學者的真正目的是在造成穆斯林各個族群的分裂進而破壞伊斯蘭。他們體會到，篡改省略伊斯蘭宗教的起源與否認真主 ﷻ 賦予穆聖 ﷺ 的奇蹟，所造成無法彌補的缺陷。所以今天東方主義學者們對伊斯蘭教的學識教導上已無法再發揮影響力。

2.4.3 改寫歷史的舉例

以下我們舉出幾個東方主義學者改寫歷史混淆視聽的例子：

- 在《古蘭經》105 章中描述，安拉 ﷻ 派遣鳥群朝葉門首領阿布拉哈（Abrahah）的象隊丟射石頭來保護天房不受侵犯。安拉 ﷻ 讓小鳥如此弱小的動物，在牠們的鳥喙與兩爪中分別抓著石頭，來對抗阿布拉哈浩大的象隊，成功的阻止了他們的進攻，消滅了象隊。而東方主義學者卻將它詮釋為這些大象是得了類似痲瘋病之類的病。
- 而穆聖 ﷺ 登霄的奇蹟則被東方主義學者稱為是靈魂出遊、作夢，而不是實際的親身經驗。
- 在白德爾（Badr）戰役中，真主 ﷻ 派遣天使幫助戰役，被東方主義學者稱為象徵性的支持而非實質性的。

學者阿爾・布提為此評論說：「這個學派的作為，為傳記的科學記載帶來有史以來最大的災害。」

3.

穆聖ﷺ出生前後發生的重要歷史事件

穆聖ﷺ出生的年代當時並沒有日曆或月曆，而是以當年所發生的最重大事蹟成為那一年的稱謂。

在象年葉門的首領阿布拉哈嫉妒朝覲的人群紛紛湧向麥加，為了吸引朝覲的人群，他下令耗資建造更大且金碧輝煌的教堂，希望朝覲的人潮會轉向葉門，以取代天房。不料朝覲的人群一如往常湧向麥加，因為天房本身有著一個神聖的奧秘，它使人類嚮往。阿布拉哈一氣之下發動象隊欲摧毀麥加。安拉ﷻ派鳥群投石阻止它的發生。《古蘭經》105 章裡提到「阿布拉哈的軍隊們騎著大象」。當時的阿拉伯人從未見過大象，更何況是一群聲勢浩大的象隊。這個景象嚇壞了當時的麥加人，這場攻擊使他們印象極為深刻，因此稱呼那年為象年。

3.1 穆聖 ﷺ 的誕生

穆聖 ﷺ 的母親阿米娜（Āminah Bint Wahb）是瓦哈伯的女兒。當她正懷著穆聖 ﷺ 兩個月時，穆聖 ﷺ 的父親在前往麥地那拜訪伯父的路上因高燒而身亡，便被埋葬在當地。懷孕期間阿米娜的身體沒有任何的不適，彷彿她身上沒有懷著孩子一般。這期間她作了許多的夢，在夢裡有許多的預言。在這些夢裡有一回她聽見有一個聲音告訴她：「你懷的兒子將會有個驚人的未來在等著他，為他取名為『穆罕默德』。」

在其他的夢裡，她夢到自己在一道強光的照耀下看見了在當時的夏姆（Šām）[13]一帶的宮殿，夏姆在當時為羅馬人所統治。即使她從未見過這些宮殿，但她清楚明白自己所見。幾個月後，穆聖 ﷺ 順利出生在麥加城的黎明破曉前。

穆聖 ﷺ 出生於象年的春天三月（Rabī' al-Awwal）。在他的生命中所發生的一點一滴，即使是小事，也隱藏了極大的智慧。他在春天出生，意味著他將是全人類與世界的春天。春天裡花兒含苞待放，果實也被醞釀著。安拉 ﷻ 在春天裡使世界甦醒期待著一個新的生命。

大多數的學者們認為穆聖 ﷺ 誕生的日期為三月的 12 日星期一，但也有一部分的學者認為可能是當月的 3、7、或 9 日。

---

13 夏姆大約為現在的敘利亞、黎巴嫩、約旦、巴勒斯坦、西奈山一帶。

他出生的地點離天房不遠（為現今麥加禁寺外的圖書館）。出生時她的母親和助產士都清楚的看見從她身體射出一道強光，這道強光照亮了整個房子甚至於整個地區，這道光也為阿米娜照亮了布斯拉的宮殿。真主 ﷻ 用此奇蹟意喻著一個新的不平凡的生命一穆聖 ﷺ 他的到來。穆聖 ﷺ 出生時已受過割禮而且身上沒有臍帶。阿米娜的助產士敘述著說：「他出生時用手和膝蓋支撐著，他的右手握滿了沙，他的目光仰望天空。」（他的姿勢像是禮拜中叩頭的動作但抬頭仰望，他的左手平放而右手緊握並支撐著。）

學者們對穆聖 ﷺ 出生時的姿勢作出以下的解釋：

用手和腳支撐著，意味著穆聖 ﷺ 將扛起責任，他將從小就被訓練成為一位必須獨立，只靠自己和依賴真主 ﷻ 的人。

手握滿了沙，意味著他的人性，他和所有的人，包括所有的先知們一樣都來自於塵土也將歸於塵土，另一方面則表現出他對真主 ﷻ 與被造物極至的謙遜。

目光（頭）仰望天空，這象徵著先知對真主 ﷻ 的信任及依賴。也意味著他崇高的目標。

他的祖父阿布得・阿爾・穆塔力伯（'Abd al-Muṭṭalib），在他出生後抱著他繞天房。穆聖 ﷺ 出生的同時，拜火教燃燒了一千年的火就此熄滅。這個跡象使得當時的人們相當恐慌，不知道它意味著什麼？

另外一個跡象是穆聖出生時當時的猶太人觀察星象，正尋找一顆很特別的星星，據他們了解，星星的出現象徵著最後一個先知的誕生，他們一直期望這位最後的先知會出身於猶太族。穆聖ﷺ出生的那天這顆星星出現在夜空中，猶太人四處查問是否有男嬰出生了，麥加人告訴他們是穆罕默德ﷺ出生了。他們找到穆聖ﷺ的家，看了嬰兒之後他們清楚的知道穆罕默德ﷺ就是他們尋找的聖人，所有的證據都足以證明穆罕默德ﷺ就是他們期待並且尋找的最後一位先知。他們的推測得到了證實，儘管如此他們還是否定了他並掩蓋了這個事實。

在許多的聖訓裡提到，穆聖ﷺ被選為最後一個使者，這正代表著真主ﷻ選擇了阿拉伯民族和古萊氏，並賜予他們這份殊榮。

穆聖ﷺ有一回登上講壇並問群眾：「我是誰？」群眾裡有人回答：「你是聖人穆罕默德ﷺ。」穆聖ﷺ繼續說道：「我是穆罕默德，阿布都拉之子、阿布得．阿爾．穆塔力伯之孫。確實，真主ﷻ創造了人類，並將其分為兩類，他將我安排在最好的一類人當中；他又將其分為各個種族，並將我分為最好的種族之中；他又將各個種族分為各個家庭，並將我安排在最好家庭之中，成為他們的子嗣；他賜予我最好的靈魂。」（伊瑪目阿特．鐵爾密濟傳述）

因此，對我們每一個穆斯林而言，我們因愛穆聖ﷺ而愛他的民族；這樣的愛特別是對追隨穆聖ﷺ的阿拉伯人，這也是真

主 ﷻ 對我們的要求。

真主 ﷻ 在《古蘭經》中提到：「那是真主 ﷻ 用來向他那些信道而且行善的僕人們報喜的。你說：『我不為傳達使命而向你們索取報酬，但求為同族而親愛。』誰行一件善事，我要加倍地報酬誰。真主 ﷻ 確是至赦的，確是善報的。」（＊《古蘭經》42 章：23 節）

許多學者提到穆聖 ﷺ 出生時，父親已經去世，他成了半個孤兒。而在成長過程中，母親也早逝。一般來說，有父母的孩子們很容易被寵壞。但由於他的雙親早逝，穆聖 ﷺ 從小就習慣過著非常簡僕的生活，從小就學會依靠真主 ﷻ。事實上「穆聖 ﷺ 父親的早逝」其中包含了極大的智慧。因為如此一來，就沒有人能說他是受了他父親的強烈影響。他不需要在真主 ﷻ 所賦予的先知任務和他父親的要求、期望之間做選擇。

3.2 聖人穆罕默德 ﷺ 的五個名字

在穆聖 ﷺ 眾多的名字當中，最常在聖訓裡被提起的名字有以下幾個：

穆罕默德 ﷺ（Muhammed）——《古蘭經》48 章：29 節中提到「穆罕默德是真主的使者」。（＊）

艾哈默德（Aḥmad）——《古蘭經》61 章：6 節中提到「當

時，麥爾彥之子爾撒[14]曾說：『以色列的後裔啊！我確是真主派來教化你們的使者，他派我來證實在我之前的《討拉特》，並且以在我之後誕生的使者，名叫艾哈默德的，向你們報喜。』」（*）

阿爾・瑪黑（al-Māḥī）──它的意思是真主 ﷻ 通過他去除迷信；抹去昧主的事情。

阿爾・哈細爾（al-Ḥašīr）──它的意思是人們將在他之後復活，意為他在審判日將會是第一個復活的人，人們將被集合到他的身邊。

阿爾・阿戈易伯（al-‘Āqib）──它的意思是封印的先知。

3.3 聖人穆罕默德 ﷺ 的哺乳期

有關聖人穆罕默德 ﷺ 的母親阿米娜親自餵他母奶的時間長短，學者們的說法不一，有三天、七天和九天之說。在那之後，穆聖 ﷺ 的母親阿米娜才開始為他尋找奶媽。當時的麥加城為剛出生的嬰兒尋找鄉下來的奶媽是極為尋常之事，一則是因為小嬰兒在大自然中成長對身體健康及其精神有益；另外則是這些部落有著極高的阿拉伯語水平，無論是他們的發音或是豐富的語彙都能為孩子們從小奠定良好的語言基礎。

---

14 爾撒即基督宗教中的耶穌。

在沒找到奶媽之前，穆聖 ﷺ 的伯父阿布．拉賀伯（Abū Lahab）家中的女奴舒為薄（Ṯuwaybah）曾給他餵奶，也同時餵奶給她自己的兒子馬司如（Masrūḥ）和穆聖 ﷺ 的伯父哈姆薩（Ḥamzah），和穆聖 ﷺ 的堂兄阿布．沙拉瑪（Abū Salamah）。

舒為薄在穆聖 ﷺ 出生時向他的伯父阿布．拉賀伯報告這個喜訊，阿布．拉賀伯因欣喜而釋放了舒為薄女奴的身分。儘管如此，日後他卻成為了伊斯蘭的公敵。他不相信穆聖 ﷺ 甚至公然反對打擊他，阿布．拉賀伯的下場在《古蘭經》111 章中被提及。

在一段傳述中，穆聖 ﷺ 的另一位伯父阿爾．阿巴斯（al-'Abbās Ibn 'Abd al-Muṭṭalib，此段簡稱阿爾．阿巴斯）在阿布．拉賀伯去世一年後曾夢見過他。在夢中阿爾．阿巴斯問阿布．拉賀伯他的情況。阿布．拉賀伯回答道：「我在火獄，但是在每個星期一的晚上，我的刑罰會獲得減輕。我的大拇指和食指會冒出水來供我吸吮，我的刑罰之所以會獲得減輕那是因為穆罕默德 ﷺ 出生時，我當時聽到這個好消息一高興便還了舒為薄的自由身。」

4.

穆聖 ﷺ 在奶媽哈里瑪家被帶大時所發生的事

4.1 穆聖 ﷺ 的奶媽——哈里瑪．本特．阿布杜艾伊伯．阿撒弟亞

哈里瑪．本特．阿布杜艾伊伯．阿撒弟亞（Ḥalīmah Bint Abū Ḏu’ayb as-Sa‘diyyah，此段簡稱哈里瑪）。哈里瑪這個名字的阿拉伯文字意為「溫柔」。她對待穆聖 ﷺ 就如她的名字一般，哈里瑪的部落為沙阿德部落（Banū Sa‘d），而 Sa‘d 的意思為幸福快樂之意。而對哈里瑪的家人來說，穆罕默德 ﷺ 的到來是他們最大的幸福與快樂。

穆聖 ﷺ 的至友大賢阿布．巴克爾（Abū Bakr）曾對穆聖 ﷺ 說：「我從來沒聽過任何一個人的發音比你更美。」穆聖 ﷺ 回答說：「誰說不是呢？我的種族是古萊氏而且我從小在沙阿德部

落被餵奶。」沙阿德部落向來以阿文發音優美而得名。在當時的習俗，孩子留在奶媽身邊的時間長短不一，有些甚至留至十年。

4.2 哈里瑪的傳述

「我和一群沙阿德部落的奶媽們一起前往麥加想要領回嬰兒。我當時騎著一頭老弱甚至擠不出奶的駱駝，身邊還帶著我的兒子。已經好幾個晚上我自己沒有奶可以餵他，也沒有駱駝奶可以給他喝。到了麥加以後，每個人都看到穆罕默德 ﷺ 這個小嬰兒，但沒有一個奶媽願意領回他。因為每個奶媽在心裡都期望能遇到一位慷慨的父親，心想，一個寡母又能給我們什麼呢？這一會兒所有的奶媽除了我以外都領到了嬰兒。我問我的先生阿爾．哈力時（al-Ḥāriṯ）：『如果我空手而回實在難堪，不如我們就帶回那個孤兒吧？』我的先生同意了我的想法，並祈求真主 ﷻ 賜福予我們及這個嬰兒。這時我走向嬰兒，發現他被裹在一件白色的羊毛衣裡，身上發出一股麝香的香味。他仰臥在一塊綠色的絲巾上睡得正香濃，我害怕將他從睡夢中吵醒，他看起來真是漂亮。我慢慢地靠近他並將我的手放在他的胸膛上，這時他睜開眼睛醒了過來並對著我微笑，他的眼裡充滿著光芒，這道光照射到天空而消失。我親吻他的額頭並讓他靠近我的右胸喝奶，當我將他換至左胸想讓他喝奶時他拒絕了，這之後他總是如此。」

（從一出生開始，真主 ﷻ 便賜予穆聖 ﷺ 謙遜與懂得節制的特性。在這裡真主 ﷻ 讓他感覺到還有另外一個嬰兒，須要母乳餵養，致使往後的日子裡，穆聖 ﷺ 為他而放棄了另一份母奶。）

「我將他抱起走回帳篷，在帳篷裡我將穆罕默德 ﷺ 和阿布都拉（'Abdullāh）[15] 都餵飽後，阿爾．哈力時走到我們的駱駝旁，奇蹟似的發現駱駝的乳房充滿乳汁，他擠了奶我們喝飽了之後睡了整整一夜。我先生告訴我：『哈里瑪，我以真主 ﷻ 之名起誓！我想妳得到了一個受賜福的靈魂（孩子）。』我回答他說，『奉真主 ﷻ 之名我真心希望他是。』

「在回家的路上我騎著來時那頭老駱駝，懷裡抱著穆罕默德 ﷺ。駱駝走的速度之快，同族的人裡沒有人能追趕上我們。同行的奶媽問我：『哈里瑪妳現在騎的是你原來那一頭駱駝嗎？』『是啊！』：我回答她道。沙阿德部落的女人說：『我以真主 ﷻ 之名起誓，她一定有個秘密』。

「當我們回到家時，當時地方上還鬧著乾旱，但是我們的羊群出去吃草都是飽食而歸而且牠們的乳房充滿乳汁，當我們擠了奶也喝飽時，我們四週的鄰居卻從他們的牲畜擠不出一滴奶來，當他們察覺到我們的不同時，也試著將他們的羊群趕到同一片草皮去吃草，沒想到結果還是一樣。

「這樣的情形持續了兩年，直到我為穆罕默德 ﷺ 斷奶。這段時間裡，我們的家境一天比一天寬裕了起來。穆罕默德 ﷺ 的

15 穆聖奶媽的兒子。

生長發育也比一般同齡的小孩快，才兩歲他已經長得比其他孩子還強壯。儘管心中不捨，但當初的約定是穆罕默德ﷺ滿兩歲時，我們就會將他帶回到他母親的身旁。當時我只有一個心願，就是將他再帶回我們的身邊。因為有了他，我們的生活就充滿了吉慶。我試著說服阿米娜，讓我將她的兒子再帶回去，這樣一來他的身體會更強壯就能抵抗更多麥加盛行的疾病，她同意了我的請求。」哈里瑪和她的家人對穆罕默德ﷺ疼愛有加，他們經常和他遊戲唱歌跳舞；哈里瑪和她的女兒雪瑪（Šaymā'）常為他創作吟唱詩詞，歌詞裡充滿了她們對他的疼愛以及衷心為他所做的祈禱與祝福。

哈里瑪為他吟詩道：

我的主啊！我的神啊！
誠如你將他給予了我們一般，就讓他留在我們身旁吧！
請賜予他好的品級並使他不斷地晉升，
為他攔阻那些虛假的謊言並使他遠離那些無理的不公平的敵人！

雪瑪則為他吟詩道：

主啊！我的主啊！我的神啊！
這位兄弟非我母親也非我父親或伯父們所生
但我卻願為他犧牲我珍貴的伯父舅舅。

主啊！在你使你的創造物成長之時讓他成長茁壯吧！

雪瑪又為他吟詩道：

主啊！我的主啊！我的神啊！
請讓我有一天能看見我的兄弟穆罕默德 ﷺ 長大成人
讓我能看見他成為一位領導的英雄
為他駁回敵人和妒嫉他的人的陰謀
賜予他力量、尊榮，並使他永遠受人敬仰！

這些詩詞中流露出哈里瑪一家人對穆聖 ﷺ 濃厚的愛，真主 ﷻ 應允了歌詞裡的祈禱。

傳述中描述到哈里瑪和她的家人對穆聖 ﷺ 視如己出，非常的疼愛他。而穆聖 ﷺ 也以他最好的禮儀回報他們的愛。當穆聖 ﷺ 接受啟示之後，有一回哈里瑪和她的先生來拜訪穆聖 ﷺ，穆聖 ﷺ 見到他們到來高興得連忙將他的披肩鋪在地上，讓他們坐下。這在當時阿拉伯人的習俗裡，被視為是禮遇尊貴客人的最高、最慷慨的表現。在日後的胡乃因（Ḥunayn）戰役中，哈里瑪的女兒雪瑪成了穆斯林的戰俘，穆聖 ﷺ 請她前來，誠懇地邀請她以姐姐的身分留下來，並承諾一定以禮相待。她若留下一定會受到喜愛與禮遇，但是如果她選擇離去，他也會恢復她自由之身。雪瑪後來離去時，穆聖 ﷺ 還派了兩位僕人護送她回去。

4.2.1 開剖胸膛穆聖 ﷺ 的印記

當穆聖 ﷺ 兩歲時[16]，哈里瑪依照約定將他帶回他的母親的身邊，但基於對這個孩子的疼愛以及他為他們家所帶來的特殊恩典，他們決定請求阿米娜允許再度將他帶回身邊照顧，阿米娜同意了他們的請求。但就在這之後沒多久便發生了穆聖 ﷺ 被開剖胸膛的重大事件。關於這個事件的發生經過與時間，有以下幾種不同的傳述。

依據本．伊司哈葛（Ibn Isḥāq）的傳述：

「哈里瑪說道：『就在我們從阿米娜那裡回來後的兩三個月後，有一天發生了一件大事，就當我的兒子和穆罕默德 ﷺ 在房子後面玩耍時，突然兒子臉色發白被驚嚇得氣喘喘的跑來說道：『我古萊氏的兄弟（這裡是指穆聖 ﷺ）……！來了兩位身穿白衣的男人，他們將他放在地上，並切開他的肚子。』

「我和我的先生飛快的跑向他，看見穆罕默德 ﷺ 臉色蒼白的站立著，我們將他緊緊地擁入懷裡然後問道：『怎麼了，我的小兒子發生了什麼事？』他回答說：『兩個穿著白衣的男人走向我，將我放在地上然後切開我的肚子，他們拿出了一些東西，我不知道那是什麼，然後他們又將他復合就如同先前一樣。』

「我們將他帶回家後，我先生對我說：『哈里瑪，我害怕我

---

16 關於穆聖 ﷺ 當時的年齡，根據這份傳述他約兩歲多，但也有部分學者認為穆聖當時約四歲左右。當時為穆聖打開胸膛的那兩個穿著白衣的男人，即為天使，天使不會以女人的形象出現。

們的兒子是碰上了不好的東西（喻意為精靈）。因此在還沒人注意到他所受到的傷害之前，最好我們還是將他帶回他家人身邊。』於是我們將他送回到他母親身邊。當我們到達並說明來意時，他的母親問道：『心腸慈善的奶媽呀！是什麼原因讓妳做這樣的決定，當初那麼費盡口舌的想把他再帶回妳身邊，而現在又匆匆將他送回給我？』我搪塞著解釋說：『我是想他長得也夠成熟，我也算盡力了。我害怕會因照顧不週而發生不好的事，而且妳也想讓他盡快回到身邊，所以我就把他帶回來了。』

「阿米娜對我的理由心存懷疑，她深信必定有其他理由才會使我自願在這麼短時間裡將他帶回。阿米娜說：『我不相信妳所說的理由，一定是發生了什麼事，你告訴我事情的真相吧！』阿米娜是那麼懇切地想知道事情的真相，最後我便告訴了她。

「阿米娜聽完後問我：『妳害怕惡魔會對他造成傷害嗎？』

「『是的』我回答她說。但阿米娜卻斬釘截鐵的回答說：『不會的！我用真主ﷻ的名字起誓，惡魔是沒有辦法侵犯他的，他不能傷害我的兒子，他的身上有著很大的秘密，他有一個偉大的未來，妳要我告訴你一些關於他的事嗎？』『是的，』我回答她說。阿米娜用信任的口吻對我說：『他出生時，我清楚的看見從我的身體射出一道強光，這道強光照亮了布斯拉的宮殿（這個宮殿位於約現在的敘利亞大馬士革的邊境）。我的懷孕和其他女人比起來容易許多，他出生時用手和腳支撐著地，他的右手握滿了沙，他的目光仰望著天空。所以別擔心，帶著真主ﷻ

的庇佑和祝福，回去吧。』」（阿米娜言下之意是指，無論在她的孕期和他的出生包括他出生時的狀態，都在在地顯示出這個孩子的不凡。）

依據學者本·伊司哈葛的傳述：

「有一回當穆聖ﷺ與聖門弟子們同坐時，他們問穆聖ﷺ說：『真主ﷻ的使者，和我們談談你吧！』他說：『我來自我的祖先易卜拉欣（Ibrahīm）的祈求。當時真主ﷻ命令易卜拉欣將他的妻子和他的兒子留在麥加，在返家時易卜拉欣做了以下的祈禱：『我們的主啊！求你在他們中間派遣一個同族的使者，對他們宣讀你的啟示，教授他們天經和智慧，並且薰陶他們。你確是萬能的，確是至睿的。』（＊《古蘭經》2 章：129 節）我就是這個祈禱的實現，我是我的兄弟爾撒的喜訊[17]，我就是他在他的喜訊裡提到的先知。我的母親懷著我時，她的身體中射出了一道強光，這道強光照亮了布斯拉的宮殿。我被沙阿德部落的人帶回哺乳，當我和我的兄弟[18]在房子後面放羊時，突然來了兩位身穿白衣的男人手中拿著一個黃金做的容器裡面裝了冰，他們將我的肚子切開拿出我的心切開了它，從中取出了一個黑塊並切除了它，然後他們用冰雪清洗我的心和肚子直到乾淨為止。

---

17 耶穌帶來的喜訊為在他之後會有一位先知的到來，他的名字為艾哈默德。

18 我的兄弟是指哈里瑪的兒子阿布都拉（‘Abdullāh）。哈里瑪同時為她的兒子和聖人穆罕默德ﷺ哺乳。

然後，其中一人對另外一人說：『拿他和十個他的烏瑪[19]的人相秤[20]！』我比他們更重；然後他說：『拿他和一百個他的烏瑪的人相秤！』我又比他們更重；他又說：『拿他和一千個他的烏瑪的人相秤！』結果我還是比他們更重；最後他告訴他的同行：『算了！我用真主ﷻ的名字起誓，即使你用所有他的烏瑪的人與他相秤，他還是會比他們還重。』」[21]

學者對上述的聖訓解釋到，穆聖ﷺ第一次被開剖胸膛時當時還是個孩子，他的烏瑪也還尚未到來，但在真主ﷻ那裡早已為他預備了將追隨他的人們，而這段聖訓講述到的是穆聖ﷺ與他的烏瑪價值上的比較，誠如天使所說：「即使你用所有他的烏瑪的人與他相秤，他還是會比他們還重。」

依據伊瑪目穆司林（Imām Muslim）的傳述：

安那斯・本・馬立克（Anas Ibn Mālik）[22]傳述：穆聖ﷺ說：「當我在和其他孩子玩耍時，天使吉布力爾[23]來找我。他將我放

19 烏瑪一詞從 Ummah 直譯而來，或翻譯為伊斯蘭共同體或穆民群體，意即追隨穆聖ﷺ的人們。

20「相秤」其意義是指價值上的相互比較。

21 儘管當時聖人穆罕默德ﷺ還沒有追隨者，但以安拉ﷻ永無止境的知識，他知道聖人穆罕默德ﷺ將有許多的追隨者們。

22 安那斯的母親讓他留在穆聖身旁服侍穆聖ﷺ十年，是為了讓穆罕默德ﷺ能代她教育安那斯。安那斯敘述穆罕默德ﷺ當時已接受真主ﷻ啟示，他曾多次看到穆聖身上的這個舊疤痕。

23 在這一段傳述裡天使吉布力爾的名字被提起。

在地上，然後打開我的身體取出我的心，並從中拿出一塊黑塊，然後丟棄了它。他說：『這是惡魔的一部分。』最後他將我的心放入一個黃金做的容器裡面，用瀆瀆（Zam Zam）水清洗它，之後他將它放回它原本的位置並使它癒合。這時孩子們跑向我的奶媽，告訴她：穆罕默德 ﷺ 被殺了。哈里瑪馬上跑向我，當她看見我時，我的臉色蒼白。」在另外一段由安那斯的傳述他證實說：「我曾多次在穆聖 ﷺ 的身上看到這個疤痕的痕跡。」這段傳述非常的重要，一則是在這段聖訓中穆聖 ﷺ 更清楚地描述了經過並且提到來者是大天使吉布力爾，再者是因為它證明了在穆聖 ﷺ 長大成人並且成為聖人之後，確實有人親眼多次見到因這個事件而留下的疤痕。

東方主義學者們否認這個事情的發生，因為他們認為沒有人親眼見到穆罕默德 ﷺ 身上所留下的疤痕。其中馬丁·靈克司（Martin Lings）代表了這個看法。但伊瑪目穆司林的這段傳述反駁了東方主義學者們的質疑。

聖門弟子阿布·亞拉（Abū Ya'lā）、阿布·努艾姆（Abū Nu'aym）和本·阿撒基爾（Ibn `Asākir）傳述，他們也被告知一樣的資訊，但不同的是他們提到當時有三人在場，他們帶來一個黃金做的盆子裡頭裝滿了雪，這些人切開聖人穆罕默德 ﷺ 的肚子和胸膛；聖人穆罕默德 ﷺ 當時自己親眼觀看，也意識清楚，但完全不感到疼痛。

學者阿布·夏赫巴（Abū Šahbah）在他的書中解釋到：為何

在傳述中有時提到在場的人數為兩人而上述為三人？

原因是傳述中提到三位，兩位是負責執行，一位則在旁觀看，而在其他傳述中只提到執行的這兩位天使，所以才會在數字上有所出入。

根據傳述穆聖ﷺ的一生中總共經歷了三次開膛剖腹：分別在孩童時期、在第一次接受啟示開始和登霄時。

4.2.2 第一次開剖胸膛

在布哈里聖訓集和穆司林聖訓集中都收錄了關於第一次開剖胸膛的傳述。這次的開剖胸膛目的在取出穆聖ﷺ心臟裡一塊屬於惡魔的黑塊，每個人生來也都有這塊黑色的血塊。這代表穆聖ﷺ生下來同一般人一樣擁有這個黑塊，但是真主ﷻ將他創造為一個自然完美的被創造者。使他在孩提時代發生「心臟裡被取出的一塊屬於惡魔的血塊」之事蹟實為奇蹟，它是真主ﷻ賜給他的特殊榮耀。真主ﷻ使他完美的出生然後在孩提時期讓他經歷這樣的事，使這塊黑色的血塊被取出來，這也顯示出了他在真主ﷻ那裡的崇高品級。這比他生來沒有這塊黑色的血塊來得更好。因為藉此顯示出了真主ﷻ對他的特別保護，防範他於惡魔的損害。穆聖ﷺ的童年顯得比實際年齡成熟，他少遊戲、少有一般孩子的興趣；因此，他的成長有一種異於常人的特殊方式。

這個事件不僅是淨化了他的身體與心靈，更是提醒人們他不凡的身分及未來。因此這個奇蹟，實際上是為日後他將得到啟示而作的準備，在他得到啟示之後，人們可追溯他的不平凡的身世與過去而更容易相信他，接受他所帶來的訊息。

學者阿爾·布提說：「這件事要告訴我們的重點，不在於他的心臟裡被取出的一塊屬於惡魔的黑塊；如果真是如此，那麼每個人或許認為可以用這樣的方法消除自己已有的罪惡，或是犯罪之後使他的罪行消聲匿跡。這個事件背後的智慧是真主 ﷻ 經由一個物質性的事件淨化了穆聖 ﷺ 的心並傳達了重要訊息，要讓日後當穆聖 ﷺ 得到他的任務時讓人們對他關注，並且回想起穆罕默德 ﷺ 所經歷過的這段不尋常和令人驚異的事件；使人們更容易相信他、追隨他並接受他所帶來這個巨大的訊息。」

4.2.3 第二次開剖胸膛

開剖胸膛再度發生時間是在於穆聖 ﷺ 受到啟示的開始。它暗示了啟示是非常巨大且震撼的，它須要很大的支援與鞏固，一個很強的心臟和完完全全準備接受啟示的一種完美的狀態。經由這次的洗滌讓他有能力接受真主 ﷻ 偉大的啟示並傳遞給人們。

4.2.4 第三次開剖胸膛

第三次開剖胸膛是發生於登霄之時。穆聖 ﷺ 在登霄時經歷許多不尋常之事，登霄本身對他來說即為很大的奇蹟。這次的開剖胸膛讓他更有能力看見、經歷以及接受真主 ﷻ 為他所準備的這些不尋常之事，接受登霄夜的賜福。所以這次的洗滌是為穩固他的心並為登霄夜的奇蹟而做的準備。

4.3 東方主義學者們對穆聖 ﷺ 開剖胸膛的看法

東方主義學派否認開膛剖腹發生的事實，他們稱它為精神崩潰之跡象或童話，並且視它為哲學的精神現象而非真實的行動與經歷。東方主義學者艾瀰爾．杜明罕（Emil Durmingham）在他的作品《穆罕默德 ﷺ 的生平》中代表了這個看法，他認為穆斯林以為穆聖 ﷺ 經歷了開膛剖腹是因為《古蘭經》94 章：1 節中提到的「難道我沒有為你（穆聖）而開拓你的心胸？」(#)

東方主義學者艾瀰爾．杜明罕認為此事件是一種內心的洗滌，以便穆罕默德 ﷺ 能接受傳播真主 ﷻ 的啟示並忠實於它，但並非是真實的行動與經歷。東方主義學者艾瀰爾．杜明罕在他的作品《穆罕默德 ﷺ 的生平》第 48 頁中提到基督教視黑色血塊為人出生後的第一個罪，認為這其中只有瑪利亞和耶穌受到保護，他支持了這個說法，另外作家馬丁．靈克司也代表此看法。

如同有句格言裡說的：「勝者決定了文化」。1990 殖民者勢力獲勝，使得有些穆斯林受到很大的影響，因仰慕西方國家，而對穆斯林的落後感到挫敗，於是有些人選擇了東方主義學派。那些追隨東方主義學派者當中也包括了穆罕默德．胡笙．海凱爾（Muhammad Ḥusayn Haykal）。他在他的書中道：「東方主義學者們以及部分的穆斯林們對這段敘述中，談到兩個天使實際的操作了這個手術這件事而感到不安，而堅稱這段聖訓的傳述鏈是羸弱的」。他並且在他的書（《穆罕默德 ﷺ 的一生》，109-110 頁）說這只是一段小孩敘述所發生的事，而他當時的年齡還小，所以穆罕默德．胡笙．海凱爾和支持這個說法的東方主義學者已經預設的立場是：一個小孩無法正確理解與感受到這樣的事。

4.4 反駁東方主義學者們的論據

(1) 對於威廉．謀耶（William Moyer）先生的論點 —— 認為它是精神崩潰之跡象的反駁：

學者認為這件事情的真實性不應該由威廉．謀耶先生或其他非穆斯林以及少數的穆斯林來決定。它的可信度取決於傳述的方式以及傳述者本身的可靠性，如果它在一個公認的傳統規則裡被分類為可信度非常高、強大的傳述，那麼人們就不能毫無根據、輕易地推翻這種說法。（不能只因為他個人或一小族群之人無法理解或無法想像而否定這個事實。）

如果東方主義學者們還是硬將它歸為「精神崩潰之跡象」，那麼就證明他們缺乏對穆聖 ﷺ 以及對伊斯蘭教宗教的認識與了解。這點是不容置疑的。還有一部分的穆斯林的立場認為，如奶媽當初在穆聖 ﷺ 被開剖胸膛時害怕是精靈碰觸了他所致，而指稱這個事件待確認。那麼這些穆斯林忽略了那些穆聖ﷺ親生母親阿米娜的親自口述，她當時聽到奶媽的敘述時，非常肯定的回答道：「惡魔不可能加害於他」，她還告訴奶媽在她懷穆聖ﷺ時所發生的一切不尋常事情。

(2) 針對東方主義學者艾瀰爾・杜明罕先生的論點的反駁：
杜明罕先生堅稱開膛剖腹之事並非真正的發生，而是一種哲學隱喻。他繼續提到穆斯林將一段《古蘭經》的章節，當作斷定這個事件真正發生過的理由以及證明。但事實上，穆斯林們並非將一段《古蘭經》的章節當作這件事件真正發生過的理由和證明，而是用強大及可信的傳述鏈以及聖門弟子的證詞。他們在聖訓裡敘述關於穆聖ﷺ所發生之事和他們所見所聽的來源。而且這些根據都在被指定為允許的條件下進行了測試。

(3) 東方主義學者與部分穆斯林的論點，他們強調穆聖ﷺ常人凡人之特質。
穆斯林不反對這樣的論點。因為對他們而言，穆聖ﷺ是人，就如同其他先知們一樣，但也意味著他和其他的先知一樣受到真主ﷻ的支持並賦予奇蹟。就如耶穌能治病和喚醒死者；摩西和易卜拉欣也能夠透過他們而實現奇蹟，這些奇蹟是真主ﷻ特定給他們的，是為了使人們更容易接納他們聖人的身分，並相信他們所帶來的旨意。東方主義學者們舉證的方式既不夠客觀也不具科學性，僅是造成穆斯林懷疑這些歷史證詞及來源。由於至今他們始終無法讓穆斯林們消滅這些歷史來源，以達成目的，所以只好嘗試讓人誤以為這些歷史是有很多錯誤在其中。

(4) 學者阿布・夏赫巴對穆罕默德・胡笙・海凱爾先生三項論點的反駁：

(a) 關於認為開膛剖腹之事不合邏輯一事

假設有人接受穆罕默德・胡笙・海凱爾的說法，認為所發生之事不合邏輯，那對我們的理解力是不公平的。極大不同的區別是介於理智無法理解還是受傳統與習俗約束而無法理解接受。就如同這件奇蹟般的事，一千四百年前無法理解想像之事，以現今的醫學科技技術無論是心臟手術或器官移植都並非不能之事。以現在的醫學而言完成這樣的手術，根本不難想像。安拉 ﷻ 難道沒有能力派遣兩個天使做出這樣的手術嗎？

(b) 關於認為開膛剖腹的傳述屬於較弱的傳述鏈一事

穆罕默德・胡笙・海凱爾先生堅稱開膛剖腹的傳述屬於較弱的傳述鏈，卻沒提出他的證明。而專業且能勝任的學者們早已把它定為信賴度高且強的傳述鏈，在這裡我們不禁要問穆罕默德・胡笙・海凱爾，他對聖訓術語學的專業知識了解有多少？他是用什麼來評斷這段傳述是羸弱的呢？更有些學者視這段聖訓為眾傳聖訓（Mutawātir）[24]。同樣的關於開膛剖腹的報告也存在穆斯林最值得信賴的來源 —— 可在布哈里聖訓集和穆司林聖訓集的這些健全聖訓集中找到。

(c) 關於一個小孩記述開膛剖腹一事

穆斯林中大多數的觀點是認為事情發生的時間大約為穆聖 ﷺ 四歲或五歲初時；將此事對照於奶媽所說的：穆聖 ﷺ 當時不論心理或身體都發展得比其他同齡小孩來得好；他對一般孩子的遊戲方式不甚感興趣等等，其實是不謀而合。

再強調一點的是：在傳述中其他小孩的講述、奶媽的講詞，和穆聖 ﷺ 之後的說詞，均為一致。

24 Mutawātir 來自 Tawatur（提供過、聽到過、傳達過）。意即在每一代人中至少七十個互相獨立的人傳述同一內容之聖訓，這七十人必須是可靠者信任度高，他們之間不須要互相認識，也不一定生活在同一地區。這種聖訓為 Mutawātir。如有人否定這樣的聖訓即為非穆斯林。

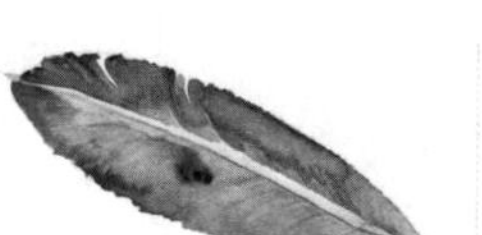

5.

穆聖 ﷺ 的母親阿米娜的去世

5.1 拜訪父親墳地與母親的驟逝

當穆聖 ﷺ 六歲時，他已從奶媽那裡回到母親阿米娜的身旁住了一年。當時穆聖 ﷺ 非常想念他的父親，於是他和他的母親決定到麥地那，去拜訪他父親的墳地與他的親戚。由女僕烏姆・愛曼・巴拉咖（Umm Ayman Barakah）[25]陪他們作這一次的旅行；他們在麥地那停留了約一個月的時間。但在回程的路上阿米娜突然得病發高燒，就在離麥加不遠時，她去世了。穆聖 ﷺ 這時成了父母雙亡的孤兒。阿米娜被葬在阿爾・阿布瓦（al-abwa）這個地方，這也是阿米娜去世的地方。阿米娜去世後，穆聖 ﷺ 由其祖父阿布得・阿爾・穆塔力伯照顧。

25 她是穆聖 ﷺ 的祖父送給穆聖 ﷺ 的父親阿布都拉結婚時的女僕。

5.2 安拉 ﷻ 使穆聖 ﷺ 自幼成為孤兒其中所蘊含的大智慧

在穆聖 ﷺ 的幼小生命中發生的這個事件，其實包含了對穆斯林一個極大的智慧，也是一種安慰。但是為什麼對我們來說會是一種安慰呢？因為即使穆聖 ﷺ 是真主 ﷻ 最愛的僕人，真主 ﷻ 使他未出生便失去父親，又在短短幾年後，小小年紀再度失去母親，成了孤兒。也正是如此，信仰者可以了解到沒有所謂的考驗是他們經歷過而穆聖 ﷺ 卻沒有經歷過的；在傳記的研究中我們會證實，穆聖 ﷺ 雖然貴為聖人，但真主 ﷻ 並沒有因此而免去他的苦難；相反地，他所經歷的次數與程度遠遠超過我們所承受的。真主 ﷻ 使他在面對生命中各種考驗時，所呈現出的不屈不撓的精神與耐力，成為我們永遠的模範。所以當我們面對真主 ﷻ 所賦予我們的考驗時，我們必須謹記穆聖 ﷺ 的例子，用強大堅定的意志與耐心去接受它。

穆聖 ﷺ 說：「誰關心照料孤兒，他將在天堂裡與我同席。」穆聖 ﷺ 用這段話鼓勵我們不僅要在物質上與精神上支持援助孤兒，並且要盡力保障他們的安全。

5.3 拜訪墳地與說情

幼年的那次麥地那之行給穆聖 ﷺ 留下了深刻的回憶。後來當穆聖ﷺ從麥加遷移至麥地那時，他仍然清楚記得當時所發生的一切。他說：「我的母親和我來到這裡，這裡是我父親的墳墓……」

伊瑪目穆司林傳述道，大賢阿布·胡萊拉（Abū Hurayrah）說：穆聖ﷺ拜訪他母親的墳墓，他哭了，他周圍的人也哭了。然後他說：「我請求真主ﷻ准許我拜訪我母親的墳墓，他應允了我；我請求真主ﷻ讓我為她求情，他沒有應允我的請求。你們應當拜訪墳地，它會提醒你死亡。」

伊瑪目艾哈默德傳述道，布萊達（Buraydah）說：「我們和穆聖ﷺ出遊，到了瓦丹（Wadan）這個地方，他說：『停下來，等我回來找你們。』回來後他說：『我拜訪了我母親的墳墓，我請求真主ﷻ讓我為她求情，但是他沒有應允我的請求。我曾經禁止你們拜訪墳地，如今你們可以去拜訪墳地了[26]。』」

伊瑪目阿爾·貝伊哈基（Imām al-Bayhaqī）傳述道：布萊達說：「穆聖ﷺ來到一個墳前坐在它的旁邊，隨行的人也圍著穆聖ﷺ坐了下來。然後穆聖ﷺ晃動他的頭好像與人說話一般，然後他哭了起來。歐瑪爾問道：『穆聖ﷺ，什麼事讓你哭泣？』他回答說：『這個墳是阿米娜（瓦哈伯之女）的，我請求真主ﷻ准許我拜訪我母親的墳墓，他應允了我，我請求真主ﷻ讓我

26 之前穆聖ﷺ禁止當時的穆斯林拜訪墳地，是因為他們對真主ﷻ獨一的特性了解還不夠穩固。

為她求情，他沒有應允我的請求。』這時我感受到穆聖 ﷺ 的體貼細膩的感情。為此，我也哭了；我從未見穆聖 ﷺ 如此傷心的哭過。」

穆聖 ﷺ 的母親阿米娜去世時，穆聖 ﷺ 尚未受到真主 ﷻ 的啟示。阿米娜是屬於「使者中斷期」（ahl-al-Fatrah）[27] 這一群人。

---

27 Ahl al-Fatrah 是指特定的一個族群，他們死亡的時間是介於兩位接受啟示的先知之間，之前的啟示已受後人的偽造，而下一個先知又尚未到來。

6.

阿布得·阿爾·穆塔力伯在擔任麥加首長時所發生的事件

穆聖 ﷺ 祖父阿布得·阿爾·穆塔力伯在麥加是一位非常有責任感、有威望的領導者。每年朝覲的人潮擁向麥加時，阿布得·阿爾·穆塔力伯總是疲憊不堪，因為他當時負責為朝覲者們提供水而瀆瀆泉水（Zam Zam）卻已失蹤多年，他們雖然對瀆瀆泉水有所耳聞但是沒有人知道它的位置在哪？甚至於沒有人再去尋找它。每年當朝覲者充滿了整個麥加城時，水的需求量大增供水更成為一大難題。阿布得·阿爾·穆塔力伯當時只有一個兒子。他總是感嘆要是自己有多一些兒子那該有多好，可以為自己分攤這份沉重的工作。於是他向真主 ﷻ 祈求，多賜給他些兒子，並承諾若是真主 ﷻ 應允他的請求那麼他將為真主 ﷻ 犧牲其中的一個兒子。果真，真主 ﷻ 應允了他的請求，他陸續地獲得了十個兒子。多年後阿布得·阿爾·穆塔力伯記起自己對真主

ﷻ 的承諾，決定用抽籤的方式來決定該犧牲哪個兒子。很不幸的被抽中的正是自己最鍾愛的兒子阿布都拉——也就是穆聖 ﷺ 的父親。當阿布得·阿爾·穆塔力伯非常懊惱不知該如何時，有人建議他去找巫師看看有無其他解決的辦法？他抽籤問神可否用十頭駱駝來替代兒子阿布都拉，沒有得到應允；直到他願意以一百頭駱駝相抵。於是為了換取愛子的性命，阿布得·阿爾·穆塔力伯宰了一百頭駱駝。

也因為這個典故穆聖 ﷺ 被稱為「兩個被犧牲者的兒子」，其一是因穆聖 ﷺ 的父親阿布都拉，再者是他的祖先聖人易司馬儀，聖人易司馬儀當初也是在聖人易卜拉欣時期被真主 ﷻ 命令為他而犧牲，以此來考驗聖人易卜拉欣對真主 ﷻ 的忠誠度。

有一夜，阿布得·阿爾·穆塔力伯夢見有人告訴他要他去尋找瀆瀆水源，他一醒來自己喃喃自語的說：「瀆瀆水源從聖人易司馬儀去世後就消失了，到現在都已這麼多年，我得從哪裡找起呢？」隔夜阿布得·阿爾·穆塔力伯又夢見類似的夢，但不同的是這回他被告知瀆瀆水源在哪，並且要求他立刻去挖掘它。隔天阿布得·阿爾·穆塔力伯帶著人到天房附近如夢裡指示的地點挖掘瀆瀆水源，果然找到了它。

6.1 瀆瀆泉水因何原故而消失

最初瀆瀆泉水出現時，沙漠裡傳開了關於這個水源的消息，聖人易司馬儀的母親哈潔爾（Hāğar）部落裡的族人和其他聞名而來的人，紛紛遷移到這個地方來，逐漸形成了一個城市，就是聖城麥加。聖人易司馬儀後來娶妻，他的妻子是屬於鳩爾胡（Ğurhum）部落的人。原本，從瀃瀃水源出現到聖人易司馬儀去世前，麥加一直都是在聖人易司馬儀的管轄之內，但就在他去世之後鳩爾胡部落的人執掌了麥加的勢力。後來因為他們在管轄期間做出了種種貪污和不公正的事引起其他阿拉伯人的不滿，於是這些阿拉伯人們聯合起來驅逐鳩爾胡部落的人。鳩爾胡部落的人在逃往葉門前，將他們在朝覲期間所得到的財寶埋在瀃瀃水源底下。為了使它不被發現，鳩爾胡部落的人就把整個水源掩埋住，日積月累後來的人便再也找不到瀃瀃水源了，直到穆聖 ﷺ 的祖父阿布得．阿爾．穆塔力伯被命令將它挖掘出來。學者們說：「這是真主 ﷻ 為聖人穆罕默德 ﷺ 他的即將到來，所賜予的極大恩惠。」

6.2 祖父對穆聖 ﷺ 的關照與疼愛

六歲的穆聖 ﷺ 在母親阿米娜去世後住進了祖父家。他在祖父阿布得．阿爾．穆塔力伯家住了兩年，除了祖父的照顧以外，烏姆．愛曼．巴拉咖（Umm Ayman Barakah）按照他祖父的安排繼續照料關懷穆罕默德 ﷺ 的生活。也因為如此緊密的關係，穆聖 ﷺ 曾說道：「她是在我母親之後的母親。」

阿布得·阿爾·穆塔力伯在失去了摯愛的兒子阿布都拉之後，能照顧小孫子穆罕默德 ﷺ，對他而言，是真主 ﷻ 賜予他極大的恩典，小孫子給他帶來了莫大的安慰。他非常疼愛穆罕默德 ﷺ，對他熱情親切，給他的愛與仁慈，更勝過於自己的親生兒子們。他時刻以愛孫為榮，更是將與他相處的時間視為一種榮幸。他對穆罕默德 ﷺ 的關心流露無遺。只要他所喜愛的食物送到時，他一定會交代說：「把我的小兒子帶來。」然後他們會一起用餐。「小兒子」指的意思是他最鍾愛的孫子。

阿布得·阿爾·穆塔力伯在當時擔任麥加的首長非常受到敬重，出席族群會議時總有他特別坐的首席位子，這個位子從沒有人被賞賜坐過，但他為自己的愛孫穆罕默德 ﷺ 讓出他的座位；他更是留心為穆罕默德 ﷺ 留一個有遮蔭的位子。當其他人嘗試為此座位而爭議時，他說：「讓給我的兒子，我用真主 ﷻ 之名起誓，他擁有崇高的階級。」然後他帶著穆罕默德 ﷺ 一起坐在那個保留的位子。他會用右手為穆罕默德 ﷺ 撫背，用他的左手撐住愛孫的胸膛。慈愛之情流露無遺。

年邁的祖父阿布得·阿爾·穆塔力伯健康每況愈下，去世之前始終擔心著自己心愛的孫子穆罕默德 ﷺ 的未來。對他來說，如何保護穆罕默德 ﷺ 並為他日後做妥善安排、給予最好的照顧，是最重要的一件事。最後，他從他的兒子當中選定了阿布·塔力伯（Abū Ṭālib）在他死後代替他照顧穆罕默德 ﷺ。

就在穆聖 ﷺ 八歲時，祖父阿布得·阿爾·穆塔力伯去世了，他被埋葬在阿爾．哈軍（al-Ḥağūn）。

穆聖ﷺ在年幼就失去了雙親，後來又失去摯愛的祖父，這其實是真主ﷻ為了防止日後人們惡意中傷，認為穆罕默德ﷺ所發生一些事件是受了祖父的教育所致。真主ﷻ使這些懷疑猜測、惡意中傷無法成形。

因為穆聖ﷺ失去的不僅是最關愛最親近他的人，也是對他人格教育上有最深影響力的人。但真主ﷻ卻讓他失去這樣的條件，表面上他失去了被教育的機會，但我們從後來歷史上讀到，穆聖ﷺ雖不識字但他擁有最好的性格，卓越超群的智慧與判斷能力，在族人中他享有值得信賴者的美名。例如，在天房改建之時，部落當中為了誰能擁有將玄石放回天房的榮耀而爭執不下，最後他們決定由第一個從和平門（Babu Salam）進來的人做出裁決。他們緊張著地望著和平門。但是當他們看到是穆聖ﷺ第一個從和平門走進來時，大家都鬆了一口氣，因為他們非常信賴穆聖ﷺ的智慧與公正。

再則，穆聖ﷺ祖父阿布得．阿爾．穆塔力伯是以非穆斯林的身分去世的，這可阻止別人誤將先知、伊斯蘭的領導權、社會權貴，聯想在一起，避免出現這樣的一個結論，就是伊斯蘭只是給特定的家庭甚至特定的種族。這其中有著極大的智慧。

7.

視如己出

阿布・塔力伯是穆聖 ﷺ 的伯父。他是穆聖 ﷺ 祖父阿布得・阿爾・穆塔力伯（'Abd al-Muṭṭalib）的十個兒子當中最堪託付重責大任的人。阿布・塔力伯在兄弟間並非最年長者，而且家境也不是很好，但是他擁有最好的個性，崇高的社會地位，在古萊氏族裡非常受到重視與肯定，這也是為什麼當阿布得・阿爾・穆塔力伯病重垂危時，決定將照顧愛孫的重任交給兒子阿布・塔力伯的原因。

祖父去世後，穆聖 ﷺ 住進伯父阿布・塔力伯的家，伯父對穆罕默德 ﷺ 疼愛有加，甚至於勝過自己的兒子們。他經常將穆罕默德 ﷺ 帶在身邊，沒有他在時，他總覺得哪裡不對勁。

阿布・塔力伯一家並不富裕，他們還常常吃不飽，但是阿布・塔力伯發現只要是穆罕默德 ﷺ 在一起用餐時，這一餐飯彷彿特別受到真主 ﷻ 的賜福，不僅全家吃飽而且食物還有剩餘。從此以後，阿布・塔力伯留意等穆罕默德 ﷺ 在他身旁坐下時，才准許家人開始用餐。他總是說：「等我兒子來再開動。」也因為他這樣觀察的結果，他對穆罕默德 ﷺ 說：「你是受賜福的。」

在阿布·塔力伯和穆罕默德 ﷺ 相處的時間裡，他陸續發現一些不尋常之事。一般的孩子起床後總是蓬頭垢面，可是，每回穆罕默德 ﷺ 起床後頭髮總是已經被梳理好、皮膚也被抹上了油、眼睛也塗抹了眼藥粉（Kuhl）[28]。明顯地有人在夜裡特意地照料他；而這些無可置疑是真主 ﷻ 給他特別的眷顧。

所有穆罕默德 ﷺ 身上所發生的事都是那麼的特別與不尋常。一開始是母親阿米娜懷他時，既沒有任何的不舒服與疼痛，也沒有感到特別的負擔。而今他的伯父也清楚的意識到，穆罕默德 ﷺ 卓越的性格，以及在各個生活層面上無可挑剔的行為舉止，這並非來自家族的教育。

那是真主 ﷻ 在他身上創造了完美的性格特質，賦予他優良的氣質秉性，甚至於他的行為舉止與品性都無懈可擊。直到他二十五歲結婚前，穆聖 ﷺ 一直都留在伯父身旁。

伯父阿布·塔力伯去世於穆罕默德 ﷺ 遷徙至麥地那前三年，他一直沒有接受伊斯蘭，也因此，有可能出現的政治與個人動機被排除，使穆聖 ﷺ 的聖品（Nubuwwa）[29] 不受誣蔑。

---

28 Kuḥl 為一種黑色的塗料，用來塗抹在眼睛上，不僅增加美觀並對視力也有幫助。

29 Nubuwwa（阿拉伯語：نبوة）字面上的意思是宣揚未知的消息，這裡指的是聖品。

穆罕默德 ﷺ 的童年是在家境並不寬裕的伯父家度過，這其中有真主 ﷻ 極大的智慧與用意。真主 ﷻ 使穆聖 ﷺ 從小不受溺愛，不受物質上過分寬裕、社會地位崇高的影響，而使他將來先知的任務不會被其他錯誤動機的猜想。

8.

穆聖 ﷺ 的青少年時期

8.1 穆聖 ﷺ 的獨立自主性

穆聖 ﷺ 八歲開始便想辦法工作要求自我獨立，直到十二歲他都以牧羊的工作來分攤家計。小小年紀就懂得犧牲遊玩的時間以工作自給自足外並支持他的伯父和家人。他不僅看管伯父家的羊群也為其他麥加人看管羊群，他工作非常勤勞，實為良好的典範。

穆聖 ﷺ 在剛開始接受啟示時，每當他提起青少年這段時光，總是既高興又驕傲。

伊瑪目艾哈默德傳述，阿布．薩伊德．阿爾滬得里（Abū Sa‘īd al-Ḫuḏrī）傳述說：一群看顧駱駝與羊群的牧羊人和穆聖 ﷺ 一起聊天，他們高興並且驕傲地跟穆聖 ﷺ 敘述著他們的工作，穆聖 ﷺ 對他們說：「驕傲與被重視是屬看顧駱駝的人，而平靜與受尊重則屬看顧羊群的人。聖人摩西被真主 ﷻ 所派遣，他曾是家中的牧羊人；當我在幾押德（Jiyad）[30] 時我被派遣，我當時是家裡的牧羊人。」

所有被真主 ﷻ 派遣至各個民族的先知們，他們都有一個共同的特點，那就是他們都曾經是牧羊人。因此也註定穆聖 ﷺ 將來也會是個牧羊人。他不僅看管自家的羊群也為其他的麥加人放羊以賺取微薄的薪資。這份工作的背後其實有極大的智慧。首先是作為鍛鍊，它為即將到來的先知任務和相關的工作做準備。因為一位領導者在帶領信士的同時，他的心靈與精神必須隨時謹慎小心，眼光要有前瞻性且必須具備高度的警惕心與責任感。

其次，羊本身的特性是溫馴、柔軟與仁慈，牧羊人經由與牠們的接觸，進而受到牠們特性的影響，在工作的同時訓練自己的耐力。再者，牧羊人也藉此學習以維護團體的利益為優先考量。牧羊人之所以為人重視敬仰，是因為他們處事鎮定、內心平靜、愛好和平。還有，就是牧羊人可藉此機會接觸大自然，他們整天與羊群為伍，在大自然裡呼吸新鮮空氣遠離塵囂，所面對的是真主 ﷻ 創造的浩瀚宇宙世界萬物，所見所聞一點一滴都促使他們對真主 ﷻ 獨一特性的深入思考。

---

30 麥加天房附近。

8.2 穆聖 ﷺ 遇見修道士巴希拉[31]

穆聖 ﷺ 的伯父阿布·塔力伯是一位商人，他從事買賣一年當中有兩回必須到當時的夏姆（Šām），他們將貨物運到那兒販賣，再從那兒買回新的貨物回麥加出售，時間分別是冬天和夏天。

真主 ﷻ 在《古蘭經》第 106 章中提到當時的麥加正面臨饑荒，古萊氏人用經商的方式來度過危機。在冬季他們到南方的葉門，夏季則到夏姆一帶。

「奉至仁至慈的真主之名。為了保護古萊氏人，為了保護他們（的商隊）在冬季（平安到達南方）和夏季（平安到達北方）的旅行，教他們崇敬這座天房的主（安拉）。是他（安拉）在饑餓時賜給他們食物，在恐懼時賜給他們安寧。」（# 《古蘭經》106 章：1-4 節）

穆聖 ﷺ 十二歲那年，阿布·塔力伯正準備帶著駝隊到敘利亞經商，穆聖 ﷺ 跟伯父表示希望能陪同一起前往。旅程非常遙遠而且路途艱難，攜帶年幼者同往並非常事；但阿布·塔力伯難以拒絕心愛侄子的請求，於是便帶上了他。

31 巴希拉（Baḥīrah）為一修道士對先知的預言有相當的研究。他知道聖經中提到將會有一位先知出現，並知道其特徵。

在往敘利亞的路上，阿布·塔力伯帶著他的駝隊在離敘利亞不遠前的一個名為布斯拉（Busra）的驛站休息，那裡住了一位基督教修道士，他的名字是巴希拉（Baḥīrah），他住在一個僻靜的小屋裡過著苦行僧的修行生活。為了能讓自己有更多的時間修行、敬事神、做禮拜，他平常不與一般人接觸。巴希拉以擁有猶太教的經典與聖經的知識聞名，正因如此他知道將有一位最後的先知將被派遣至阿拉伯部落中，這是世界末日即將來臨之前的跡象。

就在阿布·塔力伯的商隊靠近布斯拉時，一個很特別的現象引起修道士巴希拉的注意，他注意到一片雲跟隨著這個商隊，他很清楚這片雲保護著一個特定的人，這是一個大跡象，他非常的好奇。就在商隊抵達時，他特意邀請了整個商隊的人到他家用餐。

在一段傳述裡提到穆聖ﷺ和商隊的人受邀後一起前往；在另一段傳述中則說商隊的人都前往唯獨穆聖ﷺ留下來看管駝隊和貨物，巴希拉發現他想見的人並不在人群中，便詢問商隊的人是否所有的人都到時？他們回答道：「還有一個孩子在外面。」巴希拉請他進來用餐；穆聖ﷺ進來後，巴希拉仔細的觀察這個孩子，注意著他的行為舉止和性格，巴希拉特別想看到的是他背上的那個先知的印記，那個傳述中最後一位先知的背後兩肩之間會有的那個印記。

在眾人離去之後，巴希拉伺機與阿布·塔力伯談話，他問道：「你和這孩子有何親屬關係？」阿布・塔力伯回答說：「他是我的兒子。」巴希拉否定他說：「不！他不是你的兒子，他的父親不可能還活著。」這時阿布・塔力伯才說：「他是我的侄子，我兄弟的兒子。」巴希拉又問道：「那這孩子的父親呢？」阿布・塔力伯回答說：「在這孩子尚未出生時他的父親就已經去世了。」至此，巴希拉才滿意的說：「這是正確的，你確實說了真話。趕快帶著你的侄子回到你的家鄉，照顧好他，特別是在猶太人面前多加保護他。我用真主 ﷻ 的名字起誓，如果他們看見並認出他來，就如我看出他的身分一般，他們一定會加害他。他將會有一個非常崇高的品級和偉大的未來。」

阿布・塔力伯聽完後，趕忙將貨物賣完便啟程回麥加。這之後阿布・塔力伯變得更加小心，注意防範，他對穆罕默德 ﷺ 是更加的疼愛了。

東方主義學者們宣稱：「穆罕默德 ﷺ 曾和巴希拉學習。」但是關於與巴希拉的這次的相遇並沒有更多的傳述，例如巴希拉是否教授穆罕默德 ﷺ 舊經書或和他談到舊經書的內容。如果當時穆聖 ﷺ 真的曾受教於他，那麼商隊的人一定會在穆聖 ﷺ 接受啟示成為聖人時提出並反駁他。當時同行的夥伴們一定會傳述這件事。我們從上方的對談中看得出那只是一段簡短的對話，如果修道士當時教授了穆罕默德 ﷺ 舊經書，那麼勢必會延誤駝隊出發的時間，但是我們並沒有看到相關的傳述。

8.3 穆聖 ﷺ 背後的先知印記

先知印記（khatam an-nabuw）的特徵：它是一種細胞組織，較一般皮膚隆起些。它的形狀似鳥蛋，上面長著毛，它的位置在左肩。

對先知印記特徵的描述，可在布哈里聖訓集和穆司林聖訓集找到，這個印記是最後一位先知的特殊表徵。

最後一位先知的特徵有三，其中之一便是印記。在當時的基督教徒他們認得這個印記。聖門弟子薩爾曼．阿爾．法利希（Salman al-Fārisī）在未皈依伊斯蘭教之前是個基督徒，他曾被教導關於先知的特徵。其他兩個特徵是先知不收捐款但接受禮物。

關於穆聖 ﷺ 印記出現的時間點，學者們有不同的意見，大多數的學者們認為印記是在穆聖 ﷺ 出生後才形成的；更有一部分的學者根據這種觀點，進一步假設印記是在穆聖 ﷺ 經歷了開膛剖胸之後才出現的；少數的學者們認為印記是與生俱來的，這個意見被視為較弱的。聖訓裡對於印記有以下的幾段記載：

在穆司林聖訓集記載，聖門弟子加必爾．本．沙幕拉（Ǧābir Ibn Samurah）做了這樣的傳述：「我看見穆聖 ﷺ 背後的印記，它的樣子看起來像是一顆鳥蛋。」

在布哈里聖訓集和穆司林聖訓集裡記載，沙意得．本．熱伊得．本．阿莫爾．本．努發易爾（Sa'īd Ibn Zayd Ibn 'Amr Ibn

Nufayl，簡稱沙意得）傳述，他的姨媽帶他去找穆聖ﷺ並對穆聖ﷺ說：「聖人啊！我的侄子生病了。」穆聖ﷺ摸了他的頭，然後做了小淨。沙意得喝了從穆聖ﷺ頭部滴下來的水，當他站在穆聖ﷺ身後時，他看見了穆聖ﷺ兩肩之間的印記，它狀似鳥蛋。

8.4 阿爾非易加耳戰役

「非易加耳」（Fiğār）字義為道德敗壞之意。此戰役打破了當時「聖月無戰事」的禁令。他們在聖月開戰，並造成重大傷亡因而取名為阿爾非易加耳戰役（Ḥarb al-Fiğār），又稱罪惡之戰。

當戰事發生時，穆聖ﷺ年僅十四歲。戰爭的起端來自於阿拉伯半島的一位國王。他有意派一支商隊到麥加的烏嘎日（Sūq ‘Ukāẓ）來。烏嘎日在當時是一個兼具有文化、經濟多重功能的重要市集，它既是一個詩人匯聚吟詩作詞之地，同時也是商人貨物買賣交易的場所，因此而聞名。但因在前往烏嘎日的途中經常有強盜出沒，所以那位國王想為商隊尋求保護。當時有兩個人和國王表示願意保護他的商隊，其中一位是阿爾・布拉特・本・嘎易司（al-Buraḍ Ibn Qays，此段簡稱阿爾・布拉特），他承諾國王會保護他的商隊，使它不被他的族人其那納（Kinānah）搶劫。沒有想到當他說出他的承諾時居然受到另一位代表烏爾瓦・

本．烏特巴（‘Urwah Ibn ‘Utbah，此段簡稱烏爾瓦）的譏笑，烏爾瓦認為阿爾．布拉特根本沒有實力足以保護商隊，因為他本來就是個惡名昭彰的人，他的族人們躲之唯恐不及。烏爾瓦跟國王保證他會負責商隊的安全，不僅僅是防範一個部落而是所有部落的強盜。國王一聽此言便說：「我當然希望我的商隊是受到全面性的保護。」於是烏爾瓦獲得了這項交易，但也使阿爾．布拉特動了殺機。就在烏爾瓦保護著商隊到麥加的途中，被阿爾．布拉特襲擊並被殺害。阿爾．布拉特殺人的消息一傳出，所有正在市集的古萊氏人都趕忙收拾貨物想趕回麥加。

因為古萊氏與兇手的族人有著相互的保護協議，他們清楚被害人的族人與其聯盟的部落肯定不會善罷甘休採取復仇的行動；儘管兇手阿爾．布拉特是個惡名昭彰的惡霸，但礙於聯盟的協議在先，古萊氏不得不遵守他們的承諾。為了避免流血戰爭傷及無辜，古萊氏迅速地從市場逃往禁區（Haram），以為只要他們進了聖城就能避開這場戰爭，因為禁區之中是不允許有任何戰事的。但是被害人的族人也早料到古萊氏人會逃到麥加禁區之中，他們追上了古萊氏人也與他們展開了一番搏鬥，但最後古萊氏人還是得以脫逃。雙方這一戰已拉開序幕，只是當時正值聖月，又因古萊氏人逃進了禁區而無法繼續。所以雙方約定明年在烏嘎日進行一場會戰。

這場戰爭持續長達四年，造成死傷無數，最後族人當中有一位最年長的長老提議和談，他建議殺人較多的一方應給予另一方賠償。由於雙方都已倍感疲憊，也因大量壯年男丁的犧牲，所以便同意他的提議。穆聖 ﷺ 的伯父當時在古萊氏是個有名望的人，穆聖 ﷺ 當時為了支持他的伯父，同時為了防禦自己也參加了這次戰役。

在一段傳述中描述穆聖 ﷺ 在戰役中是幫忙拾箭，而在另一段傳述中穆聖 ﷺ 說：「我當時和我的伯父也參加了阿爾非易加耳戰役，我主射箭，沒有什麼是讓我更樂意去做的。」這句話充分地表現了穆聖 ﷺ 的正義感，他是為了防禦為了戰場上那些犧牲生命的古萊氏人而戰。

8.5 阿爾・福都爾協定

就在戰役結束的四個月後，一位從葉門來的商人帶著駝隊到麥加經商，他將他的貨全賣給了麥加人阿爾・阿司・本・瓦伊爾・阿司沙賀米（al-'Āṣ Ibn Wā'il as-Sahmī，此段簡稱阿爾・阿司）。當時阿爾・阿司取走了貨，但沒有馬上付款；當葉門人上門要求付款時卻受到阿爾・阿司的拒絕。葉門人在失望之餘向麥加的部落求助希望能索回他的貨物，但都遭到了拒絕，非但他們沒有伸出援手更是用惡劣的態度對待他。在投訴無門之餘葉門人心生一計，當太陽上升時，他站上了阿比・古百司（Abī Qubays）山丘。阿比・古百司是離麥加人經常聚會地點烏嘎日最近的山丘，他將他的遭遇用首詩喊了出來，大意是：「怎可能在麥加發生如此不公平之事？麥加有如此多的部落，卻無法阻止一個侵犯他人權益、蠻橫無禮之人？」穆聖ﷺ的伯父阿茲·祖貝爾·本·阿布杜·阿爾·穆塔力伯（az-Zubayr Ibn ‘Abd al-Muṭṭalib，此段簡稱阿茲·祖貝爾）在聽到葉門人的申訴後站起來呼籲說：「在我們的禁區裡發生了這樣的事，我們不能放任不管，這類事件必須有調解的方式。」這件事原本與阿茲·祖貝爾不相干，但是為了正義，他呼籲大家支持締結同盟。

於是在十一月的這個神聖月份，一些麥加哈希姆家族的人與這位葉門來的商人約定了在阿布都拉·本·久得安（‘Abdullāh Ibn Ǧuḍ‘ān）的家會面研商。阿布都拉·本·久得安家族在麥加是一個受人敬重的家族，這天他們還為與會的客人們準備了食物。會中大家同意並以真主ﷻ的名字發誓將攜手共同伸張正義，直到為弱者爭取回他們的權益為止。此次同盟他們以阿爾·福都爾的名字命名，稱為阿爾·福都爾協定（Hilf al-Fuḍul）。一則是這個名字的含意正符合他們這次的行動，阿爾·福都爾是指有人為維持正義而介入與自己不相干之事；再則是因為以前在麥加也發生過類似的事件，當時曾訂立了一個協定，它的名字就是阿爾·福都爾；所以，這也是為什麼阿茲·祖貝爾和在場的人再度使用這個名字的原因之一。此外，阿爾·福都爾家族中有三人也在場參與，這三人的名字中都有阿爾·福都爾（al-Fadl）這個字而，Faḍl 的複數即為 al-Fuḍul。

同盟成立之後，阿茲·祖貝爾還寫了一首詩，其大意是：

共簽協約福都爾，

同盟約定護正義，

麥加不公無棲身，

外地來客均放心！

這項協定是一個非常重要的決定，它是當時阿拉伯人的驕傲。穆聖ﷺ當時也參與了這個協定，會後他們陪同葉門人一起去找阿爾·阿司，並且順利的幫他討回了他的貨物。據傳述穆聖ﷺ曾說：「當時我在阿布都拉·本·久得安家經歷了這個約定，我不期望能擁有最好品種的駱駝[32]來替換這次的經歷。而且如果在我受到啟示之後能再受邀參加類似這樣的協定的話，我將會參加！」

32 這裡是指當時品種最好、價值最為昂貴的駱駝（Humur an`nam）。

9.

穆聖 ﷺ 與聖妻哈蒂佳的婚姻

聖妻哈蒂佳・本特・胡維立德（Ḫadīǧah Bint Ḫuwaylid）當時在麥加城既是位聲譽響亮經商非常成功的女富商，又是有著高尚的人格與情操的寡婦。她很受當時麥加人的尊敬與仰慕，人們尊稱她為純潔的人（at-Tahira）。聖妻哈蒂佳去世時享年六十五歲。

9.1 聖妻哈蒂佳的前兩段婚姻

學者們對於聖妻哈蒂佳在與穆聖 ﷺ 結婚前這兩段婚姻的順序有不同的說法，本文的學者們支持的說法如下：

第一段婚姻：

前夫阿替格・本・阿以日・本・阿布都拉・本・阿莫爾・本・阿爾・馬賀祖米（全名為 ‘Atīq Ibn ‘Ā’iḏ Ibn ‘Abdullāh Ibn ‘Amr Ibn al-Maḫzūmī），生有一女名為欣得（Hind）。

欣得的女兒和她的兒子穆罕默德・本・撒非・阿爾・馬賀祖

米（Muḥammad Ibn Ṣafī al-Maẖzūmī）以及後代的子孫都因聖妻哈蒂佳的原故被稱為純潔的子孫。

第二段婚姻：

二婚丈夫是阿布・哈拉・馬立克・本・拿布爾西・本・祖拿拉・阿特・塔彌米（Abū Hālah Mālik Ibn Nābulsī Ibn Zurārah at-Tamīmī）生有二子，一名為欣得（這個名字在當時是男女通用），另一名為承其父名哈拉。

9.2 穆聖 ﷺ 與哈蒂佳的相識

哈蒂佳以佣金雇用職員並訂立協議，他們的工作包括保管財物，隨駝隊繳交與購買貨品。哈蒂佳在未雇用穆罕默德 ﷺ 之前已對他卓越美好的品性早有耳聞。麥加人以「真誠的人」（as-sadiq）、「值得信賴的人」（al-amin）的美名來稱呼他、讚許他。

傳述中說：當穆罕默德 ﷺ 二十歲時，由於他各方面美好的性格促使哈蒂佳主動派人前去邀請穆罕默德 ﷺ。當穆罕默德 ﷺ 到來時，哈蒂佳說明了她的動機，她說自己早已聽聞他是個非常正直誠實的人，所以希望請他來為她管理貨物與商店，她提出以其他麥加工人雙倍的工資聘請他來為她工作。當穆罕默德 ﷺ 告訴伯父阿布・塔力伯這個消息時，他告訴穆罕默德 ﷺ 這是個很好的提議，並稱讚地說：「真主 ﷻ 賜予了你豐富的給養。」

在另一段傳述中提到的是阿布・塔力伯提議穆罕默德 ﷺ 去

為哈蒂佳工作，他說：「若是哈蒂佳知道你願意為她工作，和其他麥加人相較之下，她一定會優先聘用你。」於是阿布・塔力伯前來找哈蒂佳並且建議她，與其雇用一個陌生人倒不如雇用自己家族中的人。他推薦了穆罕默德 ﷺ 讓他來為哈蒂佳管理她的貨物，並要求哈蒂佳給他特別的待遇，兩倍的工資。哈蒂佳回答說：「因為是你的要求，所以即使你為我推薦的是一位我所厭惡的人，我也會雇用他，更何況他是一位我所敬重喜愛的人，他還是我們的親戚，我當然願意按照你所要求的給付。」哈蒂佳的回答使阿布・塔力伯非常高興，他告訴了穆罕默德 ﷺ 這個消息。

9.3 穆聖 ﷺ 與修道士那世圖相遇

從那時起穆聖 ﷺ 便為哈蒂佳工作，第一次他參與哈蒂佳的駝隊送貨時他的年齡大約介於二十至二十五歲之間，時間為當年的十二月十四日。穆罕默德 ﷺ 和哈蒂佳的工人麥依沙拉（Maysarah）一起到夏姆送貨；途中他們在布斯拉的這個地方[33]休息，穆罕默德 ﷺ 坐在一棵樹下休息。此時這裡的一位基督教修道士那世圖（Nasṭūra）走近與麥依沙拉攀談。眾所皆知那世圖熟知舊經書並且對最後一位先知的跡象特別了解。當他觀察到有人坐在一棵樹下，而這個人和他認識的麥依沙拉同行，於是他向

33 在其他的傳述中提到的地點分別為 Suq Hubeschah 和 Tihamah。

麥依沙拉打探這個人。麥依沙拉告訴那世圖那是他的雇主新聘的一位員工名叫穆罕默德ﷺ，他來自麥加。修道士那世圖告訴麥依沙拉說：「坐在這棵樹下的唯有先知。」在另一段傳述中提到的是：「先知爾撒之後在這棵樹下停留的唯有先知。」麥依沙拉在獲悉這個消息之後非常的高興，其實在未到布斯拉之前，他就已經覺察到穆罕默德ﷺ的不凡，他的待人接物總是非常厚道仁慈，他的人格、舉止、氣質總是那樣的優雅不凡。在旅途中麥依沙拉更是觀察到有一片雲一直伴隨著穆罕默德ﷺ為他遮住炙熱的陽光，這是多麼不尋常，如今修道士的這番話更印證了他的觀察。

到達夏姆之後，穆罕默德ﷺ將從麥加帶來的貨物賣出並買了要帶回麥加的貨物，一切交易都進行的非常順利，這趟旅行為哈蒂佳贏得前所未有豐厚的利潤。

駝隊在午時回到了麥加，哈蒂佳此時正在自己家中的高樓上，她從窗戶觀望著穆罕默德ﷺ。這麼一個純潔有著自信又不高傲的年輕人，從內而外散發著一股特別的光彩，使人不由得發自內心尊敬他。穆罕默德ﷺ走進哈蒂佳的屋中交出此次遠行的獲利，並且對這次的旅行做了報告，哈蒂佳對此次的成果非常滿意。談話結束後穆罕默德ﷺ便離開了。他走後麥依沙拉也前來向哈蒂佳報告他在此次經商的途中對穆罕默德ﷺ所做的觀察，還有所經歷的事，包括修道士那世圖對他所說的話。這次的談話使哈蒂佳對穆罕默德ﷺ產生了極大的好感。在一次的機會裡哈蒂佳拜訪了她的表哥瓦剌嘉．本．拿烏非爾（Waraqah Ibn

Nawfal）。瓦剌嘉是一個追隨聖人易卜拉欣跡象的人，他對猶太教和基督教的舊經書有著相當豐富的學識。當他聽完了哈蒂佳關於穆罕默德 ﷺ 的敘述後他說：「噢！哈蒂佳，如果妳的所言屬實，那麼穆罕默德 ﷺ 確實是這個穆民群體的使者。」

哈蒂佳聽完瓦剌嘉所說的話，回想起在之前的一個節日裡所發生的事。當時她和朋友們正聚在一起，一個猶太人靠近她們的桌前說：「噢！古萊氏的女人們啊！不久之後阿拉伯人中將會出現一位先知，誰若有機會贏得他成為丈夫，那麼千萬不要錯失機會。」

哈蒂佳的朋友們沒有將他所說的話放在心上，她們只當他是個瘋子，將他臭罵一頓後便將他趕走。而哈蒂佳在心裡想著，她覺得猶太人的話並非瘋話，她期望如果這一切都是真的話，那麼希望她即將會是那個幸運的女人。

而如今瓦剌嘉使她想起那個猶太人的話，那麼穆罕默德 ﷺ 將會是這位最後的先知，她多麼希望穆罕默德 ﷺ 能成為她的丈夫。但是她要如何才能探測出他的心意呢？關於這段歷史有兩個傳述，第一個傳述提到的是哈蒂佳給穆罕默德 ﷺ 捎去一個消息，內容中提到她對他人品操守的仰慕與敬佩，希望能與他聯姻。

9.4 穆聖 ﷺ 與哈蒂佳結成連理

第二個傳述則提到哈蒂佳派她的朋友努非莎・本特・木恩雅

（Nufaysah Bint Munyah）前去穆罕默德ﷺ那裡試探他的心意。

努非莎對穆罕默德ﷺ說：「哈蒂佳是個認真、能幹、堅強，非常值得尊敬的女人，真主ﷻ賦予她卓越的能力與善良的個性。她的家族是古萊氏中最受敬重的家族之一，她既富有又受尊敬，是古萊氏族中一個非常令人心儀的結婚人選，許多人不惜重金求婚希望能娶她為妻，但都不為她所動。」

努非莎說：「就在穆罕默德ﷺ和商隊從夏姆回來後，哈蒂佳派我去找他。

我問穆罕默德ﷺ說：『噢！穆罕默德ﷺ！是什麼阻礙了你成家立業？』

穆罕默德ﷺ回答道：『我沒有錢[34]可以結婚。』

我說：『如果可以使你免去開支，有人邀請你願意給你平等的地位，讓你擁有財富與美麗，你會接受嗎？』

他問：『她是誰？』我說：『是哈蒂佳。』

『我如何能和她走到一起呢？』他問我。

我說：『接下來的事我會安排。』

『那我願意』他回答說。」

之後哈蒂佳和穆罕默德ﷺ通知了雙方的親戚們這個喜訊，大家都對這件喜事歡喜不已。穆罕默德ﷺ和哈蒂佳雙方的家屬

---

34 這裡是指對於結婚必須負起的多重責任，因為穆聖ﷺ自知自己是孤兒而且身邊沒有多少積蓄。

被安排在哈蒂佳的家中相見。這次的會面是由哈蒂佳的叔叔阿莫爾・本・阿薩得（'Amr Ibn Asad）[35] 和穆罕默德 ﷺ 的兩位伯父阿布・塔力伯以及哈姆薩（Ḥamzah）來主持。穆罕默德 ﷺ 從小在伯父阿布・塔力伯家中長大所以由他來為穆罕默德 ﷺ 提親，哈蒂佳的伯父代表女方高興地接受了這門親事。接著由阿布・塔力伯致詞，他宣佈婚事成立而且介紹了穆罕默德 ﷺ 他的人品，他在部落、家族、家庭中的地位。

對於女方的主婚人傳述中有不同的意見，大多數的學者和穆聖傳的作者們支持了上述的傳述認為是哈蒂佳的伯父阿莫爾・本・阿薩得為哈蒂佳主持了她的婚事，因為她的父親已經去世。學者阿爾・瓦葛伊迪（al-Wāqidī）說：「在我們確實牢記的學者傳述中知道，哈蒂佳的父親早在阿爾非易加耳戰役之前就已去世，是哈蒂佳的伯父主持了她的婚事。一名聖門弟子與伊瑪目阿塔・塔巴里也做了相同的傳述。而依照本・伊司哈葛的傳述則是哈蒂佳的父親為她主持了這個婚事，但是這個傳述是屬於羸弱的。」

關於聘禮和婚禮的細節傳述中提到的是，阿布・塔力伯給的聘禮約五百迪拉姆（Dirham）（當時的貨幣單位），穆罕默德 ﷺ 則給了二十貝克拉（Bakrah）（當時的貨幣單位）。於是婚禮舉

---

35 本・伊司哈葛傳述了一個可信度較弱的傳述，其中提到是聖妻哈蒂佳的父親主持了她的婚禮，而另一段傳述則是提到聖妻哈蒂佳的父親早在阿爾非易加耳戰役之前去世。

行了，穆罕默德ﷺ為婚禮宰了一頭或兩頭牛。哈蒂佳命令她的女僕們唱歌打鼓，因為她的心願已經達成，這個婚姻為她帶來莫大的幸福與快樂。這是她生命裡的高峰。

9.5 美滿的婚姻及溫馨的家庭生活

結婚那年穆聖ﷺ二十五歲，哈蒂佳四十歲。

穆聖ﷺ對整個婚姻生活感到非常滿意，妻子哈蒂佳傾其所有的愛與熱情、靈魂、財富支持著他。儘管在當時的社會一個男人擁有很多女人是非常普遍的事，但穆聖ﷺ不願再娶，因為他深愛著他的妻子哈蒂佳。

雖然哈蒂佳與穆聖ﷺ結婚之前曾有兩次婚姻並育有小孩，但是穆聖將他們都視如己出，非常疼愛。繼子欣得自小在穆聖ﷺ身邊長大，受穆聖ﷺ的教育，他和繼父穆聖ﷺ及同母異父的弟妹們的關係非常的融洽。欣得常說：「眾人之中我有最好的父親，最好的母親，最好的弟弟，最好的妹妹。我的父親是穆罕默德ﷺ，我的母親是哈蒂佳，我的弟弟是阿爾嘎幸，我的妹妹是法蒂瑪。」他形容自己擁有最好的雙親和最好的弟妹，在欣得話中所說的最好的父親不是自己的生父，而是他的繼父穆罕默德ﷺ，那是因為穆聖ﷺ善待、疼愛他們，將這些孩子們視為己出。對欣得來說，穆聖ﷺ不只是一位父親，更是最好的慈父。而欣得所提到的最好的弟弟妹妹，也並非自己的親手足，而是穆聖ﷺ與聖妻哈蒂佳所生的兒子阿爾嘎幸和女兒法蒂瑪。由此可見他對穆聖ﷺ和家人濃厚的愛，穆聖ﷺ家中洋溢的幸福與和諧。

欣得後來接受了伊斯蘭教，是個非常卓越的穆斯林。欣得的個性非常好，語言水平非常高，發音清晰，非常善於描述。伊瑪目阿特・鐵爾密濟在他的書《先知的品貌大全》（al-Schamaìl）中傳述了他對穆聖ﷺ性格與外形的描述，當時有許多的阿拉伯人因為擅長於描述而聞名，欣得對穆聖ﷺ的外形描述在眾多的作品中脫穎而出，是屬於最好的作品其中之一。而這份描述是應法蒂瑪之子──哈桑（Ḥasan）的要求，因為當時穆聖ﷺ已歸真，哈桑非常思念他的祖父，便要求欣得為他形容自己祖父的長相。欣得後來在阿爾・甲庥爾（al-Ğamal）戰役中被殺。

聖妻阿依莎傳述：「有一回哈蒂佳的兒子哈拉在穆聖ﷺ正午睡時來到家中，當穆聖ﷺ聽到哈拉聲音時，高興地喊著：『哈拉！哈拉！哈拉！』」伊瑪目阿特・塔巴拉尼（Imām aṭ-Ṭabarānī）也傳述，哈拉的話說：「有一回我去拜訪穆聖ﷺ，他當時正睡著，當他醒過來時看到我，將我抱入胸懷並喊著：『哈拉！哈拉！哈拉！』」穆聖ﷺ三次呼喊著哈拉的名字並將他擁抱入懷，足見穆聖ﷺ是如何歡喜他的到來。

9.6 喪子之痛

對穆聖ﷺ的兒子們的傳述各有不同，有些傳述說他有兩個兒子，但又有些傳述說他有三個兒子，分別是阿爾嘎幸（al-Qāsim）、阿布都拉（‘Abdullāh）、阿特・特依依伯（aṭ-Ṭayyib），也有其他的傳述說他還有一個名為阿特・特西爾（aṭ-Ṭāhir）的兒子。可惜這些兒子們全都年幼早逝。

這些事件背後的智慧是：

無人會說：「子承父業，他的兒子們也會是先知。」

無人會斥責他說：「他是為了兒子們奪勢。」

他的遭遇對所有的信徒而言是個安慰，因為穆聖 ﷺ 也經歷過喪子之痛，每個人在今世都會受到考驗，即使穆聖 ﷺ 為真主 ﷻ 最愛的使者也無法倖免。

穆聖 ﷺ 說：「受到最多考驗者是聖人先知們，其次是較好者，再來是次優者。」

9.7 聖妻哈蒂佳的崇高地位

伊瑪目阿爾・布哈里和伊瑪目穆司林傳述，聖妻哈蒂佳說：「穆聖 ﷺ 說道：『天堂女人中最優者為瑪利亞，先知儀姆蘭（‘Imrān）之女；人間女人中最優者為哈蒂佳，胡維立德之女。』」[36]

---

36 另一個解說為：瑪利亞是為當代基督教徒中最好的女人，而哈蒂佳為現今的穆民之中最好的女人。她們是最高貴、最受愛戴、最值得尊敬的女人。

伊瑪目阿爾・布哈里和伊瑪目穆司林傳述，聖妻阿依莎說：「聖妻們當中無人能使我妒嫉，除了哈蒂佳以外。穆聖 ﷺ 有一習慣，每回只要是宰羊他一定會派人送肉去給哈蒂佳生前的好友。我驚訝地說：『哈蒂佳？』他接口說：『我愛她。』」

伊瑪目艾哈默德（Imām Aḥmad）傳述：聖妻阿依莎說：「穆聖 ﷺ 很少離開家前不提起聖妻哈蒂佳並誇讚一番，有一回當他又提起哈蒂佳的名字時我妒嫉地說：『她不過就是一個上了年紀的女人，而且不是被更好的取代了嗎？』（聖妻阿依莎指的是她自己）這時穆聖 ﷺ 生氣的說：『不！我用安拉 ﷻ 的名字起誓，他沒有讓較好者替代了哈蒂佳。在人們不相信真主 ﷻ 時她接受了信仰；人們當我是騙子時她信賴我；當人們聯合用禁令來抵制我時她用她所有的財產來支持我；當人們拒絕我時她安慰我；安拉 ﷻ 只賜給了她我的孩子。』」學者說：「其實聖妻阿依莎從未見過聖妻哈蒂佳，但因穆聖 ﷺ 對已逝的哈蒂佳如此懷念，不僅是對她甚至是她生前的好友，或在她生前經常來拜訪他們的人，基於對聖妻哈蒂佳的愛，穆聖 ﷺ 也都非常的禮遇他們。從這裡我們看到穆聖 ﷺ 身為一個丈夫對於已逝多年的妻子的忠誠，他對她的愛有增無減。」

穆聖 ﷺ 曾說：「真主 ﷻ 把她的愛作為賜予我的給養。」

10.

天房的歷史

天房是第一座以真主 ﷻ 之名在大地上所建造的房子，是為使真主 ﷻ 的僕人崇拜他、紀念他所建。真主 ﷻ 命令他的使者易卜拉欣和易司馬儀負責施工。

我們可以從《古蘭經》中的第 2 章：125-127 節和我們尊貴的穆聖 ﷺ 口述中得到關於這個史蹟的證明。

「當時，我以天房為眾人的歸宿地和安寧地。你們當以易卜拉欣的立足地為禮拜處。我命易卜拉欣和易司馬儀說：『你們倆應當為旋繞致敬者、虔誠住守者、鞠躬叩頭者，清潔我的房屋。』

「當時，易卜拉欣說：『我的主啊！求你使這裡變成安寧的地方，求你以各種糧食供給這裡的居民——他們中信真主 ﷻ 和末日的人。』他說：『不信道者，我將使他暫時享受，然後強逼他去受火刑。那結果真惡劣！』

「當時，易卜拉欣和易司馬儀樹起天房的基礎，他們倆祈禱說：『我們的主啊！求你接受我們的敬意，你確是全聰的，確是

全知的。』」（*）

10.1 天房對穆斯林的重要意義

學者說：「天房對我們每個穆斯林都有非常深遠的意義。真主ﷻ在《古蘭經》中提及它，他命令他的兩位使者負責施工建造天房，我們必須清楚的是我們愛天房、繞行天房因為這是我們的功修，它在我們的心中是有著很重要的位置，我們朝向天房禮拜但它並非是我們的目標，我們所敬拜的是真主ﷻ。天房被建造是因為它是真主ﷻ的房子，是用來禮拜。這棟建築是用石頭所建，它既無利也無害。

當歐瑪爾在大賢阿布·巴克爾之後繼任成為穆斯林的首領時，有一回他來到天房旁的玄石，在他親吻玄石之前說了一段非常重要的話，他說：「我以真主ﷻ之名起誓，我知道你只是塊石頭，既無利也無害，若不是我見過穆聖ﷺ親吻過你，我是不會親吻你的。」歐瑪爾在這裡特別強調是因為自己親眼見到穆聖ﷺ親吻了玄石，所以自己也親吻了玄石。因為穆聖ﷺ是那個指引我們該如何敬事真主ﷻ的人，是那個被啟示的天使所教導的人，他是我們的老師。玄石是天房上最為寶貴的東西，是真主ﷻ賦予了它價值，它本身是石頭既無利也無害，所以玄石本身並不是我們的目標，我們的目標是敬拜真主ﷻ，成為服從穆聖ﷺ的穆民進而成為真主ﷻ所滿意的僕人。真主ﷻ在《古蘭經》

3 章：31 節中說：「你說！如果你們喜愛真主 ﷻ，就當順從我；（你們順從我）真主 ﷻ 就喜愛你們，就赦宥你們的罪過。」（*）這就說明了追隨穆聖 ﷺ 是我們的目標，因為經由它可使真主 ﷻ 對我們滿意，經由它可達到真主 ﷻ 的愛，也經由它呈現了我們對真主 ﷻ 的愛。」

有位學者打了個比喻說：「假設我們去拜訪一位國王，在進入到他的宮殿之前我們會先經過他的庭院，然後才進入宮殿。天房就有如這個庭院，無法見到這位國王是我們能力的不足，因為以我們所擁有的視力是無法承受也無法看見他的。在今世我們能見到的是他的庭園，我們期望在後世能親眼見到這位王中之王。」

10.2 初建天房

真主 ﷻ 命令使者易卜拉欣和他的兒子易司馬儀建造天房。天房的長 30 肘長（Elle）[37]，寬 22 肘長，高 7 肘長（另外一個較強有力的說法則認為高度為 9 肘長）。約為現今的長 15 公尺，寬 11 公尺，高 3.5 公尺。當時的天房沒有屋頂，東西兩方各開了一扇門。

37「Elle」是指一小手臂之長度，約現今 50 公分。這個度量單位在阿爾．阿資拉季（al-Azraqī）所寫的書《麥加的歷史》中被提到。

使者易卜拉欣告訴他的兒子易司馬儀：「真主 ﷻ 命令我建造一個房子。」易司馬儀回答道：「那就依真主 ﷻ 所命令你的做吧！」使者易卜拉欣請他的兒子易司馬儀幫忙他一起建造天房。

在現今天房外我們可以看見聖人易卜拉欣的立足處（Maqam Ibrahīm）。它是一座被用黃金和玻璃所鑲嵌著的柱子，裡面有著使者易卜拉欣建造天房時在石頭上所留下的腳印。

《古蘭經》2 章：128-129 節：

「我們的主啊！求你使我們變成你的兩個順民，並從我們的後裔中造成歸順你的民族，求你昭示我們朝覲的儀式，求你恕宥我們，你確是至宥的，確是至慈的。」（*）

「我們的主啊！求你在他們中間派遣一個同族的使者，對他們宣讀你的啟示，教授他們天經和智慧，並且薰陶他們。你確是萬能的，確是至睿的。」（*）

10.3 重建天房

10.3.1 第一次重建天房

自從聖人易卜拉欣和易司馬儀建造了天房之後，天房一直保存完好，直到穆聖三十五歲時的那年，一位女子在天房的四周薰香不小心引發大火，使天房遭到嚴重損毀，再加上之前歷經多次淹水，天房岌岌可危，於是麥加人不得不考慮是否重建。

麥加人對天房相當的重視與尊重，他們不確定真主 ﷻ 對此次拆除並重建天房的行動是否滿意？所以變得舉棋不定。這時一位麥加人阿爾・瓦力得・本・阿爾・姆宜拉（al-Walīd Ibn al-Muġīrah，此段簡稱阿爾・瓦力得）他對大家提出了一個問題，他說：「你們的行動是為了保護天房還是破壞天房呢？」麥加人回答他說：「我們的舉意是好的。」阿爾・瓦力得說：「真主 ﷻ 會賜福給那些舉意做好事而不是破壞的人，所以我們不用擔心真主 ﷻ 會因此而懲罰或遷怒於我們」。說完，他將早已準備好的工具分放在天房的四周然後開始從天房上搬下石頭。麥加人舉棋不定，便決定先觀察阿爾・瓦力得，先讓他一人工作一天隔天再看看他的情況如何？他們心想若是阿爾・瓦力得出事了，那麼就表示真主 ﷻ 對這個重建的工作不滿意，要是他安然無恙那麼就是真主 ﷻ 應允了這項工作，到時他們再出手相助便可。隔天他們看到阿爾・瓦力得身體健康、和昨日一樣搬運著石頭繼續工作，這下麥加人終於安下心來，於是大家開始加入了重建天房的工作。他們拆除天房上的石頭，直到使者易卜拉欣和他的兒子易司馬儀所蓋的地基顯露出來，這些石頭呈現綠色，它們與天房四面牆的排列方式不同。由於它還相當穩固，因此麥加人決定不改變它。

在布哈里聖訓集傳述道：「穆聖 ﷺ 和他的伯父阿爾・阿巴斯（al-'Abbās）也參加了這次重建的行動，他們幫助搬運石頭。就在他們工作的時候，穆聖 ﷺ 的伯父告訴穆罕默德 ﷺ 要他將包裹下半身的圍裙[38]脫下並擺放到肩上，這能使他在搬運石頭過程中避免弄傷皮膚。但當穆聖ﷺ聽從伯父的意見將圍裙脫下並墊在肩上時，他整個人昏暈了過去。當穆聖ﷺ清醒過來時他張開眼睛望著天空，他意會過來所發生之事，他連忙問他的圍裙在哪兒？找到後就連忙把它繫在身上。穆聖ﷺ羞體（'Awrah）[39]雖沒有被覆蓋住，但他的私處沒有被人看見。

學者阿爾・布提認為，真主ﷻ是為了保護穆聖ﷺ不讓他赤裸，而讓他暈厥。

10.3.2 重建天房的物資以及經濟來源

一位極具影響力的麥加人建議重建天房所需的金錢與物資必須是合法的（Halal）。他們不用不合法的錢財與物資來重建天房。這些包含所有以不正當手段所賺來的錢，特別是利息錢[40]，當時所有的人都同意他的提議。

負責這次重建天房的是一位羅馬建築師巴固（Bāqūm）。巴固原本負責帶領一艘載滿原木的大船欲前往葉門，準備去修整葉門的一座教堂。可是當大船行經吉達附近時海上刮起了強烈的風

---

38 當時的裝扮有如朝覲時男士們身上所穿的圍裙一般。

39 從肚臍至膝蓋為男子之羞體。

40 從這一點上來看我們可以知道「利息錢」對當時的阿拉伯社會意味著就是被禁止的錢（Ḥarām），他們對利息保持距離，因為利息制度是猶太人發明的一種貧者越貧、富者越富的方式。

暴，船隻全毀，船上的原木四散而巴固獲救。當麥加人獲此消息後，他們從巴固那裡買下了海上撈回的原木，並將它們運用在天房的修復上。古萊氏人更聘請了建築師巴固來為他們主持天房重建的工作。學者說：「真主ﷻ註定了讓巴固來承擔這項如此榮耀的工作，就如這滿船的原木是註定要被使用在麥加的天房上。」

對所有人來說，參與修建天房的工作是多麼榮耀的事，各個部落都想積極地參與修建的陣容，所以他們按照收集到的資金，再將修復的工作分配於各個部落。

天房大門的正牆面：阿布得・曼那夫（'Abd Manāf）部落和惹阿賀拉賀（Zahrah）部落。

天房大門左方的南牆面：馬賀祖（Maḫzūm）部落和古萊氏部落。

至於其他的兩面牆則由鳩麻赫（Ğumaḥ）部落和其餘的阿拉伯部落們共同負責。

工程進行當中他們發現修復天房的經費不足，他們被迫只好將北牆面縮短。這個因縮短牆面而留在天房外的面積我們稱它為「哈提姆」（Ḥātim），又稱「al-Ḥiğr 易司馬儀」，al-Ḥiğr 意為「被縮減的部分」，會如此命名是為重申是因資金不足只好讓這一部分的面積留在天房外，而它實屬天房的一部分並用白色的矮牆將它圍住以清楚標示它的範圍。

伊瑪目阿爾・布哈里傳述聖妻阿依莎說：「穆聖ﷺ曾經對

我說，要不是你的族人[41]才離開那褻瀆的年代不久，否則我會將天房蓋回聖人易卜拉欣時的模式。」穆聖ﷺ言下之意就是其實他希望能將天房「被縮減的部分」恢復為原先天房的範圍，但考慮當時伊斯蘭教這個信仰的根基尚未穩固，所以作罷。

在這次重建中，麥加人挑高了天房的高度至 18 肘長相當於現今 9 公尺；另外一個重要的改變是他們為天房只留下一扇門，並且將門的高度提高了許多。

10.3.3 為玄石而爭

整體來說修復工作進行得相當順利與和平。工程進行到得將玄石放回天房時，情況有了轉變。因為玄石是天堂來的石頭，親手搬運它那是何等的榮幸。於是各個部落的人都爭先恐後的想得到這份榮耀，原本這項工作應屬負責天房大門的正牆面和左牆面的部落們，但負責另外兩面牆的部落們也希望爭取這份榮耀，而這些部落們正是阿拉伯部落中最為危險的部落。他們以血盟誓為了榮耀他們將不惜一切，部落之間引起強烈爭吵情況越來越僵化，爭議維持了將近五天，不知道究竟該由誰來執行這個工作。直到古萊氏部落裡最年長的智者阿布・伍麥亞・阿爾・馬賀祖米（Abū Umayyah al-Maḫzūmī）提議，他說：「誰是下一個從天房的阿司・薩蘭姆（Bāb as-Salām）大門進來的人，就讓這個人為

41 這是阿拉伯人的習慣用語，意思是「我們的族人」。

大家決定吧！」阿布．伍麥亞意思便是不管這個人做出任何的決定，所有的部落都必須接受不得有異議。當下大家都已想不出更好的辦法，所以只好嘴上勉強答應了老人的提議，可是心裡又不免擔心，到底這個即將走入天房要擔當如此大任的人，他究竟會是誰呢？

正當這個時候他們看見從天房的阿司．薩蘭姆大門走進來的是穆罕默德ﷺ，大家都興奮地喊著：「啊！是 Al-Amīn！Al-Amīn！」（這是他們給穆聖ﷺ的美稱，意思為值得信賴的人。）頓時所有人的心都放下了，他們一致地贊同並願意接受穆罕默德ﷺ的決定。在麥加城，穆聖ﷺ早因他的智慧及值得信賴而聞名。穆聖ﷺ謹慎地聽完了大家的陳述之後，他了解了情況非同小可，一不小心便會引起部落們之間的戰爭，他細心的思考之後將他的外衣脫下並將玄石擺上。他吩咐負責每個牆面的部落代表抓起衣服的一端，穆聖ﷺ陪同他們一起將玄石提至天房前，最後由穆聖ﷺ用他尊貴的手將它放回天房的牆上。所有部落的代表們一方面對這項決定表示滿意，他們很高興能有此榮幸。另一方面他們也很慶幸因此避免了一場戰爭和無謂的傷亡。

在沒發生此事件之前，穆聖ﷺ已在當時的社會裡極受器重。如今他的聰明敏銳和他過人的明智抉擇在麥加人中贏得了更高的讚賞。因此不管在哪些顯貴人士聚集之處，他們談論的話題都是環繞在穆罕默德ﷺ的身上，他們讚嘆他驚人的敏銳度與他高度的智慧。

學者阿爾·布提指出：「天房重建的時間點是在穆聖ﷺ尚未受到啟示之前，穆聖ﷺ的參與以及提議，將玄石放在布上由各個部落代表共同提起，意味著每個部落都同樣參與了放置玄石的工作，因為穆聖ﷺ偉大且高度的智慧化解了一場部落之間的糾紛，也為人們免去一場戰爭的災難。」

10.4 第二次重建天房

從穆聖ﷺ參與天房的第一次重建修整後，一直到阿布都拉·本·阿茲·祖貝爾（'Abdullāh Ibn az-Zubayr）[42] 擔任麥加領導人時，天房一直保持著完好無恙。

但在伊曆 36 年的麥加卻發生了一場政治鬥爭，當時的哈里發[43] 穆阿維亞·本·阿比·舒菲安（Mu'āwiyah Ibn Abī Sufyān，此段簡稱穆阿維亞），欲以武力方式解除阿布都拉·本·阿茲·祖貝爾在麥加領導人的職位。就在穆阿維亞的兒子亞濟德·本·穆阿維亞（Yazīd Ibn Mu'āwiyah）帶兵以火箭彈射擊麥加城時，天房也受到了波及。因損害嚴重不知道該僅僅整修損壞之處或重新建造天房，麥加人各持不同的意見。

在亞濟德的強攻失敗後，阿布都拉·本·阿茲·祖貝爾繼

42 為阿思瑪·本特·阿比·巴克爾之子。

43 在穆聖ﷺ歸真後，穆斯林的領袖被稱之為哈里發。

續擔任著他的職位。他等待著朝覲時機的來臨，他想聽聽那些當時還僅存的聖門弟子們和學者們的意見。這些人當中也包括了阿布都拉・本・阿巴斯（‘Abdullāh Ibn ‘Abbās）。阿布都拉・本・阿巴斯建議阿布都拉・本・阿茲・祖貝爾只復修損壞的部分，而完好的部分則保留原狀。但阿布都拉・本・阿茲・祖貝爾卻持相反的意見；他反駁道：「假設你們之中有人的房子被燒毀了，難道你們不會直到房子被重建之後才能放下心來嗎？如果對你們是如此，那麼更何況是創造主的房子呢？我決定禮抉擇拜（Istiḫārah）[44]，然後開始著手重建天房的工作。」

阿布都拉・本・阿茲・祖貝爾在往後的三天裡各禮了兩拜的抉擇拜，然後便開始拆除石頭，一直到發現地基為止，就如同上回整修天房時一樣。為了展示對安拉 ﷻ 最高的敬意，重建期間他們在天房四周搭起幃幔並將它固定在天房的柱子上，使整個工程都在幃幔後面進行著。

阿布都拉・本・阿茲・祖貝爾記得聖妻阿依莎也就是他的阿姨曾告訴過他一段話，穆聖 ﷺ 曾對阿依莎說：「要不是你的族人才離開那褻瀆的年代不久，否則我會將天房蓋回聖人易卜拉欣時所蓋的模式，那麼我將命令他們拆除天房並將縮減的矮牆部分重新歸納入天房內。」阿布都拉・本・阿茲・祖貝爾知道那是穆聖 ﷺ 生前的心願，於是他決定為天房東西兩方再度各開一扇

---

44 抉擇拜是屬於副功拜，為兩拜。

門，並且將矮牆部分重新規劃於天房範圍之內。此次的重建在高度上再加高了 10 肘長，即 5 公尺，所以天房在這次的重建後高度為 28 肘長，即 14 公尺。

10.5 第三次重建天房

亞濟德在他父親之後接任哈里發，日後亞濟德去世由阿布德·阿爾·馬立克·依本·馬爾灣（‘Abd al-Malik Ibn Marwān，此段簡稱阿布德·阿爾·馬立克）為下一任的哈里發。在他繼位之後，他派遣了手下的大將阿爾·哈賈巨·本·優蘇福（al-Ḥağğāğ Ibn Yūsuf）領了軍隊攻打麥加，阿爾·哈賈巨殺害了阿布都拉·本·阿茲·祖貝爾。阿爾·哈賈巨當時寫了一封信給阿布德·阿爾·馬立克信中描述到阿布都拉·本·阿茲·祖貝爾是如何改建了天房一事。阿布德·阿爾·馬立克對此回答說，他不同意阿布都拉·本·阿茲·祖貝爾這種改建方式，他命令阿爾·哈賈巨·本·優蘇福負責這項改建工程，天房必須改建回穆聖ﷺ生前的模式，唯獨高度不變可以照舊。原本被收入天房的矮牆部分如今又重新規劃於天房之外，並且只留下一扇高度挑高的大門。

10.6 天房定案不再重建

直到哈倫·阿爾·拉希德（Hārūn ar-Rašīd）繼任下一任哈里

發時，他也表示有意依照穆聖 ﷺ 的願望再次改建天房，如阿布都拉・本・阿茲・祖貝爾時改建的模式。一位在當時非常受到敬重、聲譽響亮的伊瑪目馬立克（Imām Mālik）[45]對他說：「我用真主 ﷻ 的名字請求你！噢！穆斯林的領導者，不要讓天房成為統治者們手中的玩物，任人所願的改變它，它的結果會造成世人對它失去了尊敬。」

由於伊瑪目馬立克的這一番話打消了哈倫・阿爾・拉希德改建的想法，天房保留其模式至今，如同穆聖 ﷺ 時改建的模樣。

除了用一公噸的黃金做天房上的雨水槽[46]，還有，偶爾修補牆面的裂縫、鋪設內部大理石之外，天房就沒有多大的改變了。

天房的四個角落因其方位所指向的國家，分別以葉門角、敘利亞角和伊拉克角命名；第四個角上則是擺放了玄石，所以稱為玄石角，也是朝覲者繞天房的起點。

10.7 天房是否為亞當所蓋？

有些學者們認為天房最初是為聖人亞當（Ādam）所造。但此論點缺乏明確的證明。相反的聖人易卜拉欣建造天房一事，既有《古蘭經》為證又有聖訓足以支持這個說法。

---

45 伊瑪目馬立克的全名為 Mālik Ibn Anas，是四大學派中馬立克學派的領導人。

46 這個雨水槽被稱為仁慈的雨水槽，因為雨是真主 ﷻ 所賜的恩典與仁慈。

支持天房最初是為亞當所建的學者們是以伊瑪目阿爾・貝伊哈基（Imām al-Bayhaqī）在他的書《先知的印證》（*Dalā'il al-Nubuwwah*）中傳述為證明，阿布都拉・本・阿莫爾・本・阿爾・阿司（'Abdullāh Ibn 'Amr Ibn al-'Āṣ）傳述穆聖 ﷺ 說：「仁慈的真主 ﷻ 派遣天使吉布力爾前去找亞當和夏娃，他告訴他們，讓他們在指示的地方為真主 ﷻ 蓋一座天房。他告訴他們方位之後，亞當著手挖土，夏娃將挖出的泥土搬走，當亞當挖深至出水處時，他才被告知停止挖掘。當天房完成之後真主 ﷻ 啟示讓他們繞天房，真主 ﷻ 對亞當說：『你是人類中第一人，而這是第一座天房。』幾百年後聖人努哈（Nūḥ）前來朝覲，又經過幾百年後聖人易卜拉欣才再度重建天房。」

伊瑪目阿爾・貝伊哈基說：「這段聖訓是由本・拉賀亞（Ibn Laḥyah）所傳述的」，而本・拉賀亞本身是被公認為可信度弱的傳述人，所以他所傳述的聖訓被列為羸弱聖訓，不可當作證明使用。伊瑪目阿爾・貝伊哈基還有提到其他的聖訓，裡面的內容類似於上面所提到這則聖訓。但都屬羸弱聖訓，可信度非常弱，幾近不可相信，而不被採用。

學者提醒我們重要的是天房至今仍然存在，對於爭論當初先知亞當是否蓋了天房，這樣的知識對我們來說，既無用處也無意義。

11.

穆聖ﷺ傾力幫助伯父度過經濟危機

有一段時間古萊氏部落面臨了經濟危機，穆聖ﷺ眼見原本經濟就不富裕的伯父阿布·塔力伯，而今孩子眾多，負擔更行加重。於是穆聖ﷺ和他的另一位伯父阿爾·阿巴斯商量說：「我們到你兄弟阿布·塔力伯家去，讓我們每人為他照顧一個孩子吧！這樣一來也能減輕一些他的負擔。」

伯父阿爾·阿巴斯同意穆聖ﷺ的建議，於是一同前往伯父阿布·塔力伯家，當阿布·塔力伯聽完他們的來意時，他回答道：「只要你們把我的小兒子阿及爾（Aqil）留在我身邊，你們要帶走其他哪個兒子都可以。」

於是穆聖ﷺ帶回阿里·本·阿比·塔力伯而伯父阿爾·阿巴斯則帶回加法爾·本·阿比·塔力伯（Ǧa'far Ibn Abī Ṭālib，此段簡稱加法爾）。加法爾成年後便獨立沒有繼續與伯父阿爾·

阿巴斯同住，加法爾的故事後來會再次出現在聖人傳記中，他在一次戰役中喪生成為烈士。

12.

穆聖ﷺ的堂弟與女婿——阿里・本・阿比・塔力伯

阿里・本・阿比・塔力伯（'Alī Ibn Abī Ṭālib）的童年在穆聖ﷺ家中度過，所以穆聖ﷺ受到啟示時的那段時間阿里也親身經歷了。他是第一批入教人士當中的第一位小孩。至於第一位入教的穆斯林男士則是大賢阿布・巴克爾，女士則是穆聖ﷺ的妻子聖妻哈蒂佳。

阿里從穆聖ﷺ那裡耳濡目染受到非常好的教育，這使他將來受益無窮。他的語言水準很高。他從聖人那裡獲得到非常多的知識，從這些豐富的知識中養成他極高的思考能力。阿里是個非常勇敢而且警覺性很高的人，他的品性優良，有著很多很好的性格特質，是一個內心純正、心靈純潔的人。

在這裡要強調的是：阿里雖在聖人家長大，但並非為其所領養，他與穆聖ﷺ還是維持良好的堂兄弟關係。

穆聖ﷺ之所以留下阿里，是因為伯父在他孤苦無依時非常疼愛他、保護他，並允許他住進他們溫暖的家給予無窮的呵護與支持。從這裡我們可以看出穆聖ﷺ是一個非常細心、懂得感恩、飲水思源之人。

13.

穆聖 ﷺ 的孩子們及他們的婚姻

前段提及穆聖 ﷺ 與他的妻子哈蒂佳擁有一個美好和諧的婚姻家庭生活。他們的生活為當時人所稱讚，並為其他人的典範。聖妻哈蒂佳的操守及修養都非常好，她和聖人兩人都有著極高的品性，他們的生活過得非常幸福美滿。

如前所述，有關穆聖 ﷺ 的兒子們傳述各有不同中，學者阿布．夏赫巴主張：聖妻哈蒂佳生下兩個兒子阿爾嘎幸（al-Qāsim）、阿布都拉（‘Abdullāh）；和四個女兒宰娜卜（Zaynab）、盧蓋雅（Ruqayyah）、烏姆．庫勒蘇姆（Umm Kulṯūm）、法蒂瑪（Fāṭimah）。可惜這些兒子們全都年幼早逝。

13.1 穆聖 ﷺ 女兒們的婚姻

在穆聖 ﷺ 受到啟示之前他的三位年長的女兒宰娜卜、盧蓋雅、烏姆．庫勒蘇姆分別已出嫁。長女宰娜卜嫁給自己的表哥阿布·爾·阿司·本·阿拉比（Abu al-‘Āṣ Ibn ar-Rabī‘）。他是母親哈蒂佳的外甥。阿布·爾·阿司在古萊氏部落是一個相當有名望的人，有著很高的社會階級，他是個從事大批發的商人。在他的部落裡，不論是他待人處世的態度或是性格都非常受大家稱讚。他的姨媽哈蒂佳也非常疼愛他，有意將大女兒宰娜卜嫁給他。哈蒂佳在穆聖ﷺ的面前極力誇讚阿布·爾·阿司，並告訴穆聖ﷺ將來他會發現到阿布·爾·阿司更多的優點，他一定會對這婚姻感到高興，於是宰娜卜順利的嫁給自己的表哥阿布·爾·阿司。

其他的兩個女兒盧蓋雅和烏姆·庫勒蘇姆分別嫁給了聖人伯父阿布·拉賀伯（Abū Lahab）的兩個兒子烏太伊伯·本·阿比·拉賀伯（Utaybah Ibn Abī Lahab）和烏特巴·本·阿比·拉賀伯（‘Utbah Ibn Abī Lahab）。可惜他的兩個兒子都不是好人，性格稟性差，婚後更不是好丈夫。

穆罕默德ﷺ受到啟示之後，伯父阿布·拉賀伯便命令他的兩個兒子離婚。他想藉著這件事一來增加穆聖ﷺ家中的負擔使穆聖ﷺ因擔心這兩個離異的女兒進而無法專心宣教。在此同時阿布·爾·阿司的族人也對他施加壓力，希望他也能與宰娜卜離婚，並且承諾只要他按照他們的意思離了婚，他們便讓他娶上古萊氏最好的女孩，但為阿布·爾·阿司所拒。他說：「我以真主ﷻ之名起誓，對我來說古萊氏的女人中沒有人比宰娜卜更好的，無人能替代她。」於是宰娜卜便留在了阿布·爾·阿司的身邊。

盧蓋雅和烏姆・庫勒蘇姆離異後回到家中，穆聖 ﷺ 與聖妻哈蒂佳心裡雖然替女兒們不捨，但對她們的歸來也感到安慰。因為倘若這段婚姻繼續下去，女兒們在夫家勢必受到冷落欺負。

歐斯曼・本・阿范恩（'Uṯmān Ibn 'Affān）看出了聖人的憂心與不捨，兩個如同珍珠一樣的寶貝居然遭受到這樣的羞辱。他一則想為聖人分憂、另一則他想若能娶到聖人的女兒成為聖人的女婿那是何等榮耀。於是他向穆聖 ﷺ 的女兒盧蓋雅提親，穆聖 ﷺ 同意了這樁婚事將女兒許配給他。這個決定表現出聖人對他極度的信賴。這對新人是非常俊美的一對，任誰看了都無法將他們的視線移開，他們的婚姻生活非常美滿，只可惜盧蓋雅後來英年早逝。

盧蓋雅去世後，歐斯曼再向穆聖 ﷺ 的女兒烏姆・庫勒蘇姆提親，並順利迎娶烏姆・庫勒蘇姆，因為他陸續娶了穆聖 ﷺ 兩個摯愛的女兒，因此而得名 Thu-Nurayn，意為擁有兩道光的人。

13.2 穆聖 ﷺ 的么女法蒂瑪

法蒂瑪是穆聖 ﷺ 最小的女兒，她留在這個家最久，也是最常親眼看到父親被麥加人施壓欺負的孩子。法蒂瑪成年達到適婚年齡時，在白德爾戰役之後她嫁給了阿里・本・阿比・塔力伯。婚後他們生了許多兒女，其中有哈桑和胡笙。關於他們的婚禮會在之後的傳記中提到。

法蒂瑪和穆聖ﷺ的伯父阿爾·阿巴斯他們的子孫們都屬於聖人的後裔。他們被稱為「穆聖ﷺ的親屬」。「Āl an-Nabiyy」也是對他們的尊稱，穆聖ﷺ的伯父阿布·塔力伯的兒子們加法爾（Ǧa‘far）和阿里也在穆聖ﷺ的親屬之列。

14.

亦父亦子——宰德·本·哈力沙

宰德·本·哈力沙（Zayd Ibn Ḥāriṯah）原本是一個屬於賀依拉伯部落（Banū Ḫilāb）的阿拉伯人。他還是個孩子時，在與母親的一次旅行途中，突然遭受貝都因人的襲擊，宰德被抓走並當成奴隸販賣。

聖妻哈蒂佳侄子哈金·本·西讓姆（Ḥakīm Ibn Ḥizām）買下了他。宰德二十歲時，當時聖妻哈蒂佳與穆聖ﷺ剛結婚不久，哈金便將宰德送給了聖妻哈蒂佳。當穆聖ﷺ見到宰德時非常喜歡他，便要求妻子將宰德送給他，聖妻哈蒂佳成全了他的心願。於是宰德成了聖人的奴隸，雖說是奴隸，但聖人對他卻是非常的禮遇。

當宰德的父親後來獲得失散多年兒子的消息時，他和宰德的伯父行抵穆聖ﷺ的家想買回宰德的自由權，並將他帶回。

當穆聖ﷺ了解了他們的來意時，提出了更好的建議，穆聖ﷺ說：「讓他自己選擇吧！如果他選擇了你們，那麼我可以無條件讓他跟你們回去。但是如果他選擇的是我，那麼你們就讓他留下。」宰德的家人同意了穆聖ﷺ的建議。

沒想到，出乎父親和伯父的意料之外，宰德選擇了穆罕默德ﷺ。宰德的伯父聽了他的決定後將他拉到一邊對他說：「噢！宰德，你情願當人奴隸也不願隨你爸爸和我回去嗎？」宰德回答道：「是的！我以真主ﷻ的名字起誓，我情願留在穆罕默德ﷺ身邊，這比還我自由身更好。」聽到宰德真情流露的這一番話，穆聖ﷺ高興地向族人公開宣稱：「噢！古萊氏的族人啊！你們都是我的證人。從此宰德是我的義子，他有權繼承我所有，我也有權繼承他所有。」

穆聖ﷺ將宰德收為義子，這使宰德的家人安心不少，同時也為他感到高興。因為他們看宰德找到了他生命中重要的位置，在這個位置上他將被視為兒子般的對待。宰德被改名為宰德．本．穆罕默德，直到《古蘭經》的一段經文被傳下裡面明令禁止收養（……必須用親生父親的名字稱呼他……）也因此宰德的名字才從宰德．本．穆罕默德又改回宰德．本．哈力沙。

穆聖ﷺ之後作媒，讓宰德娶得了烏姆．愛曼．巴拉咖（穆聖ﷺ的教養者）。雖然烏姆．愛曼．巴拉咖的年齡大於宰德，但對穆聖ﷺ來說年齡的懸殊並不重要，這兩人都是他的摯愛。婚後他們兩人獲得一子，其名為烏沙暱．本．宰德（Usāmah

Ibn Zayd）穆聖ﷺ又稱他為「阿爾・西伯・本・阿爾・西伯（al-Ḥibb Ibn al-Ḥibb）」其意為「所愛的人之子」。穆聖ﷺ疼愛烏沙瑪就如同自己的外孫哈桑，他常常一邊抱著他另一邊抱著哈桑。

從穆聖ﷺ給的這個特殊的稱號，可看出穆聖ﷺ如何地疼愛宰德，連他的後嗣也給他這等特別的稱號，這真是所謂的愛屋及烏。宰德最後在牧塔賀戰役（Mu'tah）壯烈犧牲。

15.

穆聖 ﷺ 未接受啟示前的生活與爲人

15.1 穆聖 ﷺ 在未接受啟示前的生活剪影

穆聖 ﷺ 的生活純樸為人正直非常受人尊敬，從未有人聽聞他做過任何一件壞事或者因受引誘而誤入歧途；也不曾聽聞有人指控他有任何污穢惡行；也從未曾有任何一件損害到他聲譽的消息在麥加城傳佈過。

穆聖 ﷺ 在城裡以他的「卓越」而聞名，不論是他的氣概、膽識、品格、家世，任何一方面都非常受到讚揚。他保護弱小；人們視他為最溫和儒雅的人；他從不欺騙，對人對事的誠信度非常好，以至於人們給他一個美名「Al Amin」—— 意即值得信賴的人。在此之前麥加還從未有人贏得過這樣的美稱。

15.2 穆聖 ﷺ 對偶像的態度和立場

當時生活在阿拉伯半島的麥加人，大多數既相信真主 ﷻ 同時又膜拜其他的偶像。但也有一些人他們遠離偶像並只相信獨一的真主 ﷻ。這些人有良好的性格、慷慨、純潔並遠離卑劣不良之事。穆聖 ﷺ 是這些人當中的一位佼佼者，無人能超越他或與之相比，他的身上匯聚著所有美好的特性。真主 ﷻ 集所有人類最頂尖最美的特性在穆聖 ﷺ 的身上，儘管他生長在崇拜神像、風氣靡爛的環境裡，可是他保有了純正的信仰，他痛恨那些神像們並遠離它們，可謂「出淤泥而不染」。

在他的生活記錄裡我們可以找到一些例子來證明：

例一：當穆聖 ﷺ 第一次與伯父阿布・塔力伯出外經商遇見修道士巴希拉時，當時修道士巴希拉問：「我用阿爾・拉特（al-Lāt）及阿爾・烏扎（al-'Uzzāh）之名問你，請你回答我的問題。」阿爾・拉特及阿爾・烏扎是當時最為有名的兩個偶像，很多的阿拉伯人都以它們的名字起誓。穆聖 ﷺ 以他十二歲的小小年紀回答道：「不要用阿爾・拉特及阿爾・烏扎之名問我任何事！我以真主 ﷻ 的名字起誓！沒有什麼能使我比對阿爾・拉特及阿爾・烏扎更痛恨的……」

例二：伊瑪目阿爾・貝伊哈基在一段宰德・本・哈力沙傳述的聖訓裡提到，天房前曾經有一個鐵做的雕像叫伊屑夫（Isāf）和拿依拉（Nā'ilah），這兩個人原先是一對因通姦而被處死的麥加人，當地崇拜偶像的信徒們在他們死後為他們做了雕像並且膜拜，每當他們繞行天房經過它們時就會順手摸它。宰德說：「有一回我和穆罕默德 ﷺ（他當時尚未受到啟示）一起繞行天房在經過伊屑夫和拿依拉的旁邊時，我伸手摸了摸它，穆罕默德 ﷺ 對我說：『不要碰它！』下一回我們又經過那裡時我在心裡想我再試一回，看看穆罕默德 ﷺ 有什麼反應，於是我又摸了伊屑夫和拿依拉，這時穆罕默德 ﷺ 又對我說：『我不是告訴你不要觸摸它嗎！』我以降臨啟示之主的名字起誓，直到穆罕默德 ﷺ 獲得啟示之後我再也沒有碰過這些神像了。」

15.3 東方主義學者們的主張

東方主義學者們和作家穆罕默德・胡笙・海凱爾聲稱，穆聖 ﷺ 曾經參與非信徒們的慶典，直到一天他聽見他身後的兩位天使的談話；其中一個天使說：「走吧！我們跟著穆聖 ﷺ 走吧！」而另一個天使則說：「我們怎能跟他一起走呢？他是習慣撫摸雕像的呀！」為此，他再也沒有參加任何一個麥加非信徒們的慶典了。以上這段敘述它並非聖訓，這份傳述不被穆斯林學者所承認因為它缺乏可靠的來源，它的傳述者未知，因此穆斯林視它為不真實或捏造的消息。在穆罕默德・胡笙・海凱爾的書中可以讀到，他堅稱有個傳述說：「穆罕默德 ﷺ 用他的手撫摸阿司－撒福拉（As-Safra）的雕像」，這個傳述也是一個屬於捏造的傳述；而伯明罕則聲稱穆罕默德 ﷺ 送了一隻白羊給阿爾·烏扎，或者做了類似的事。學者提醒我們這類的消息是錯誤的、不值得信賴。尤其在讀這些作家的書時要非常的小心，因為他們故意散佈這些錯誤的訊息，意圖使我們在腦中對穆聖 ﷺ 有錯誤的、不純潔的印象，目的是在削減穆聖 ﷺ 在穆民心中的崇高地位。

15.4 穆聖 ﷺ 對飲酒、作詩、賭博等等的看法

詩人在當時的阿拉伯社會佔有舉足輕重的社會地位，但是也因為他們受到重視而使這些詩人大都生活虛榮、浮華、個性高傲不實。穆聖 ﷺ 從小在沙阿德部落長大，在那裡他學習了一口清晰且程度非常高的阿拉伯文，他欣賞詩詞，偶爾他會請同伴在他面前做詩吟誦，但他自己並不朗誦詩歌，也從來不作詩。穆聖 ﷺ 迴避詩詞，不代表他的語言能力不足，相反的那是因為真主 ﷻ 保護他的先知，詩人浮華的特性不符合他尊貴的品級與高尚的身分。

穆聖 ﷺ 他從來不喝酒；他從未做過亂倫或其他類似之事；他遠離賭博；也從不花時間在娛樂消遣上。儘管當時的社會風氣糜爛，嗜女色並不會被視為不正經或有失體態之事，如果做了這類事，這對他的同伴們不會有任何問題。但真主 ﷻ 保護穆聖 ﷺ，從不讓他涉足這類的事。

當穆聖 ﷺ 獲到啟示時，對於自己能從未沾染惡習而保有良

好的品性感到自豪。在一段傳述中穆聖ﷺ說道：「我從未做過、也未嘗試去做那些愚昧時代的人們所做過的事。只有兩回我舉意想去參加婚禮，但是安拉ﷻ為了保護我而阻止了我。有一天夜晚我拜託其他牧羊的同伴們為我看羊，我像一般的年輕人一樣好奇，想嘗試到婚禮裡開心的玩，我的同伴們同意了我的請求。於是我進了麥加城，當我靠近城裡第一間房舍時我聽見樂器的聲音，我問旁人：『這是什麼聲音？』那人回答我說：『那是某某人結婚了。』之後，我坐了下來，真主ﷻ關閉了我的耳朵，我再也聽不見什麼，我睡著了。直到隔天我才在烈日中醒來。我回到我的同伴身邊，他問我昨夜在婚禮上我做了什麼事？我告訴他我什麼也沒做，我將我發生的事告訴了他。這之後同樣的事又發生了一次，我又在去婚禮的途中聽到了音樂，我坐下來後便睡著了，醒來後便是隔日了。同伴又問我：『在婚禮上你有沒有做了什麼事？』我告訴他我什麼也沒做，我將之後發生的事告訴了他。我以安拉ﷻ的尊名起誓有了這兩次的經驗之後，直到安拉ﷻ的啟示降臨，我再也沒有嘗試過類似之事了。」

真主ﷻ在穆聖ﷺ的童年時期、少年時期、青年時期的每一個階段，都保護他免於任何一件可能對他的聲譽名望造成損害的事，即便是一件對一個小孩來說是再普通不過也幾乎無法避免的小事，例如：小孩們在遊戲中衣服掀開來而露出羞體。而穆聖ﷺ的羞體從未被看見。

本・伊司哈葛在他的《聖人的一生》書中傳述道：「穆聖

ﷺ自述說：『小時候我和古萊氏的孩子們玩耍，我們一起玩搬石頭，所有的孩子們都脫下他們的圍裙墊在肩上好保護他們的皮膚；當我也像其他孩子一樣想鬆綁我的圍裙時，突然間有人打了我一耳光！打得我好痛，就在我還沒會意過來時，我聽到了一個聲音告訴我說：『把你的圍裙綁好！』[47] 於是我照著吩咐做了，之後我把石頭直接放在肩上，而且我的衣服綁得和我其他的同伴們都不一樣。』」

這樣的事在後來天房改建之時也發生過，在那回穆聖ﷺ暈了過去。

15.5 朝覲

伊斯蘭未到來以前，朝覲對阿拉伯人來說是非常熟悉的。自聖人易卜拉欣時期開始，朝覲者就遵守著戒律，如：繞行天房、七次行走在撒發（Ṣafā）和馬爾瓦（Marwah）兩山之間、在阿拉法特日登上阿拉法特山等等。所以在伊斯蘭未被啟示之前這些儀式已是相當的普遍。只是當時的古萊氏人在阿拉法特日他們選擇就近登上穆茲達理法平原（Muzdalifah）而取代阿拉法特山，而穆聖ﷺ則選擇和其他的朝覲者們一起登上阿拉法特山在太陽西下再走至穆茲達理法。

---

47 當時的衣服分上下兩塊布料，猶如朝覲者的 Ihram 戒衣的服裝。

15.6 穆聖ﷺ崇高的守信度

古萊氏人都非常相信穆聖ﷺ的為人，他們樂意將他們的錢財與珠寶委託他保管，也有人將他們的秘密託付給他，因為他們知道在麥加城再也找不到能比他更值得信賴的人了。

就因為他有著如此崇高的誠信度，使得在他獲得啟示的初期，那些反對他的人們還是一如往常地信任他，繼續將他們的錢財與珠寶託付給他保管。

因此我們在穆聖ﷺ的傳記裡讀到穆聖ﷺ欲從麥加遷移至麥地那前的那段歷史時，便會注意到他特地囑咐他的女婿阿里將所有麥加人託付給他的錢財與珠寶全數退還回去。

穆聖ﷺ為人守信，不論是有人和他簽約或是口頭約定，他都一定守約。傳記裡提到，穆聖ﷺ有一回和人約定碰面，而那人卻忘了約定。結果穆聖ﷺ連續三天在同一時間和地點等待這個約定的人，三天後當這個人突然想起約定而出現時，穆聖ﷺ只是輕描淡寫的對他說：「這個約定實在讓我為難。」從這段故事我們看到不僅是穆聖ﷺ守信的態度，更從他委婉，又極具耐心的口吻，看出他高貴的氣質。

15.7 穆聖ﷺ待人處世的態度

穆聖ﷺ為人真誠，從不說謊，即使他開玩笑，但從他口中聽到的絕對是事實。伊瑪目阿須・夏非易（Imām aš-Šāfi'ī）從穆聖 ﷺ 與一位不足兩歲尚在餵奶的小孩一段玩笑中推導出七十多個法律判決。這證明了穆聖 ﷺ 行事智慧之高超，他的一舉一動、一言一行，都能讓我們學到非常多的知識。

不管是朋友還是敵人他們都一致的證實穆聖 ﷺ 從不說謊，也從未有人堅稱他說謊過。我們在這裡提出三個故事：

(1) 當穆聖 ﷺ 接受了啟示後，他聚集了古萊氏和其他部落的人並且對他們喊話，他說：「如果我說這個山丘後有一軍隊佈署著，他們將要攻打你們，你們會相信我的話嗎？」他們回答道：「我們相信你因為我們從未聽過你說謊！」

(2) 阿布・舒非安・本・哈爾布（Abū Sufyān Ibn Ḥarb）在穆聖 ﷺ 的伯父阿布・塔力伯去世後接管了麥加管事的職位，他是穆聖 ﷺ 的敵人。阿布・舒非安與當時的友邦羅馬國王黑拉克勒司（Herakles）有一番交情。當他們兩人見面時，阿布・舒非安提起麥加有位名叫穆罕默德 ﷺ 的人堅稱自己為聖人、是真主 ﷻ 派來的使者一事。國王黑拉克勒司回問他：「你們以前聽過這個人說謊嗎？」當阿布・舒非安・本・哈爾布回答說：「沒有。」羅馬國王又說：「他若是對人不欺騙、不說謊，又豈能用真主 ﷻ 的名義來欺騙大家？」這番話問得阿布・舒非安・本・哈爾布頓時啞口無言。

(3) 聖人非常照顧他的親朋好友們，並與他們維持著良好的關係。他為人熱心，樂於幫助貧困弱小，常常做善事。當啟示初次降臨時，他因見到大天使吉布力爾而驚魂未定，當他懷疑自己是否是受到魔鬼或是精靈的侵襲時，他的妻子哈蒂佳清楚地對他說：「你絕對不可能是受到魔鬼或是精靈的侵襲，你是那麼熱心助人的人。」她鼓勵他說：「真主 ﷻ 絕不可能陷你於困境，你維繫著良好的親友關係，扶持弱小，捐助無人問津的人，且待客厚道，並為弱勢者爭取權益。真主 ﷻ 不可能貶低像你這樣的人。」

15.8 穆聖 ﷺ 的完美性格

穆聖 ﷺ 在未受到啟示前就早已是一位受眾人敬愛、耳熟能詳的人，因為他各方面卓越的品德已成為眾人的典範（或學習的楷模）。真主 ﷻ 賜予他集所有完美的品性美德於一身，這些特性證實了他先知的身分，而這只是許多證明當中的一個。這些特質與智慧並非一般人與生俱來或是後天勤學能得來的；學者伊亞德（Qāḍī ‘Iyāḍ）在他的書《心靈良藥》（*al-Šifā’*）中描述穆聖 ﷺ 的性格，「他待人真誠婉約，謙卑溫和，心胸寬大仁慈，極富同情與憐憫心，他的心地純潔，神采奕奕，才智過人，言談簡短有力，談話內容易懂但又含有深度，有著過人的智慧，他的舉止優雅，富有幽默感，玩笑之中不帶虛假。今世沒有人能比他完美，也沒有一個人能超越他，因為這是真主ﷻ賦予他一份非他莫屬的特殊恩典。」[48]

反觀，在當時的社交圈中，除了他，無一人能從當時社會糜爛的惡習中倖免。這些惡習與風氣對當時的人而言習以為常。部落中有人嘗試遠離陋習，但是除了穆聖ﷺ以外沒有一個人能成功的杜絕所有的惡習，出淤泥而不染。

仔細想想以當時社會風氣極其迷信、無知、貪婪敗壞的情形來看，穆聖ﷺ能在那樣灰暗、污穢與謊言充斥的環境下，傳遞了伊斯蘭教的純正信仰，奇蹟似的帶來如此頂尖的智慧與知識，就如同黑暗中出現了一道曙光。誠如真主ﷻ在《古蘭經》中所說大意是：「真主願將他的訊息傳播到那裡，他的訊息就會到那裡。」

伊瑪目阿爾・布希理（Imām al-Būṣīrī）在他著名的詩集《布爾達》（*Burda*）中寫道：「在愚昧時代一位人所皆知的文盲卻能有如此的知識，他是孤兒卻擁有如此優秀高貴的教養，單單這些就已經是奇蹟。」

學者說：「古今中外我們看過許許多多知名的智者與賢人，其中有天才、哲學家與國王們，如果仔細閱讀他們的生平履歷，我們會發現他們當中每一個人都曾經迷失過。」

---

48 此段是集合《心靈良藥》書中對穆聖ﷺ的描述。

但在真主 ﷻ 所精選的使者們和先知穆罕默德 ﷺ 的特質上，你會發現他們的性格高尚，思維和行為上沒有缺陷沒有弱點，而先知穆罕默德 ﷺ 則又是他們之中的佼佼者。

16.

穆聖 ﷺ 受啟示前的時代背景

✧ 從宗教層面來看

當時世界各地籠罩著黑暗，人們盲目的膜拜太陽、動物，或以人物為偶像，就連受到之前啟示的民族也明顯的偏離，遠離了他們的宗教；部分還殘留下來的啟示也已混淆了迷信和偶像崇拜的錯誤信念，在伊斯蘭到來之前，當時的基督教徒，也偏離了他們原來的信仰核心。

當時人們對宗教產生了懷疑，其中也包括了基督教徒，那些追隨易卜拉欣或其他先知的信徒們早已寥寥無幾，穆聖 ﷺ 便是這些極少數信徒中的一位。

✧ 從社會層面來看

社會上貧富之間有著非常多的不公平，種族主義高漲奴隸制度盛行，奴隸如動物般地被操控著，這些弱者不被以人的身分看待；在法律上大多數的權力都只屬於強者；部落之間瀰漫著虛榮驕傲與自豪的風氣，視自家家族為最優等，鄙視其他人為劣等，不把他們放在眼裡。社會明顯地缺乏一位能帶動好的社會風氣與正確觀念的領導者，或行為品性值得仿效的模範者。

✧ 從政治層面來看

看過當時的宗教與社會問題之後，不難想像當時政治混亂的情況。窮人與有權勢者間相互發動過無數的戰爭，都是因為當時貧富權力懸殊太大，無所謂正義存在。人們的心中渴望和平、仁慈和一個純潔無污染的正確信仰。就在這個關節上，真主 ﷻ 派遣了最後一位使者穆罕默德 ﷺ 到來，人類正須要一位拯救者、領導者、一位能指引大家走向正道的使者，讓他們從黑暗中走向光明，從迷信走向正確的信仰。真主 ﷻ 讓穆聖 ﷺ 成為我們全人類的引導者，一位最後的使者，一個最後的啟示，一個最後的警示。

17.

穆聖 ﷺ 在啟示降臨前喜愛坐靜

大約是啟示到來兩年前左右開始，（也有些學者們估計或早或晚一些），穆聖 ﷺ 喜歡遠離塵囂，遠離人們與城市的吵雜混亂，與世隔絕。當時有些追隨先知易卜拉欣的少數麥加人為了觀察天地萬物，也會經常離開麥加城到附近的山上洞穴中靜思。

穆聖 ﷺ 找到天房附近一個最高點喜拉山上的洞穴，從那兒可以眺望天房。他離開的時間從十天半個月，有時更甚至於到一個月的時間不等。這段時間對他來說是一個遠離人群，冷靜思考的時間，更是一個讓他身、心、靈準備待發的時間。

學者阿爾．布提說道：「這段時間對穆聖 ﷺ 而言非常的重要，因為利用這樣一個時段一人離開塵囂，給自己一個單獨與真主 ﷻ 心靈相處的寧靜時刻，正是真主 ﷻ 教育穆聖 ﷺ 的時候，它在阿文裡叫『Ḫalwah』，我們稱它為『坐靜』。在這段時間裡，他專心思考造物主——真主 ﷻ 與其被創造物，這段時間裡不論身心靈都只為真主 ﷻ 而在。每次他回到家中後，他的心總是渴望著再次獨處思考的時間。穆聖 ﷺ 曾說：『我的主用最好的方式教育了我。』」

穆聖 ﷺ 在他接受聖人的任務之後就沒機會再到山上坐靜，取而代之的是夜裡的聖行拜如夜功拜（Qiyam al lail 和 Tahajjut）。這是真主 ﷻ 給他的義務，另一種與真主 ﷻ 獨處的機會。

18.

坐靜的意義與影響

「坐靜」（Ḫalwah）對所有的穆斯林而言都有著非常重要的意義，尤其對宣教者而言。因為城市裡的生活與塵世的一切緊密的聯繫著，它讓生活在其中的人忙碌得沒有時間思考以及觀察自己的心靈，正視及檢討自我的行為。而坐靜就像是用一面鏡子仔細端詳自己，找出自己內在的疾病與缺失，尋找治療、補救的方式。在伊斯蘭的信仰裡穆斯林不可能處於一種完美或所謂的最好的狀態。除非他必須常常撥出一些時間讓自己離開人群與煩囂，試著使自己的心與靈接近真主ﷻ，體會生活中真主ﷻ給予的種種恩惠與考驗，面對自己的多方面缺失與內心的疾病。真誠的面對造物主，不斷尋求與他之間的連繫並真心的維護與他之間的關係，希望自我的品級能在真主ﷻ的面前有所提升。

一個穆斯林光靠外在敬拜真主ﷻ的行為，如禮拜、封齋是不夠的。外在行為的實踐固然很重要，但更要使外在的身體力行與內心的功修能表裡一致，因為內心的狀態會反映至外表，正是所謂的誠於中行於外。而能使內心的狀態平衡以及升級的方式就是坐靜。

坐靜會使人冷靜並且反省思考，由觀察天地萬物的精細與巨大，進而體會造物主，他那永無止境，不可思議的力量。

學者阿爾・布提曾說：「如果坐靜對一個普通人就能產生如此大的影響，那麼對那些真心為真主 ﷻ、為自己的信仰、為伊斯蘭而宣教的人，又會如何呢？」都市裡的生活，言談之中大都與現世相關，這些言談讓我們花去太多時間，以至於少有時間看顧自己的靈魂、管理自我的行為、為自己內心的疾病尋求藥方，如果不經常給自己一些時間清除它、改變它、糾正它，那麼日積月累它將產生非常大的負面結果。

我們都知道，私慾會引發一個人的慾望、願望；病態的如愛慕虛榮、妒嫉、誇大、迷戀塵世、財富、自大，而所有的這些都是內心的病癥。如果我們經常檢視內心，除去不好的念頭，使自己的內心純淨，眼觀造物主所創造的就會意識到自己的渺小，更懂得虛心的看待造物者的強大，知道自己無時無刻都需要仁慈的真主 ﷻ 幫助。更進一步的理解到我們根本沒有理由鄙視別人。我們必須試著看到別人的好，時時自省，能做到謙虛不自大，承認自己的不足並欣賞包容別人，那麼就會又戰勝了私慾一步。反觀惡魔伊卜厲廝（Iblīs）說：「我才是更好的。」為了這句自視甚高無視旁人的話，使它被永遠排除、拒絕在真主 ﷻ 的仁慈之外，並保證永遠將讓它留在火獄之中。

真主 ﷻ 優美高尚的尊名中有一個名字為「as-Sattār」，意思是掩護者。學者們說：「若是真主 ﷻ 不掩蓋或掩護我們醜陋不為人知的另一面，我們將不會願意與任何人有所接觸。」所以為使自己真實的一面能常保持在美好的狀態，我們就需要經常的坐靜。

大賢歐瑪爾曾說：「你們應當在審判日未到，真主 ﷻ 未對你們清算前，你們先對自己清算；在你們的行事行為未被衡量之前，你們自己先衡量吧。」

學者認為坐靜可帶來的影響可分為以下幾方面：

✧ 看清自己的病狀

經由坐靜的方法可以檢視自己的心病有多重？哪裡須要治療？當你看出同伴們的弱點，在他們需要幫助的時候，提醒他們人本身並無力量，唯有靠全能的真主 ﷻ 才有能力援助他們。

✧ 感受真主 ﷻ 對你的寵愛

我們每個人都應當試著將自己的心與真主 ﷻ 緊緊連繫在一起，由此你的心便會充滿他對你的愛，你會感受到他是如此地愛你。

穆聖 ﷺ 說：「如果真主 ﷻ 愛一位僕人，他會召喚大天使吉布力爾並告知他：『噢！吉布力爾，我愛這個僕人，所以你愛他。』於是吉布力爾愛這個僕人；大天使吉布利爾到天使們那裡並對他們說：『崇高的真主 ﷻ 愛這一位僕人，所以你們愛他』；天使們降臨到人群裡，告訴人們：『崇高的真主 ﷻ 愛這一位僕人，所以你們愛他。』由此真主 ﷻ 將這份愛注入到他所有的創造物的心中。」

崇高的真主 ﷻ 將他的愛賜予你和所有的被創造物，你接受了真主 ﷻ 對你的愛，並且因為愛真主 ﷻ 並而愛你周遭的人、愛世人，你使此愛開花結果。

在這段獨處深思的時間裡，你讓你自己清楚的理解誰對你才是有益的？誰能實現你的請求？誰能給予你所需要的？只有他！所有的一切都取決在他 —— 至高無上的真主 ﷻ。

✧ 了解你的行為意圖

坐靜使你更了解你的意圖，經由它可以使你的舉意保持純淨，使你的自我私欲得到控制。「私慾」常會唆使你做墮落沉淪之事，誘使你為聚集名利、名譽、為眾人稱頌而行善，而非為能獲得真主 ﷻ 對你滿意而努力；甚至於改變你的初衷，也許你一開始行善是為真主 ﷻ，但是受到種種不好的影響，你的舉意不再是單純的為真主 ﷻ 而轉變成了為己、為名、為利。

為了使這份對真主 ﷻ 的愛能在你的心與靈魂裡散播鞏固，你退出人群讓自己對真主 ﷻ、對被創造物和你自己能多方思考。祈求真主 ﷻ 幫助你治癒你內在的疾病，使你的心與你的靈魂獲得坐靜的成果，那就是得到真主 ﷻ 對你的愛並賜予你光亮。

✧ 了解如何敬愛真主 ﷻ 及犧牲的真諦

「愛真主 ﷻ、敬真主 ﷻ」對每一個穆斯林而言是一個至高的目標，而且必須要非常努力才能達到，這也就是坐靜的成果。懂得「愛與敬」進而達到願意為信仰犧牲奉獻，也就是聖戰的一種（Ğihād）。聖戰所包含的犧牲範圍非常廣，其中最大的犧牲是克服私慾，因為私慾最不願的便是犧牲、改變、臣服，但是為了能得到真主 ﷻ 的愛，自己願對自己的弱點宣戰、願意面對病症並加以糾正。

要做到這種「犧牲」不單是靠絕對的信賴，它也同時須要理智。因為單單靠理解不可能使心接納，倘若可以，那麼強調只靠理解才能相信的東方學者們就應該是第一個相信真主 ﷻ 並追隨他的先知們的信徒們。所以這不可能成為事實，你們可曾聽說有人因為一份數學理論而犧牲生命的嗎？不！不可能！人有原則但不可能因原則而犧牲，但可以為了愛真主 ﷻ 而願意失去尊嚴、犧牲生命在所不惜，只為了獲得他的喜悅。愛越深，奉獻犧牲的尺度越大。

第一代的聖門弟子們，他們受著最好的老師——穆聖 ﷺ 的教育。他們是所有人類當中最好的一代，我們在他們的身上看見這種愛的呈現。他們為了真主 ﷻ 傾囊而出並且以各種不同方式做出犧牲。真主 ﷻ 在《古蘭經》中見證並讚賞他們，在真主 ﷻ 那裡他們有著非常高的品級，他們非常值得我們敬愛與效仿。

✧ 用心體會真主 ﷻ 的恩典

透過坐靜你會看到真主 ﷻ 的恩典是如何包圍著自己和你的周遭，而且感受到這些源源不斷的恩典的降臨。這會驅使你的心、你的舌頭，想經常的記念他、讚美他。如果你習慣經常獨處記念他，那麼你就會為了愛而對真主 ﷻ 敞開你的心。

✧ 記念真主 ﷻ 讚美穆聖 ﷺ

你會用很多種方式來記念（Ḏikr）真主 ﷻ 記念穆聖 ﷺ，例如多閱讀、朗誦《古蘭經》、聖訓；多稱頌讚美穆聖 ﷺ 並為他祈福；為了解《古蘭經》而學習阿拉伯文。記念的範圍非常廣闊。《古蘭經》另一個名號為「aḏ-Ḏikr al-Ḥakīm」。每個人可用不同的記念方式來規劃自己的生活，不管你選用什麼方式，你都可以隨時隨地記念真主 ﷻ，對我們的心這些形形色色的記念方式就是最重要的營養。若是一個穆斯林經常獨處記念真主 ﷻ，那麼他就準備迎接一個重要的使命，就是負起繼續為穆聖 ﷺ 傳遞訊息的代理人的責任。在從事這些的同時，你會很清楚的發現，真主 ﷻ 為你敞開你的道路，解除困境，為你除去障礙；而當你達到目的時你必須清楚那不是因為你的能力、聰明才幹；在行進間你會感受到真主 ﷻ 在你左右。你會發自內心讚美真主 ﷻ 說：「真主 ﷻ 至大！」（Allāhu Akbar）所以當你遇到困難時不要說：「我遇到大問題了」，你應當說：「真主 ﷻ 至大 ！我有一個全能的真主 ﷻ，他超越所有宇宙世界萬物，透過他，我克服所有的困難。」

✧ 尋求接近真主 ﷻ 的方法

對穆斯林來說觀察自我內心，淨化內心尋求接近真主 ﷻ 的方法有許多種，它們目標是一致的，它對所有的穆斯林是一種義務。它們的名稱有如：

(1) 至善（Iḥsān），真主 ﷻ 以他的仁慈寬宏大量地對待我們，他的慷慨是全美的，他的愛與仁慈是完美的。真主 ﷻ 降下如此多的恩典於我們，他值得我們以最好的方式記念、讚美、讚揚他所贈與我們的許許多多可見的與隱藏的恩澤。

(2) 蘇菲行知（‘Ilm al-Sulūk），是一種行為規範科學，就是如何保有好的特性，克服或除去壞的習性。

(3) 淨化內心（Tazkiyyah）。

「凡培養自己的性靈者，必定成功；凡戕害自己的性靈者，必定失敗。」（＊《古蘭經》91 章：9-10 節）

坐靜，須要一個完善的計劃。它不是要你長年累月躲在山裡遠離人群，伊斯蘭為我們提供的是一個不偏不倚中間的道路與法則。它是一條黃金道路，它是穆聖 ﷺ 所選擇的道路，穆聖 ﷺ 雖經常隱退獨處，但是他還是會回歸家庭。學者告訴我們，穆聖 ﷺ 選擇何時坐靜，一定會事先告知聖妻哈蒂佳，不會因坐靜而忽略家庭生活。誰如果選擇極端的方式，那並不屬於穆聖 ﷺ 的習慣。當然有些學者他們選擇長期退隱獨居，那只是個人單獨的例子。

最後學者阿爾·布提說：「我們得經常記念真主ﷻ，但意思不是只憑手上撥弄念珠而心不在焉，重要的是要用心記念真主ﷻ接近真主ﷻ。」

19.

經典裡有關穆聖ﷺ將被差遣來的預示

聖訓中傳述，穆聖ﷺ說：「我們所有先知們都是兄弟，意思是同父異母的兄弟。我們的宗教是一致的。」易卜拉欣被稱為先知之父，因為有很多的先知源自於他的子孫們。穆聖ﷺ就是其中一個。所有的先知們都傳播了同一個信仰的真理、同一個信仰學，只崇拜獨一的造物主「萬物無主，唯有安拉ﷻ」（La ilāha illallāh），不同的是人們必須遵守當時被禁止和被允許的規則，隨著不同的先知與聖人，真主ﷻ給予他們制定的教法因時因地有所不同。

真主ﷻ在《古蘭經》中說：

「他已為你們制定正教，就是他所命令努哈的、他所啟示你的、他命令易卜拉欣、穆薩和爾撒[49]的宗教。你們應當謹守正

49 穆薩即基督宗教中的摩西，爾撒即耶穌。

教，不要為正教而分門別戶。以物配主的人們，以為你所教導他們的事是難堪的。真主將他所意欲者招致於正教，將歸依他者引導於真理」（＊《古蘭經》42 章：13 節）

「我降示你這部包含真理的經典，以証實以前的一切天經，而監護之。故你當依真主所降示的經典而為他們判決，你不要捨棄降臨你的真理而順從他們的私欲。我已為你們中每一個民族制定一種教律和法程。如果真主意欲，他必使你們變成一個民族。但他把你們分成許多民族，以便他考驗你們能不能遵守他所賜予你們的教律和法程。故你們當爭先為善。你們全體都要歸於真主，他要把你們所爭論的是非告訴你們。」（＊《古蘭經》5 章：48 節）

真主 ﷻ 在他與先知們的締約當中告知他們最後一位聖人即將到來的消息，他也在舊經書中提到了這個消息，並且要求他們假如新的啟示來臨而他們也還活著，那麼他們就必須接受這份新的啟示並且要求那些追隨他們的人接受它。先知們給予真主 ﷻ 承諾。穆聖 ﷺ 也作證承認舊經書當中正確真實的部分。

「當時，真主與眾先知締約說：『我已賞賜你們經典和智慧，以後有一個使者來証實你們所有的經典，你們必須確信他，必須輔助他。』他說：『你們承認嗎？你們願意為此事而與我締約嗎？』他們說：『我們承認了。』他說：『那末，你們作証吧；我也和你們一同作証。』」（＊《古蘭經》3 章：81 節）

「求你在今世和後世為我們註定幸福，我們確已對你悔過了。」主說：「我的刑罰，是用去懲治我欲懲治的人的，我的慈恩是包羅萬物的。我將註定以我的慈恩歸於敬畏真主，完納天課，而且信仰我的跡象者。」（＊《古蘭經》7 章：156 節）

「他們順從使者——不識字的先知，他們在自己所有的《討拉特》和《引支勒》中發現關於他的記載。他命令他們行善，禁止他們作惡，准許他們吃佳美的食物，禁戒他們吃污穢的食物，卸脫他們的重擔，解除他們的桎梏，故凡信仰他，尊重他，援助他，而且遵循與他一起降臨的光明的人，都是成功者。」（＊《古蘭經》7 章：157 節）

「當時，麥爾彥之子爾撒曾說：『以色列的後裔啊！我確是真主派來教化你們的使者，他派我來証實在我之前的《討拉特》，並且以在我之後誕生的使者，名叫艾哈默德向你們報喜。』」（＊《古蘭經》61 章：6 節）

「當一部經典能証實他們所有的經典，從真主降臨他們的時候，（他們不信它）。以前他們常常祈禱，希望借它來克服不信道者，然而當他們業已認識的真理降臨他們的時候，他們不信它。故真主的棄絕加於不信道者。」（＊《古蘭經》2 章：89 節）

學者說：「迄今在舊經書《討拉特》和《聖經》中都還能找到關於穆聖ﷺ將要帶著新的啟示到來的消息。《古蘭經》中所提到的穆聖ﷺ的名字『艾哈默德』是用古希臘文記載名叫 Paraklet。Paraklet 在古希臘文裡可翻譯為救星、拯救者、安慰者；而原意其實是『一個備受稱讚的人』的意思。」

伊斯蘭學者阿布都．阿爾．瓦哈伯．阿爾．拿迦爾（'Abd al-Wahhāb an-Naǧǧār）有一回和一位義大利的東方學者尼李焉挪（Nilieno）在一個機會中相遇，尼李焉挪是一位精通希臘文與阿拉伯文的學者。學者阿布都瓦哈伯問尼李焉挪「Paraklet」此字的涵意。尼李焉挪說：「就翻譯上來說這個字可說有『拯救者』之意。」學者聽完後覺得尼李焉挪有意迴避正題，不願說出這個字在希臘文指的正是穆聖ﷺ的名字「艾哈默德」。於是學者阿布都瓦哈伯更進一步地問說：「我不是問這個字也可以怎麼去翻譯它，而正是因為你既精通希臘文和阿拉伯文，所以請告訴我這個字它原本的涵意為何？」這時尼李焉挪才說：「它指的是一個備受稱讚的人。這個字是由阿拉伯字 Ha mim da 引申出來的。」學者阿布都瓦哈伯肯定了他的解釋。

20.

啟示

20.1 啟示初期出現在夢裡

穆聖ﷺ四十歲的那年，在啟示（al-Waḥī）來臨前的六個月，穆聖ﷺ曾經歷許多不尋常的事情。例如：當他離家準備外出如廁時（當時的住宅內沒有廁所，必須到戶外如廁），他走在無人的路上忽然聽見石頭對他說：「和平與你同在，真主ﷻ的使者！」這類的事情不只發生一次，甚至樹木也向他道色蘭目。穆司林聖訓集中傳述穆聖ﷺ說：「確實我認得麥加的一顆石頭，那顆石頭曾在我未獲得啟示前向我道過色蘭目，直到今日我還認得它。」學者們的一種說法是：真主ﷻ創造的被創造物它們具有語言能力，它們沒有知識沒有生命；另外的一種說法是真主ﷻ賜予這些被創造物，使它們有辨識先知的能力，還能問候他們。

另外在這段時間裡真主ﷻ還賜予穆聖ﷺ真實的夢（Ru'yā

aṣ-Ṣādiqah），這類的夢是屬於好的、健康的、受到正確引導的夢，聖人們的夢都屬於這類的夢。夢境非常清晰就如同黑夜裡的晨光一般，他們在夢裡所見的會完完全全地發生在現實生活裡。

夢一般來說可分為兩類：

第一種夢稱為「Al Hulm」為一般不代表任何意義的夢。

第二種夢稱為「Ru’yā」是一種會受到證實並應驗的夢。

聖妻阿依莎傳述說：「穆聖 ﷺ 一開始獲得的啟示是好的夢（Ru’yā aṣ-Ṣāliḥah）[50]。」──布哈里聖訓集、穆司林聖訓集共同收錄。在其他的聖訓中傳述的是：「穆聖 ﷺ 一開始獲得的啟示是真實的夢（Ru’yā aṣ-Ṣādiqah）。」

20.2 啟示的定義

啟示的意思如下：

就語言上來說：是指以圖片、文字或信使快速隱密的傳遞訊息。

就伊斯蘭專業術語來說：「啟示」是專指真主 ﷻ 直接或藉由大天使吉布力爾傳達給先知與聖人的訊息。訊息中傳遞了經書與律法，然後經由先知與聖人傳遞給追隨他們的信士。

---

50 Ru’yā aṣ-Ṣāliḥah 與 Ru’yā aṣ-Ṣādiqah 是相同的意思。

20.3 啟示傳遞的五個途徑

啟示的傳遞一般而言有以下五個途徑（al-Waḥīya）：

(1) 真主 ﷻ 直接與他的先知們對話，不透過任何媒介[51]；此情況發生在使者清醒的狀態下或是在夢中。聖門弟子穆阿司傳述穆聖 ﷺ 說：「我的主前來找我並告知我天使們對於《古蘭經》38 章：67 節經文內容的辯論。」穆斯奈德聖訓集、鐵爾密濟聖訓集和其他聖訓集共同收錄。

(2) 真主 ﷻ 透過天使傳遞啟示予使者（al-Waḥī al-Ğalī ）[52]：

- 天使吉布力爾以他的原形出現，天使吉布力爾曾在穆聖 ﷺ 面前現出原形兩次，一次是在喜拉山，另一次則是在登霄夜。
- 天使吉布力爾以人的形體出現，他大部分是以聖門弟子迪賀亞・阿爾・克爾比（Diḥyah al-Kalbī)[53]或另一陌生人的樣子出現。
- 天使吉布力爾是隱形的，在場無人能見到他，只聽見有如鐘聲或蜂群的聲音。這類的啟示到來時，穆聖 ﷺ 的身體可說是相當吃力，他不僅臉色發紅、發燒、發汗、身體變重並發出不尋常的聲音。若是穆聖 ﷺ 正騎

---

51 真主 ﷻ 與他僕人的對話是直接或是隔著帷幔，全憑真主 ﷻ 的意願。

52 al-Ğalī 是指清楚無隱瞞的。

53 聖門弟子迪賀亞・阿爾・克爾比是一位非常俊美的男子。

在坐騎上而這類的啟示到來時，連坐騎都會感受到這突如其來的重量而覺得吃力。傳述說：「有一回穆聖ﷺ與他們並坐交談，穆聖ﷺ的大腿正好靠在一位聖門弟子的大腿上，之後穆聖ﷺ獲得啟示他身體的重量頓時加重並壓在鄰旁聖門弟子的腿上，那重量之重幾乎要壓斷那人的腿。」這類的啟示對聖人來說是一個非常巨大的經驗。

(3) 真主ﷻ或天使吉布力爾直接在穆聖ﷺ的心裡啟示他。穆聖ﷺ自己清楚的知道這是啟示，並確信這樣的啟示是來自真主ﷻ或天使受遣於真主ﷻ而啟示穆聖ﷺ。

本・馬加爾（Ibn Mağar）、阿爾・哈今（al-Ḥākim）、和伊瑪目阿特・塔巴拉尼（Imām aṭ-Ṭabarānī）和其他人共同傳述道：「穆聖ﷺ說：『天使吉布力爾在我心裡啟示我，沒有一個靈魂會在沒完全獲得他生命裡註定該得到給養之前死去。所以當敬畏真主ﷻ，並在被允許的範圍裡，用良好的，謙卑恭敬的方式請求真主ﷻ賜予給養，你們不應當因給養來得晚而犯罪，真主ﷻ所註定的事不服從他，你就不會得到它。』」

(4) 默示（Ilhām）。穆聖ﷺ他的行事、判決、言論陳述都是經由穆聖ﷺ的內心作出的判斷。穆聖ﷺ所表達所行的即是真主ﷻ所意欲的，無論是關於法律的判決，或是陳述等等，它們都是正確的。如《古蘭經》42 章：51-52 節：

「任何人也不配與真主 ﷻ 對話，除非啟示，或從帷幕的後面，或派一個使者，奉他的命令而啟示他所欲啟示的。他確是至尊的，確是至睿的。我這樣啟示你從我的命令中發出的精神。你本來不知道天經是什麼，正信是什麼；但我以天經為光明，而藉此光明引導我所欲引導的僕人。你確是指示正路者。」（*）

(5) 真實的夢（Ru'yā aṣ-Ṣādiqah）。一個好夢代表的是不受惡魔唆使的夢。對於所有的先知而言，夢也是啟示的一種途徑。他們在睡眠當中所作的真實的夢是為啟示。我們也有可能獲得好夢，但不可對太多人提起，以避免遭嫉。這對我們來說是好消息，是真主 ﷻ 賜予的禮物。壞的夢是來自惡魔，我們不應該張揚。

所有這五種啟示的途徑與方式都是百分百來自真主 ﷻ，它們都是正確的，無可置疑的。

20.4 第一次啟示

20.4.1 第一次啟示的經過

就在穆聖 ﷺ 夢見這樣真實的夢境後，他開始經常獨自隱退至喜拉山洞，從那裡遙望天房。他越來越喜歡在洞穴裡獨處，他內心裡渴望著這樣的時刻。當他回到家人身邊時他多麼期望能盡快再回到喜拉山洞，遠離人群、遠離罪惡。在那裡他記念真

主 ﷻ；他環視宇宙萬物；靜坐沉思；他敬事真主 ﷻ，但並非以宗教儀式禮拜，而是由審視大地眾生萬物，尋求並記念至仁至慈的真主 ﷻ。那年的九月的十七日[54]蓋德夜（Laylatul Qadr）他像平常一樣又到喜拉山洞來，大天使吉布力爾到來並對他說：「讀！」穆聖 ﷺ 回答道：「我不識字。」於是大天使吉布力爾壓緊了他直到他無法承受為止。同樣的方式重複了三次。在大天使吉布力爾第三次壓緊穆聖 ﷺ 後，大天使吉布力爾對他讀了第一段的啟示。

「你應當奉你的創造主的名義而宣讀，他曾用血塊創造人。你應當宣讀，你的主是最尊嚴的，他曾教人用筆寫字，他曾教人知道自己所不知道的東西。」（＊《古蘭經》96 章：1-5 節）

20.4.2 第一次啟示的相關論述及辯證

針對《古蘭經》96 章：4 節的內容「他曾教人用筆寫字」，學者阿布・夏赫巴（Abū Šahbah）解釋道，知識可分為兩類：

(1) 人們經由學習得來的知識：用筆來學習。

(2) 真主 ﷻ 所賜予的知識：這類的知識人們不可能由自行學

---

54 傳述中所提到第一次啟示的日期為當年齋月的十七日，有相關的傳述曾說它的日期與第一次白德爾戰役的日期相同，因為戰役發生的時間為當年齋月的十七日。學者以《古蘭經》8 章：41 節為證：「假如你們信仰安拉和我在辨別真偽之日兩軍遭遇之日〔白德爾戰役〕降示我的僕人〔穆聖〕的啟示。安拉對萬事是萬能的。」（#）

習而獲得。

穆聖ﷺ是個文盲，他沒有如上述的第一類的知識，但是真主ﷻ賜予他第二類寶貴知識的特殊恩典。

關於啟示下降的那夜尊貴的蓋德夜，真主ﷻ在《古蘭經》97 章：1 節中說道：

「我在那高貴的夜間確已降示它。」（*）

又在《古蘭經》44 章：3-5 節說：

「在一個吉祥的夜間，我確已降示它，我確是警告者。在那夜裡，一切睿智的事，都被判定，那是按照從我那裡發出的命令的。我確是派遣使者的。」（*）

穆聖ﷺ獲得啟示之後，他全身發抖著回到了妻子哈蒂佳的身邊，他受到了非常大的驚嚇。他告訴妻子哈蒂佳：「蓋上我！」由於驚嚇，他全身發冷，聖妻哈蒂佳為他蓋上被子，直到他情緒平穩下來後，他告訴聖妻哈蒂佳在洞穴裡所發生之事。他說：「我真是擔心害怕我自己。」學者阿爾・布提提到：「穆聖ﷺ之所以感到害怕是因為以為自己遇見了精靈或是魔鬼。」聖妻哈蒂佳聽完穆聖ﷺ的敘述後說道：「我用真主ﷻ的名字起誓，安拉ﷻ絕不可能離棄你，你維護親友關係，幫助貧困弱小，當他們在困境災難中時給予支持，」在其他的傳述裡還附加了哈蒂佳說：「你是個真誠的人，你所說的話都是真實的。這是一個喜悅的消息，我以擁有哈蒂佳的靈魂的主的名字起誓，我希望你會是這個穆民的先知。」

聖妻哈蒂佳在這個穆聖 ﷺ 最需要她的時刻給予了他兩種溫暖與安慰。一是完全的相信與支持，二是不用虛假的安慰言詞而是以穆聖 ﷺ 優良的品性和熱心助人的事實來證明真主 ﷻ 不可能離棄他。這裡足見她高度的智慧以及對穆聖 ﷺ 的深情。

學者阿布・夏赫巴繼續解釋到，穆聖 ﷺ 當時所謂的「害怕」意思是：「生病或即將死亡」的意思。當時在他不知吉布力爾是否為天使的情況下，大天使重壓了他，使他覺得自己受到壓迫非常難受。而學者阿爾・布提對此陳述認為：「穆聖 ﷺ 在獲得聖品的同時也承擔著巨大的考驗，他必須不斷地接受訓練而忍耐以對，並持之以恆繼續宣教如同呼吸般，這些考驗就有如大天使抱緊他壓迫他一般，考驗、阻礙是與壓力相等的。」

20.4.3 會見瓦剌嘉・本・拿烏非爾

瓦剌嘉・本・拿烏非爾（Waraqah Ibn Nawfal）是一位會寫字而且懂希伯來文的人所以了解《聖經》。他自己因尋找聖人易卜拉欣所帶來的信仰之後成了基督教徒，也因此對舊約及新約《聖經》有著相當多的知識。憑藉著他對舊約《聖經》豐富的知識，他相信真主 ﷻ 獨一。當聖妻哈蒂佳陪同聖人一起前來找瓦剌嘉時，聖妻哈蒂佳對他說道：「我的堂兄！聽聽你的侄子[55]

---

55 阿拉伯人的風俗裡基於禮貌，對年長者即使同輩也謙稱自己為晚輩，以示敬意。但長輩對晚輩表示親近之意時，可稱為「兒子」。例如穆聖祖父阿布得・阿爾・穆塔力伯稱穆聖為「兒子」。

穆罕默德ﷺ說他看見什麼了？」瓦剌嘉問穆罕默德ﷺ：「你看見什麼呢？」穆罕默德ﷺ敘述了整個事件的經過，瓦剌嘉清楚且肯定的回答道：「你看見的那位他是負責啟示的大天使吉布力爾，他在你之前就找過摩西，他在你之前也找過爾撒。而且被派遣至先知們。」

瓦剌嘉清楚的知道穆聖ﷺ是受到啟示了，一份來自真主ﷻ的啟示。當時緊壓著他的便是天使吉布力爾。瓦剌嘉說：「我希望當你的族人欲將你趕出麥加城時，我還年輕，還能助你一臂之力。」（瓦剌嘉當時年歲已大且眼瞎）他的這一段話使穆聖ﷺ非常驚訝，因為他在麥加城是以誠信出名，行為也非常端正，並享有很高的聲望。但是想像自己有一天將會被逐出麥加是他萬萬也想不到的。瓦剌嘉肯定自己的話一定會實現，因為古往今來沒有一位聖人不被自己的人民所驅逐。在這次的談話不久後瓦剌嘉便去世，他其實是繼聖妻哈蒂佳之後第一位相信穆聖ﷺ的人。

20.5 啟示中斷

20.5.1 中斷的時間

自從第一個啟示在喜拉山洞被傳遞後，好長一段時間裡穆聖ﷺ沒有再收到天使吉布力爾所帶來的啟示。為此他感到難過，他不禁懷疑起自己。學者們對於停頓時間的長短從幾十天到幾年有著不同的說法，學者阿布・夏赫巴支持啟示中斷四十天的說法而學者阿爾・布提則認為是六個月。

20.5.2 啟示中斷所蘊含的智慧

對穆聖 ﷺ 而言他深怕啟示中斷是由於真主 ﷻ 對他不滿所致。學者則認為啟示之所以停頓那是為了給穆聖 ﷺ 一段平靜思考的時間；使他更有意識的面對即將來臨的任務及職責。

20.6. 第二次啟示

20.6.1 第二次啟示的經過

從布哈里聖訓中加必爾・本・阿布迪拉（Ğābir Ibn ‘Abdillāh）傳述穆聖 ﷺ 說：「當我走在路上時，我聽到從天上傳來聲音，我望向天空，它正是到喜拉山洞來找我的天使吉布力爾，這回他坐在一個介於天地之間的座椅上。我當時因為天使吉布力爾而受到極端的驚嚇並趕緊回家，回家後我示意我的妻子哈蒂佳為我蓋上被子，我對她說：『蓋上我！蓋上我！』」

這時安拉 ﷻ 啟示了：

「蓋被的人啊！你應當起來，你應當警告，你應當頌揚你的主宰，你應當洗滌你的衣服，你應當遠離污穢。」（＊《古蘭經》74 章：1-5 節）

在這些章節裡，安拉 ﷻ 命令穆聖 ﷺ 從被子裡出來！因為此時已經沒有時間可以取暖與休息。安拉 ﷻ 第一次啟示時命令他

「讀！」那是因為上回是告知他，而現在安拉 ﷻ 是命令他「警告」他人。

20.6.2 駁斥東方學者們對「啟示」相關理論的證據

如果我們詳細的研讀這段聖訓，我們會發現許多真主 ﷻ 的智慧在其中，並了解穆聖 ﷺ 真的從真主 ﷻ 那裡得到了啟示。

- 穆聖 ﷺ 在兩次啟示時都受到極大的驚嚇，身體發冷地奔跑回家後要求聖妻哈蒂佳為他蓋被，並對哈蒂佳說：「我擔心害怕我自己。」當穆聖 ﷺ 親眼見到天使吉布力爾的真正外形時他受到了驚嚇，他的恐懼在聖訓裡可以明顯的感覺到。這足以說明穆聖 ﷺ 是在無預警的情況下看見天使吉布力爾，他的恐懼害怕絕不可能是假裝出來的，因為他向來是一位以誠實著稱的人。
- 東方學者聲稱：「穆聖 ﷺ 是從修道士巴希拉那裡學習到了經典的內容，而《古蘭經》是修道士那世圖所撰寫的。」那麼在穆罕默德 ﷺ 成為聖人之後，與他一起遇見修道士巴希拉和修道士那世圖的那些人從未質疑他受到真主 ﷻ 的啟示。這些人中更沒有人提出「穆聖 ﷺ 是從修道士巴希拉那裡學習到了經典的內容，《古蘭經》是修道士那世圖所撰寫的」這樣的謬論。
- 學者阿爾．布提認為啟示停頓了約六個月的時間，在這段時間裡穆聖 ﷺ 不只一次登上喜拉山洞，就是期望能再見

> 到大天使吉布力爾，但是他失望了，直到啟示再次降臨。啟示停頓其實是一大奇蹟，真主 ﷻ 以此證明了啟示到來的時間並不受穆聖 ﷺ 的掌控，他是屬於被動的。就如同穆聖 ﷺ 第一次在喜拉山洞見到大天使吉布力爾時，被大天使吉布力爾三次用力地壓緊又放，每次的壓力都越來越強烈，他感受到巨大的疼痛，以為自己的肋骨就要被擠斷了，這個外來的壓力也證明了穆聖 ﷺ 是被動的。又如果穆聖 ﷺ 對即將發生的事有所期待，那麼他的害怕與顫抖的理由又是為何呢？相反地，就是因為他在不知情的情況下見到了大天使吉布力爾，他才會說：「我擔心害怕我自己。」

對真主 ﷻ 而言，他大可以一開始就清楚地讓穆聖 ﷺ 知道，吉布力爾是天使，它的到來是為了將賦予穆聖 ﷺ 使命，這樣一來穆聖 ﷺ 也不會感到害怕。但是事實並非如此，這裡顯現出了真主 ﷻ 的一大智慧。啟示的到來將穆聖 ﷺ 的性格劃分為兩個階段，未接受啟示之前與接受啟示成為先知聖人後的他。再者，穆聖 ﷺ 見到大天使吉布力爾所產生的恐懼證明了他對這一切真主 ﷻ 的安排完全不知情，再度強調伊斯蘭的基本信條不是由穆罕默德 ﷺ 自己想出來的，而是經由造物主 ﷻ 傳達給人們的訊息。

面對他的恐懼與顫抖，哈蒂佳卻是非常鎮定，首先以穆罕默德 ﷺ 的優良品性，她確信以他這樣的一個人精靈不可能觸犯他。再者哈蒂佳的心裡一直非常期盼穆罕默德 ﷺ 能獲得真主 ﷻ

的啟示成為聖人；一是因為之前曾遇見一位猶太人的說詞「……先知即將到來，若是你們當中有人能嫁給他的話，你們當極力爭取」。當時哈蒂佳將那位猶太人的話熟記在心。二是依據她的工人麥依沙拉的敘述。麥依沙拉與穆罕默德 ﷺ 到夏姆經商途中在修道士那世圖居住的驛站停留，那世圖告訴麥依沙拉依，他觀察到了與麥依沙拉隨行的穆罕默德 ﷺ 這個人就是那位即將到來的先知。所以當她聽完麥依沙拉的敘述後她更加確定了她的猜測。但她首先必須要先安撫穆罕默德 ﷺ 的情緒並給予他信心，讓他知道真主 ﷻ 不可能遺棄他，另外就是帶他到熟識舊經書的表兄瓦剌嘉那裡再做確認。而這也是真主 ﷻ 的一大智慧。他讓哈蒂佳帶穆罕默德 ﷺ 到瓦剌嘉那裡，由瓦剌嘉清楚證實穆聖 ﷺ 已獲得先知任務，也讓他知道發生這樣的情況並非第一次。在他之前的聖人們也一樣獲得了真主 ﷻ 的啟示，而吉布力爾並非惡魔或精靈而是天使。

而當穆聖 ﷺ 終於了解自己所面臨任務時，這時啟示中斷了。穆聖 ﷺ 再次陷入恐懼之中，他害怕是因為自己犯錯，真主 ﷻ 對他感到不滿而導致啟示的停頓。每當他再度登上喜拉山洞時，沿路他總是不斷地向天空張望，他期望能再度見到大天使吉布力爾。

當啟示再度降臨時，大天使吉布力爾是以它真正外形出現，它的身形之大充滿了整個大地與天空，無論穆聖 ﷺ 向哪個方向看都是大天使吉布力爾。他告訴穆聖 ﷺ：「Yā Muḥammad Anta

Rasūlullāh ilā an-Nās」它的大意是：「噢！穆罕默德ﷺ。你確為安拉派至人類的信使。」在那之後啟示才陸續地到來。

學者說：這段聖訓重要之處就是它推翻了那些對啟示真實性的質疑。

東方學者們提出質疑為何大天使吉布力爾經常出現在穆聖ﷺ面前而他的同伴們卻沒有看見天使？這個問題是針對了信仰學，我們知道視覺是真主ﷻ賜予我們的一大恩惠，真主ﷻ可用他的力量使有些人看得見又使有些人看不見。再從當今科學的角度來看，就像有些人可以看見某些顏色而其他人卻看不見一般。

20.7 為何關於啟示的聖訓有如此舉足輕重之地位？

學者阿爾·布提解釋道：關於啟示開始的聖訓之所以如此之重要，如此意義深遠不可或缺，是因為整個伊斯蘭都建立在這個聖訓之上，所有伊斯蘭的訊息都是以這個聖訓為依據。這個聖訓就如同一把不可或缺的鑰匙，唯有了解這個聖訓並且對它不置疑，才能保障信仰上的安全，才能對穆聖ﷺ所告知關於真主ﷻ的一切所有訊息不產生懷疑。

關於啟示開始的聖訓使我們清楚地分辨兩種不同的人。一個是以自己的精神、私慾和腦中所想而說，所談的都是自己個人的想法；而另一個則是忠實地告訴大家真主ﷻ的訊息，其中絕無添加或捨去它的內容。就是因為這個聖訓如此的重要，所以就成為東方學者們與一些視伊斯蘭為敵人的專注目標。因為他們知道這個聖訓鞏固了穆斯林對伊斯蘭信仰上的確信，經由它確認了《古蘭經》與穆聖 ﷺ 告知我們的所有訊息，所以他們努力地使穆斯林對這個聖訓內容起疑，進而動搖穆斯林對它的信心。他們用自己的方式去詮釋這個聖訓、去理解啟示。用一種非邏輯的方式來推論認為所謂的「啟示」不過是一種現象罷了！認為穆罕默德 ﷺ 是因為對當時阿拉伯半島社會的混亂與迷信、經濟勢力上的不公平這些情勢感到挫敗，而退隱至山上，想藉著獨處的時間想出對策，而「啟示」其實是他與自己對話的結果，於是產生了《古蘭經》。另外他們強調並讚賞穆罕默德 ﷺ 優秀的個性與人品。除此理論外，他們又說是那兩位基督教修道士那世圖和巴希拉將舊經書教導給穆罕默德 ﷺ，然後他自己想出了《古蘭經》。第三個理論是認為穆罕默德 ﷺ 精神虛弱且患有癲癇症。綜合以上的三點理論我們不難發現其實他們都在逃避一個事實，那就是承認穆罕默德 ﷺ 是一位先知與聖人，他從真主 ﷻ 那裡獲得了啟示，並告示人們去遵守真主 ﷻ 的啟示。

21.

啟示相繼降臨

繼第二次啟示到來之後，啟示的時間便開始有了規律性，這時穆聖ﷺ的身邊聖門弟子們便開始記載，並將其記錄在不同的材質上。穆聖ﷺ為求避免將大天使吉布力爾所帶來的啟示，與真主ﷻ直接在穆聖ﷺ心裡啟示或默示他的聖訓產生混淆，當啟示到來時穆聖ﷺ立即命令聖門弟子們直接記載下來，而對聖訓只允許他們先用背記的方式，直到他們能清楚分辨啟示與聖訓的不同。這並非意味著聖訓的價值小，相反的每一個聖訓的本意都源自於真主ﷻ，但在用字及表達是來自穆聖ﷺ，所以它們都是非常珍貴的。在穆聖ﷺ嚴格地要求記載《古蘭經》上必須一字不漏，而他的言語表達則是先留在聖門弟子們的記憶中。

有些時候穆聖ﷺ被問及某個問題，他等待著不作答，那是因為他等待著啟示的降臨。當真主ﷻ的啟示降臨時，他喚來提問的人並告訴他真主ﷻ的回答。有時某些事情上真主ﷻ也糾正他的使者，例如：皺眉章。這裡所謂的「糾正」是真主ﷻ希望他的使者用另一種方式處理事情，但並非指的是穆聖 ﷺ 犯錯或犯罪的意思。[56]

56 關於先知們是否曾犯錯這件事，學者們的意見是：先知們是真主 ﷻ 精選出來的，他們有著卓越的性格和本質。他們有可能在某些事情的判斷與處理上有所不當，真主 ﷻ 會糾正或提醒他們。但不代表他們是犯罪或犯錯的意思。

22.

啟示持續降臨後的兩大階段

穆聖 ﷺ 的生平歷史在啟示後被分為兩個階段：

第一階段：啟示開始，直到穆聖 ﷺ 遷徙到麥地那。

第二階段：從遷徙麥地那到穆聖 ﷺ 歸真。

在**第一階段**裡宣教的方式分為兩種：

第一個：為期三年的秘密的宣教。

第二個：公開以言語宣教。

在**第二階段**裡宣教的方式也分為兩種：

第一個：真主 ﷻ 允許他們在公開場合宣教，如遇攻擊可保衛自己。

第二個：公開宣教，並且允許為主道宣教而戰鬥。

23.

在麥加城宣教的第一階段——第一批入教的人

在麥加的第一個宣教階段裡，穆聖ﷺ先對自己身邊最親近的家人朋友們宣教。第一位繼穆聖ﷺ之後接受伊斯蘭的人是他的妻子哈蒂佳，她也是第一位入教的婦女。聖妻哈蒂佳在麥加城宣教的這個階段扮演了一個非常重要的角色，她是穆聖ﷺ一個相當大的精神支柱。

穆聖ﷺ有一位最為要好的朋友大賢阿布·巴克爾（Abū Bakr）。他在古萊氏人中非常受到尊敬、是一位具有非常良好品行而且富有的人。當穆聖ﷺ將啟示的到來敘述給阿布·巴克爾聽時，阿布·巴克爾毫不猶豫地相信了他並且接受了伊斯蘭。他深知穆罕默德ﷺ的為人，穆罕默德ﷺ是絕不可能欺騙他的。在穆聖ﷺ諸多的同伴中，他最愛阿布·巴克爾，他不僅是穆聖ﷺ的至友，更是他的得力助手與代理人。曾經有人問穆聖ﷺ聖門弟子中誰是他的最愛？穆聖ﷺ回答說：「阿布·巴克爾。」在穆民中他是僅次於穆聖ﷺ為最優秀的人。穆聖ﷺ說：「我在為伊斯蘭教宣教的過程中，唯一一個立刻就相信我的是阿布·巴克爾。」繼阿布·巴克爾之後，阿里·本·阿比·塔力伯也入教了。

阿里當時因家中有困境穆聖ﷺ便將他接到家中同住，在啟示到來時他立即接受了它，成為伊斯蘭歷史上第一位接受伊斯蘭的孩子。對於他當時的年齡，大多數學者們認為阿里年僅十歲，在其他的傳述則認為他當時十二歲。

繼他之後宰德·本·哈力沙（Zayd Ibn Ḥāriṯah）也入教了。

比拉爾·本·拉巴賀·阿爾·哈巴西（Bilāl Ibn Rabāḥ al-Ḥabašī），是第一個以奴隸身分入教的人。

在比拉爾之後穆聖ﷺ的女兒們也都相繼入教，聖妻阿依莎傳述說：「當真主ﷻ將聖品的榮耀賜給穆聖ﷺ之後，聖妻哈蒂佳與女兒們都相繼的接受了伊斯蘭。」

即使學者們對於最初入教者的順序看法有所不同，但一致地肯定哈蒂佳是第一位入教的婦女，大賢阿布·巴克爾是繼穆聖ﷺ之後第一位入教的男士，阿里是第一位接受伊斯蘭的孩子，而比拉爾是第一個以奴隸身分入教的人，這是伊瑪目阿布·哈尼法（Imām Abū Ḥanīfah）的看法。

第一批穆斯林入教後，大家都努力地在至親好友面前傳播伊斯蘭教的訊息，使越來越多的人對它感到興趣。他們在穆聖ﷺ

面前說出了作證詞，穆斯林的人數越來越多，伊斯蘭教的名聲越來越耳熟能詳。阿布．巴克爾在當時的社會裡非常受敬重，也因他優秀的性格很受歡迎，經由他大力的宣揚之後有十個人接受了伊斯蘭。

穆聖ﷺ在一段聖訓裡預告了最先進入伊斯蘭的這十個人將是天堂的居民，其中經由阿布．巴克爾入教的就有：

- 歐斯曼．本．阿范恩（ʻUṯmān Ibn ʻAffān）
- 阿茲．祖貝爾．本．阿爾．阿旺姆（az-Zubayr Ibn al-ʻAwwām）
- 阿布得．阿爾．拉赫曼．本．阿武夫（ʻAbd ar-Raḥmān Ibn ʻAwf）
- 沙阿德．本．阿比．瓦嘎司（Saʻd Ibn Abī Waqqāṣ）
- 塔爾哈．本．烏貝伊德伊拉（Ṭalḥah Ibn ʻUbaydillāh，此段簡稱塔爾哈）

其中塔爾哈和阿布．巴克爾兩人是同一部落的人。他們曾因入教而被非信徒捆綁在一起，於是得到了「緊密連繫者或團結者」[57] 的稱號。

57 意思是說他們是患難與共非常好的朋友，當一人有難時另一個人一定會挺身而出。

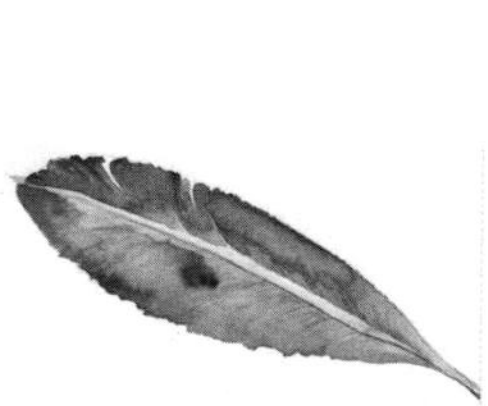

24.

阿爾・阿爾告姆之屋——第一個伊斯蘭聚會中心

穆聖 ﷺ 與聖門弟子們清楚地知道，古萊氏的非信徒不會容許他們宣教，於是教門知識的學習與宣教的工作都是秘密的進行著。當人數到達三十人時，穆聖 ﷺ 在同伴阿爾・阿爾告姆・本・阿比阿爾・阿爾告姆（al-Arqam Ibn Abī al-Arqam，此段簡稱阿爾・阿爾告姆）的家中成立了第一個伊斯蘭聚會中心，這三十人中男女聖門弟子們都有。在第一個宣教階段接近尾聲時，人數已有七十人之多，他們大多為窮困之人或奴隸。

阿爾・阿爾告姆是穆聖 ﷺ 同伴中一位非常特別的人。他非常慷慨地將自己的房子提供給穆聖 ﷺ，以指導新入教的人學習宗教知識。伊斯蘭從一開始就要求信士們學習，就如同《古蘭經》啟示的第一個字便是「讀！」（Iqra）。真主 ﷻ 不單命令穆聖 ﷺ 讀，而是命令所有的穆斯林。穆聖 ﷺ 開始在這個聚會的場所展開教導與學習，對他而言，傳播知識為首當其衝的重要工作。將這些知識植入人們的心裡，並指引一個清楚的方向，讓他們走上伊斯蘭的道路。

阿爾．阿爾告姆（al-Arqam）之屋是第一個伊斯蘭聚會中心，它為穆斯林提供了一個學習伊斯蘭知識的場所。它是伊斯蘭史上第一所學園及學院，一個備受賜福之地。每一位新入教之人都會被帶至穆聖 ﷺ 面前，他們都有機會在這裡參與並學習知識。這裡培養出了世上最好的學子們，數百年來他們培育出的豐碩果實，它的芳香將飄傳至世界的每一個角落，直至審判日的來臨。

25.

公開宣教的開始——衝突暴力受壓迫的開始

當穆斯林的人數增加到三十八人時，大賢阿布・巴克爾請求穆聖ﷺ希望能允許他在公開場合宣揚伊斯蘭教，對他來說，能在眾人面前大聲朗讀《古蘭經》和在天房前禮拜是他的一大心願。為滿足他的願望穆聖ﷺ答應了他，這項決定同時也為維持三年藏匿宣教的階段畫上了句點。

穆聖ﷺ同意穆斯林們在聖地 Haram[58]，自己的部落裡公開禮拜。

於是大賢阿布・巴克爾開始公開宣教並呼籲他人加入伊斯蘭，他的這項舉動引起麥加人的忿怒。各個部落紛紛攻擊他們入教的家屬們，而受到攻擊的人中傷勢最為嚴重的就是阿布・

58 Haram 是指麥加聖城的禁區，朝覲者進入到這個地區前必須先舉意完畢。

巴克爾。他遭到烏特巴．本．拉必阿（‘Utbah Ibn Rabī‘ah）的毆打，烏特巴用鞋重打阿布．巴克爾的臉，使他陷入昏迷，大家一度以為他命在旦夕，在昏迷數小時之後。那天晚上他好不容易醒了過來，他關切的第一件事就是：「穆聖 ﷺ 人如何？他是否安好？」儘管他自己身上傷痕累累，一整天傷重不省人事，但是他確切關心的不是自身的安危，而是穆聖 ﷺ 是否安然無恙？

正當族人們商討對策如何為他報仇時，大賢阿布．巴克爾卻不斷地詢問穆聖 ﷺ 的現況，眾人百思不解便忿忿離去。只剩下阿布．巴克爾的母親，她當時尚未入教。當她聽到自己深愛的兒子身患重傷卻更關心穆聖 ﷺ 的安危時，她知道他是多麼地深愛著穆聖 ﷺ，如此深刻的愛能讓他無視於自己身上的傷。母親告訴他，她不知道他朋友的去向。阿布．巴克爾請她為他請來歐瑪爾．本．阿爾．哈塔伯（‘Umar Ibn al-Ḫaṭṭāb）的妹妹法蒂瑪．本特．阿爾．哈塔伯（Fāṭimah Bint al-Ḫaṭṭāb），她的暱稱為烏姆．加蜜爾（Umm Ǧamīl）。阿布．巴克爾的母親由於禁不起兒子的懇求，她找到烏姆．加蜜爾。

「阿布．巴克爾讓我來問妳他朋友的情形！」因為烏姆．加蜜爾當時並沒有公開自己是穆斯林的身分，於是乎推說：「我既不認識妳的兒子，也不認識他的朋友，但是如果妳願意我可以陪你去看看妳兒子。」於是，她們一起回家探望阿布．巴克爾，當烏姆．加蜜爾看見阿布．巴克爾的臉被傷得如此嚴重時，她忿怒的說：「那些對你做出這樣的事的人他們必是不信道的人，沒有人性、沒有憐憫心的人！我祈求真主 ﷻ 讓你拿回你的權力。」

大賢阿布・巴克爾問她：「穆聖 ﷺ 的情況如何？」

烏姆・加蜜爾示意他，他的母親在場，阿布・巴克爾告訴她：「妳但說無妨，她不會對我們不利。」她說：「穆聖 ﷺ 一切都完好。」阿布・巴克爾又問：「他在哪？」她回答說：「他在阿爾・阿爾告姆之屋。」雖然阿布・巴克爾身上的傷仍然疼痛不已，但是他還是執意要親自去看望穆聖 ﷺ；他發誓！在沒看見穆聖 ﷺ 之前他絕不進食。於是等到麥加城夜深人靜時，烏姆・加蜜爾和阿布・巴克爾的母親這才一左一右的攙扶著阿布・巴克爾去找穆聖 ﷺ。當穆聖 ﷺ 看見阿布・巴克爾帶著如此嚴重的傷勢前來時，他心裡非常沉重難過。他走向阿布・巴克爾並親吻了他，其他在場的穆斯林也過來問候他親吻他。當阿布・巴克爾感覺到穆聖 ﷺ 因他而傷心難過時，他告訴穆聖 ﷺ：「穆聖 ﷺ 啊！為你我可以犧牲我的父母！」[59] 他還試圖安慰穆聖 ﷺ 說：「我沒事我很好！我的傷勢其實沒那麼嚴重。那個作惡的人傷的不過是我的外表，但在我的內心裡我是絲毫無損的啊！」他不忍心看著穆聖 ﷺ 為他的傷勢心痛，他知道對他來說，能看到穆聖 ﷺ，那就是最好的良藥。

他向穆聖 ﷺ 介紹他的母親，他說：「這位是我的母親，她

---

59 這是阿拉伯人的習慣用語，意在表達他們衷心的愛戴與支持，甚至於願意犧牲自己摯愛的父母親。

待我非常好，你是個滿受賜福的人，請對她宣告真主 ﷻ 的訊息，為她祈求真主 ﷻ 讓她成為穆斯林！經由你能使她免受火獄之災！」

穆聖 ﷺ 為她講述了伊斯蘭的真理之後，她接受了它，成為了穆斯林。

慢慢地信徒的人數與日俱增，伊斯蘭教的知識在生根發芽，三年裡穆聖 ﷺ 不斷地教育著入教的穆斯林們，一直到真主 ﷻ 降下了《古蘭經》15 章：94 節這段經文，命令他公開宣教，這也意味著從現在起都可以在公開的場合無論是講道或誦讀《古蘭經》。

「你應當公開宣佈你所奉的命令，而且避開以物配主者。」（*）

剛開始時麥加人還容忍著穆斯林，對他們的宣教不予理會。一直到穆聖 ﷺ 指出了他們的信仰是錯誤的，他們崇拜偶像的行為是無知的，是褻瀆真主 ﷻ 的行為。這些神像不過是個雕像，既無自衛的能力亦無用處，也不能對其他人造成傷害。這些言論一針見血的掀開了古萊氏非信徒們自豪且虛榮的一面，他們發誓要與穆斯林鬥爭。這些人基於無知無法反駁穆聖 ﷺ 提出證明，他們明知穆聖 ﷺ 所言屬實但卻不願接受，也不願反省、不願用理智思考和他交流，他們選擇用暴力替代知識，追隨私慾與無知。也因此為宣教的第二階段拉開了序幕，穆斯林在這一段時間裡飽受辱罵、拷打和考驗，這是所有穆斯林們最難度過的一段時間，就連穆聖 ﷺ 也不例外。他雖受伯父阿布・塔力伯保護卻處處遭受指控、責難和折磨。情況最為慘烈的是那些社會地位卑微者和奴隸們。

這時真主 ﷻ 接著降下《古蘭經》26 章：214-216 節這段經文，要求穆聖 ﷺ 繼續公開宣教。

「你應當警告你的親戚。你對於跟隨你的那些信士，應當加以慈愛。如果你的親戚違抗你，你應當說：『我對於你們的行為確是無干的。』」（*）

25.1 阿布・拉賀伯與《古蘭經》的〈火燄章〉

麥加禁城裡有個習俗，若是有人要宣佈事情便登上馬爾瓦（Marwah）或撒發（Ṣafā）山丘呼喊，以便盡可能讓很多人聽見。在《古蘭經》26 章：214-216 節降臨後，穆聖 ﷺ 登上撒發山丘並開始呼喊麥加各個部落的家族們前來，這些人中也包括了他古萊氏的近親們。人們上前來包圍著他，無法前來的也派出代表出席。穆聖 ﷺ 的伯父阿布・拉賀伯也在人群之中。穆聖 ﷺ 問群眾：「如果我告訴你們山後有敵人將要攻打你們，你們相信我說的話嗎？」「當然！你向來都是個有誠信的人，我們從未見你說謊。」古萊氏的人們回答道。穆聖 ﷺ 接著說：「那麼我就是一個你們的警告者！我以嚴酷的刑罰警告你們，於真主 ﷻ 盛怒之前警告你們。」阿布・拉賀伯聽完此言，便大聲詛咒穆聖 ﷺ：

「你該遭到毀滅（斷子絕孫之意），就為此你把我們找來。」這時真主ﷻ用《古蘭經》中的〈火燄章〉回應了阿布・拉賀伯對穆聖ﷺ的詛咒，真主ﷻ保證阿布・拉賀伯以及他的妻子將來一定會在火獄裡受到酷刑，並詛咒他倆。

「願焰父[60]兩手受傷！他必定受傷，他的財產，和他所獲得的，將無裨於他，他將入有焰的烈火，他的擔柴的妻子，也將入烈火，她的頸上繫著一條堅實的繩子。」（＊《古蘭經》111章：1-5節）

真主ﷻ在〈火燄章〉用了「Tabbat」這個字。因為阿布・拉賀伯是用Tabatlak來詛咒穆聖ﷺ。真主ﷻ喻意該將遭到毀滅的是阿布・拉賀伯，他嘲笑穆聖ﷺ將斷子絕孫[61]。在〈火燄章〉裡真主ﷻ不僅提到阿布・拉賀伯甚至於他的妻子阿爾娃・本・哈爾伯（Arwā Bint Ḥarb）。

這個章節可謂一大奇蹟，其實阿布・拉賀伯與他的妻子從經文降示到去世之前，大可以欺騙大家說出作證詞來反駁《古蘭經》的內容，因為說了作證詞他便有機會進天堂，但是真主ﷻ沒有給他們機會那麼做。它證實了《古蘭經》的正確性與它的震撼力，確立了他們將來的歸宿——火獄。在當時穆聖ﷺ眾多的非信徒的伯父們中，阿布・拉賀伯是唯一一位既不相信伊斯蘭，

---

60 這裡的燄父就是指阿布・拉賀伯。

61 這段傳記發生的時間不久前穆聖才失去幼子，阿布・拉賀伯用此來詛咒穆聖。

並常詛咒穆聖ﷺ與他敵對的人，其他伯父們則選擇沉默。

阿布．拉賀伯的妻子阿爾娃對穆聖ﷺ的態度也非常惡劣，她處處與穆聖ﷺ為敵，她在他的門前丟棄垃圾，在穆聖ﷺ要去和弟子們相會的路上故意撒上荊棘，並編造對穆聖ﷺ不實的謊言，故意破壞穆聖ﷺ之名聲。當她聽到《古蘭經》中這個關於她的消息時，她手中抓著石頭忿恨地到天房前找穆聖ﷺ，她看見了大賢阿布．巴克爾便問：「阿布．巴克爾你的朋友在哪裡？我聽說他說了關於我的壞話，我以真主ﷻ之名起誓等我找到他，我就要用我手中的這塊石頭砸他的嘴。」說完便生氣地離開了。其實這時穆聖ﷺ就在她的眼前，但她卻看不見他。阿布．巴克爾驚訝地問穆聖ﷺ：「你認為她看不見你嗎？」穆聖ﷺ回答道：「她肯定是沒看見我，真主ﷻ使她無法看到我！」

穆聖ﷺ的敵人們痛恨他到極點，甚至不願提起「穆罕默德ﷺ」這個名字。當他們想咒罵他時便稱他為「穆撒蠻」（Muḏammam）。意思是指一個非常惡劣的人，當人聯想到他的臉和行為時就使人覺得噁心，但是這個名字與穆聖ﷺ的名字恰恰相反。「穆罕默德ﷺ」意即受讚賞者。這個名字是特定為他所選定的，因為他是一位無論在天上或大地上都是受讚賞的人。

麥加人公然地辱罵穆撒蠻，穆聖ﷺ並不以為然。他告訴聖門弟子們說：「你們不驚訝真主ﷻ是如何地保護我免於古萊氏的敵意嗎？他們罵的是穆撒蠻，但我是穆罕默德ﷺ。」穆聖ﷺ以他卓越的智慧理解了這是真主ﷻ為了保護他所賜的恩典，這些人想出了一個低級的名字污辱穆聖ﷺ非但無法達到他們的目標，反倒突顯他們卑劣的行為，因為只有低級的人才能想出低級的字彙。

儘管真主ﷻ已經對阿布·拉賀伯降下《古蘭經》文，他不懂悔改反而對穆聖ﷺ的敵意更深。他努力地嘗試阻撓穆聖ﷺ的任務，他跟蹤穆聖ﷺ至大型的聚會如朝覲或市集；趁著穆聖ﷺ與人們談話時他便散佈針對穆聖ﷺ的謊言。

伊瑪目艾哈默德（Imām Aḥmad）傳述拉比亞·本·伊巴得（Rabī‘ah Ibn ‘Ibād）的話說：「我在未入教前，曾經在市集中見過穆聖ﷺ，他當時正對人們說：『人們啊！除了真主ﷻ以外再無有主，唯有信靠他你們才能得救。』他身後站著一位膚色淺、斜眼頭上扎著兩根辮子的人。這個人對著人們大喊：『他（指的是穆罕默德ﷺ）就是那個背棄祖先信仰的騙子！』這個人一直尾隨著穆聖ﷺ，並一直重複著同樣的一段話。我當時問旁人那個人是誰？他告訴我說：『那是阿布·拉賀伯。』」

完全不同於他的，還有另外一位伯父便是阿布·塔力伯。他雖然始終未入教，但生前對穆聖ﷺ非常疼愛與仁慈。他雖拒絕接受這個信仰但對穆聖ﷺ也絕對沒有敵意。他對穆聖ﷺ的愛與憐憫從沒有中斷過，在穆聖ﷺ面臨阻力與威脅時他竭力地保護穆聖ﷺ。穆聖ﷺ的這兩位伯父都沒有接受伊斯蘭但是在態度上卻是絕然不同，穆聖ﷺ的另外兩位伯父則是先後接受了伊斯蘭教。他們分別為哈姆薩（Ḥamzah）和阿爾·阿巴斯。哈姆薩是屬第一批入教的穆斯林，而阿爾·阿巴斯則是在光復麥加後才入教。

25.2 秘密宣教的潛在智慧

為何穆聖ﷺ在一開始宣教時不選擇立刻以公開方式而是秘密宣教？學者阿爾·布提對此的看法是：

✧ 服從真主ﷻ的命令

穆聖ﷺ從一開始獲得真主ﷻ的命令開始宣教時，就先採取隱密的方式直到真主ﷻ允許他公開宣教為止。他ﷺ最先邀請的人是身邊最親近的家人與朋友，他們的人數並不多，禮拜的地點也選擇在麥加近郊人煙稀少的地方。這樣的方式持續了三年之久。

這三年的秘密醞釀並非是穆聖ﷺ害怕自身的安危；穆聖ﷺ接收到第一個啟示時他就清楚的知道自己的身分與任務，因此他不會害怕也不會退縮。在第二次啟示到來時他更強烈地意識到自己所肩負的重任。穆聖ﷺ心裡非常清楚既然獨一全能的真主ﷻ命令他宣揚啟示，也絕對有能力保護他。能使他防禦，也能讓其他人無法對他造成傷害，但凡有任何的犧牲奉獻他也在所不惜，穆聖ﷺ對真主ﷻ有著完全的信任，他對真主ﷻ的服從是發自於內心，是正直誠意的。

學者告訴我們穆聖 ﷺ 的行事、判決、言論、陳述都是經過真主 ﷻ 的旨意和允許。就如第二段啟示裡，他因為天使吉布力爾而受到極大的驚嚇，他本是讓他的妻子快快幫他蓋上被子，可是《古蘭經》74 章中真主 ﷻ 卻命令他「……起身並警告……」真主 ﷻ 由啟示中默示（Ilhām）[62] 的方式讓穆聖 ﷺ 了解該運用什麼方式宣教才是最有成效的。

✧ 考慮宣教的對象

穆聖 ﷺ 從身邊最親近的人開始宣導起，這些都是信念堅定，而且值得相信的人。這也是在教導世世代代致力於宣教的穆斯林該如何考量宣教方式與對象。真主 ﷻ 給予我們一個非常大的訓誡，就是在未開始之前必須冷靜思考、勘察情勢、分析局勢，學習評估用什麼方式才是最有利有效的，不得衝動急於在公開場合傳播訊息而得不償失。穆聖 ﷺ 在這裡為我們做了最好的示範，他不僅是一位為真主 ﷻ 傳遞訊息的先知，更是我們每一位穆民的最佳老師。

✧ 如何運用智慧及技巧

在穆聖 ﷺ 整個宣教的過程中，我們看到麥加人並非坦然地

62 默示（Ilhām）是指穆聖 ﷺ 他的行事、判決、言論陳述都是經由穆聖的內心作出的判斷。穆聖 ﷺ 所表達所行的即是真主 ﷻ 所意欲的，無論是關於法律的判決，或是陳述等等；它們都是正確的。

接受，而是透過無數次激烈的抗爭，從好言相勸、威脅、利誘、毀謗、壓迫、抵制，無數次的談判甚至於計劃性的謀殺。可見小心行事的重要，要懂得如何運用智慧及技巧以保護自己，甚至避開危險；思考如何能邀請更多的人來了解這個信仰進而接受它，使宣教的工作能順利進行達到目的。以穆聖ﷺ為例，他必須先判斷如何能不做無謂的犧牲？做什麼樣的決定可能帶來危險？如何能保護並壯大穆斯林的陣容？不斷地學習評估利與弊，在遇險境時又應該採取什麼樣的措施？它的方式與方法因時因地而不同。隱密的宣教使得他們避開了危機，而這個方式顯現出它符合人的天性和理解力。

✧ 斟酌、推測、判斷

學者阿爾・布提說：「如果有人想從事宣教的工作，那麼在他沒開始之前必須對這個區域所有的狀況斟酌、推測、判斷用什麼樣的方法宣教才會有最高的效率，要如何以靈活的方式應對？衡量無論是公開或隱藏宣教，如何使損失降到最低？因為損失絕對無法完全倖免，就連穆聖ﷺ宣教時也經常遇到許多層出不窮的損失或不利的情況。隱密的宣教並非表示心虛或宗教內容不實，如同上述，是希望抓住最能使人們接受它的時機，並且避免無謂的犧牲。

在伊斯蘭律法中有關防衛與保護上有五種準則，依其重要性等級順序排列是：

(1) 信仰

(2) 生命

(3) 思想

(4) 名譽

(5) 財產

這五項準則中最重要最須要保護的就是信仰，再其次為生命、思想、名譽、財產。若是在一種情況下必須在兩者之中取其一就因情況與其重要性做選擇。例如當生命與財產得選擇其一時得先保護生命，信仰與名譽相較之下，信仰更是不可失去。又如在一戰役中穆斯林是少數而且是弱勢，所擁有的物資不足，在與敵人對峙時極有可能會打敗仗或犧牲生命，而且對敵人無法造成損害。在此情況他們應當選擇保護其生命安全，這是法學家們一致的看法。

表面上看來這似乎與第一個準則有所抵觸，但若仔細思索，宗教的旨意在保護生命。此時穆斯林的人數已經極少，若是全部犧牲，那麼伊斯蘭就被消滅了。所以此時保護了生命即是保護了信仰和宗教。

穆斯林生活中所有為真主 ﷻ 而做的事，包括禮拜、封齋、捐獻，這些功修是否完善全取決於舉意。就如上面所提到的，在遇到情勢不利於己，而且輕易犧牲生命既不能為大局帶來任何改變，反倒是一大損失。在此情況下你的舉意是保護生命亦即保護宗教。

學者阿爾・依資・本・阿布得・阿司・薩蘭姆（al-‘Izz Ibn ‘Abd as-Salām）告訴我們大意是說：「如果你的犧牲不能帶給敵人任何的創傷與損失；相反只會讓敵人得意，助長他們的威風而且使穆斯林們喪志失去信心；這樣的聖戰是不被允許的。因為這個犧牲為局勢並沒有帶來任何的用處，相反的絕對是損失。」

總而言之，宣教的方式沒有所謂的絕對，每個人都必須衡量情況所需去做決定。

26.

伊斯蘭爲信士們帶來了什麼？

26.1 為什麼當時追隨穆聖 ﷺ 的多半為窮人

學者阿爾・布提說道：「伊斯蘭教早期入教的人大多數屬於社會階層低下者，如：奴隸、窮人，以及受困、受迫害之人。高社會階層之人因自身過於自豪且無法放棄自己龐大勢力和眼前的巨大利益，在與現實利益抗衡之下，即使心裡認定穆聖 ﷺ 所帶來的信仰是事實，但還是固執地選擇停留在錯誤中。

相反的弱勢階層的人他們沒有這方面的問題，當他們了解到事實真相時，他們立刻敞開心胸接納並追隨伊斯蘭，因為在他們經歷過無數次的壓迫與痛苦之後，他們高興的追隨穆聖 ﷺ 所帶來的這個宗教真理，它賜予他們求不到的平等階級及反抗迫害的權力。他們知道伊斯蘭必定會為他們帶來生機，一個唯一救贖與解放的機會。儘管如此，他們接受這個宗教不代表只為脫離生活苦難的現狀，平反他們奴隸的身分。穆聖 ﷺ 早期入教的同伴們如蘇瑪亞（Sumayyah）、她的先生亞細爾（Yāsir）、兒子阿瑪爾．本．亞細爾（‘Ammār Ibn Yāsir）、和奴隸比拉爾．本．拉巴賀．阿爾．哈巴西（Bilāl Ibn Rabāḥ al-Ḥabašī），被發現已經成為穆斯林之後，都受到他們的主人百般的折磨。主人們提出條件，只要他們咒罵穆罕默德 ﷺ 和他所信仰的真主 ﷻ 便釋放他們。所以如果他們接受信仰只為獲得自由，那麼他們大可利用此機會為自己平反。但是他們選擇為宗教犧牲他們的自由甚至是他們寶貴的生命，因為這個宗教為他們帶來生命中的曙光，它改變了他們的世界觀，以及他們的生活準則，信仰成了這些人生活的中心。人在窮途末路時，他的心是清醒的，頭腦是清楚的。對他們而言，沒有什麼是不能失去、不能犧牲、不能放棄的。他們認定了真主 ﷻ 獨一和穆罕默德 ﷺ 是先知與聖人的事實，就不會更改。他們的信心是肯定的，毅力是堅強的。

反觀古萊氏部落裡有錢有勢之人，即使他們心裡非常清楚穆聖 ﷺ 四十年來為人一向誠信，他們對他的信譽讚賞有加，知道他所言句句真言，這樣的一個人絕不可能編造真主 ﷻ 的事來當謊言。他們雖在心裡掙扎；但卻因無法放棄一直擁有的優勢，他們眼中看不見伊斯蘭可以為他帶來的巨大助益，而是知錯不改繼續用利益、金錢、權勢的枷鎖捆綁住自己。放棄一個可以拯救自己的信仰而為今世物質的奴隸。

穆聖 ﷺ 的伯父阿布．塔力伯就是最好的例子。儘管他是那麼疼愛穆罕默德 ﷺ，那樣支持他、維護他，可是他最終還是沒有接受伊斯蘭。

伊斯蘭邀請的對象不分社會階級無論是窮人或是富人、領導者或奴隸、統治者、臣民或下屬。我們看到在宣教初期的入教者中除了以誠信者著稱的大賢阿布．巴克爾和歐斯曼．本．阿范恩（‘Uṯmān Ibn ‘Affān），還有一些古萊氏部落的人外，其他皆為奴隸、窮人，以及受困受迫害之人。到底是什麼樣的原因？什麼樣的動力？促使這些社會地位低下的人們接受這個宗教。到底它可以對他們已經苦不堪言，無處伸張正義的苦難生活帶來什麼樣的好處與改變呢？

首先它使得他們的存在有了價值、使他們獲得失去的人權。他們之前一直是處在被壓迫、被鄙視、毫無自由的狀態。而今伊斯蘭教給予他們一個新的開始，一個人人皆平等的開始。伊斯蘭帶給人們一個美好的生活方式，它結合了各個不同的階層，不管貧富、老少、膚色、身世；不管社會、經濟、家庭裡的地位與頭銜；每個人在伊斯蘭宗教的大家庭裡都是兄弟姐妹。然而這些人無論他們的身分地位如何，他們入教的動機都是純正的。他們看見伊斯蘭宗教裡，不管是對任何一個個人所應得的各個方面，權力與尊嚴的維護都非常完善。在生活層面上提供了一個美好公正完善的生活觀。信仰的第一個最重要的信條，就是相信一個獨一、絕對公正、仁慈至大的真主ﷻ；而非希望能藉由伊斯蘭為自己本身謀求什麼樣的利益。

由於他們當時所處的生活非常的艱難，但卻使他們的眼睛更為雪亮、更能看清事實；身體承受著迫害，心卻是明淨的。他們看見信仰的真諦，沒有社會勢力，他們不需要克服所謂的自尊自豪；沒有生活上的富裕，使他們的心不受物欲的控制染上心病；他們真正了解到伊斯蘭教的好處是非物質性的，終於他們掌握了完完全全另外一個正確的、真實的生活觀。他們認清了宗教為他們今世所帶來的獲益非物質，認清因信仰的神聖而促使他們不淪為自己的奴隸。

26.2 東方學者們的錯誤詮釋

東方學者們和其他的一些人主觀地將穆聖ﷺ的一生及其所傳遞的訊息錯誤地詮釋為一種社會革命。他們認為它就是當時的阿拉伯半島社會形勢所發展的結果，也因此促使人們順從伊斯蘭教並以它為準則。

上述的反證，倘若接受伊斯蘭教是社會形勢發展的趨勢，那麼照理來說信教的該是那些上流社會極有權勢之人，但事實上宣教的前三年裡入教人數不過四十人左右，而且絕大多數的人為窮人與奴隸。如果伊斯蘭教是社會趨勢，那麼中、上流社會階層接受伊斯蘭教的人應當增加才是，而不是拒絕與此有關的訊息。

學者阿爾．布提說：

啟示在中斷約六個月之後，穆聖ﷺ先從部落裡的近親們著手對他們宣揚伊斯蘭。直到真主ﷻ命令他公開宣教，他呼籲他們拯救自己以免受火獄之刑，如果他們不順從真主 ﷻ 的指引信仰伊斯蘭教，那麼他們將來勢必要面對慘痛的刑罰，穆聖 ﷺ 屆時也無法拯救他們。在這些被勸導的人們之中也包括他自己的小女兒法蒂瑪。穆聖 ﷺ 對她說：「啊！法蒂瑪！拯救妳自己免於火獄之火吧！如果你不自救，那麼妳將來面對真主 ﷻ 的刑罰時我是一點都幫不上忙，每一個人都須為自己負責。在真主 ﷻ 的刑罰未到來之前自救吧！」部落裡的人以冷言嘲諷來回答穆聖 ﷺ 對他們的誠摯邀請。他們辯稱自己無法接受伊斯蘭教，是因為無法拋棄一向傳承自祖先的宗教。基於這一點，穆聖 ﷺ 提醒他們，蒙昧地追隨祖先所信奉的傳統信仰，既不思考研究探討，也不質疑它是否正確？這樣的想法與行為是愚蠢的、不理智的。他們的辯駁恰恰反映出他們的思考缺乏邏輯，他們用石頭和各種材料塑造雕像以供膜拜，而這些雕像對他們而言既無利也無弊。這展現出了從祖先到他們這一代都缺乏成熟的精神思想。穆聖 ﷺ 的這番評論激怒了古萊氏的非信徒，他們認為這些話冒犯了他們的祖先，於是他們之間激起了激烈的爭論，此後古萊氏的非信徒們公然與穆聖 ﷺ 為敵，欲制服他並且殺害他。學者強調穆聖 ﷺ 對他的族人的信仰提出指責與批評，是希望他們能好好思考他們所傳承的舊信仰是否正確？至高無上的真主 ﷻ 賜予了每個人思考判斷的能力而他們居然不好好利用它，只是蒙昧的相信而沒有盡力去破除迷信，反而對穆聖 ﷺ 所提出的評論覺得受到汙辱而不去仔細思考這個評論。事實上穆聖 ﷺ 的評論不只是有建設性，它更是一條道路、一個非常好的提議，至於它的結果就看古萊氏的非信徒們如何選擇了。我們必須很清楚得意識到，那些現代的、「新時代」聖人傳記的作者認為「伊斯蘭的訊息」不過只是一個阿拉伯半島時代發展演變的結果，他們否定穆聖 ﷺ 所帶來的是宗教訊息而認為只是社會革命，而且努力地傳播這個想法。使穆斯林們對此產生懷疑並動搖他們的根基、混淆他們的理解力，進而灌輸錯誤的、可議的觀念，使他們相信。目的在破壞宗教，阻撓他們信仰的道路。而事實上，他們所提出來的觀念論點，連他們自己都無法說服。對我們來說更是可笑而且無法接受，因為穆聖 ﷺ 從一開始談的便是宗教而非革命。

26.3 從前人的宣教例子中我們可以獲得什麼樣的益處？

✧ 對外來的壓力穆聖 ﷺ 依舊保持明確態度

在上述的事件裡，我們不難發現穆聖 ﷺ 態度的明確和他在宣教立場上毫不退縮的氣勢，除了令麥加人感到遠超過他們意料之外；更是對他所宣告的內容裡的一字不苟、訊息清楚、肯定，感到訝異。雖然他們知道穆聖 ﷺ 是麥加城裡眾所周知最有誠信、最有聲望之人，城裡的人也因為他優良的品性而稱他為「最值得信賴的人」，按常理而言，他們應該會毫不考慮的接受他所帶來的信息。但如今他們面對的情況使他們不知所措，他們無法肯定又無法否定他。因為肯定他，就等於接受放棄長久以來享用不盡的特權與財富；但是他們又知道他所言不假。穆聖 ﷺ 的伯父阿布．拉賀伯看到自己的侄子在眾多部落領導人面前呼籲他們入教，並且警告他們即將面臨的懲罰的局面時，他當時反應不過來，則搪塞地說道：「就為了這樣你召集我們前來？」阿布．拉賀伯的話意表面上指責聖人說謊，事實上是面對這樣一個突如其來又沒有預警的狀況，儘管他自己是穆聖 ﷺ 的親伯父也感到措手不及。

✧ 宣教工作從身邊的人做起

當穆聖 ﷺ 接獲真主 ﷻ 的命令，要他公開宣揚伊斯蘭教，而且是明確指示他先從他的家人與親戚開始。那麼為什麼真主 ﷻ 不命令穆聖 ﷺ 直接對所有的部落公開地宣揚伊斯蘭教呢？其實如果穆聖 ﷺ 一開始便全面性的宣教的話，那麼其中也就包含了他的家人與親戚，那麼為什麼真主 ﷻ 命令穆聖 ﷺ 先針對自己最親近的人呢？

學者阿爾．布提在這裡提醒我們，注意我們身為穆斯林的責任：

穆斯林在面對他所負的各種不同的責任與義務時，首先注意它的優先順序。依其重要性與特別性做考量，特別不能忽視的是「自己」。在穆聖 ﷺ 的例子裡我們知道，啟示開始於喜拉山洞，之後啟示便中斷了一段時間。這個中斷的目的在使穆聖 ﷺ 在這一段時間裡能仔細理解、消化他所獲得的信息和這個新的重大任務。所以對他而言，第一個階段負責宣教的對象便是他自己而且是首要，他必須先鞏固好自己的信仰。

等到這些事就序時，啟示才又再度被降下。第一批相信他而入教的人當中包括他的妻子、女兒、家中的僕人、他的堂弟。都是與他生活中最親近的人。接著他所負責的下一個對象才是他的好友們。他的至友大賢阿布・巴克爾也以穆聖ﷺ的方式宣教，他邀請的對象也是同樣從他的家人與好友開始。真主ﷻ特別將親戚們列為在自己之後的下一個宣教對象。這項責任不僅是穆聖ﷺ的，也是所有穆民對自己親屬們的責任。穆聖ﷺ是先知也是我們的老師與模範，真主ﷻ命令穆聖ﷺ賦予他這個責任並要求他遵循。真主ﷻ也命令我們追隨穆聖ﷺ，就是要求我們也遵循這個責任的順序。我們與穆聖ﷺ使命的共通點，就是完成宣教的順序是相同的。起先是自己，然後家人、朋友，再者親戚，我們踏著聖人的足跡傳承使命。

學者阿爾・布提說：「穆聖ﷺ呼籲人們追隨伊斯蘭的信仰，這個信仰是他從真主ﷻ那裡得到的。我們也同樣繼承了這個使命，呼籲人們相信接受同樣的這個信仰，在意義上我們就是使者ﷺ的代理者與消息傳遞者，所以我們不能忽略這項使命，不能忽視我們對親屬宣教的責任。

知識學者與政治領導者是屬於另外一種責任群，一個有知識的學者除了對他的親人們宣教外，也必須對他周遭不管是同一地區或是同一城市的居民負起宣教的責任。正如政治領導者也必須為他所統治者負責任是一樣的道理，學者們是穆聖 ﷺ 知識的繼承者，是他的代言人，他們宣教的責任與穆聖 ﷺ 相同。」

綜合上述責任可分為三種：

第一，對自己。

第二，身為家庭的一家之主對自己的家人親屬宣教的責任。

第三，身為學者和伊斯蘭的政治領導者對他所領導的人民的宣教與管理責任。

麥加人盲目的追隨祖先所遺留下來的宗教，他們不用理智、不用正常思考邏輯來判斷。他們不願背負責任，不去思索與探討它是真實或導向敗壞毀滅。穆聖 ﷺ 邀請他們，想幫他們走出那個因盲目追隨而被禁錮的牢籠，而得到解放。他 ﷺ 用建設性的批判為他們提供解決的辦法，也同時對他們發出伊斯蘭的邀請。這並非揭發、暴露、使之出醜。

這證明了伊斯蘭的教義是建立在邏輯、理智與精神之上。伊斯蘭教提供真主 ﷻ 的僕人們，使其今世與後世都能雙雙獲利。伊斯蘭教的基礎原則是可靠清楚明確的，它既不是傳統也並非習俗。

27.

傳統的定義

Taqālīd 被人類學家稱之為「傳統」，而所謂「傳統」，是指繼承從祖先們所遺留下的思想、道德、風俗、藝術、制度等。或指一群共同生活在同一區域或地方群體的人們，為了有良好的生活形態而形成的模仿行為都統稱為「傳統」。

27.1 視伊斯蘭為傳統的錯誤與危險性

學者阿爾．布提說：「伊斯蘭是信仰，它與錯誤的傳統相抗衡，是為了解放那些錯誤的傳統與習俗所給予的束縛。伊斯蘭是以邏輯為基礎。」

「傳統」是指傳承祖先們所延續的舊風俗、舊習慣與信仰。相對之下，伊斯蘭既不是先人們從生活的習慣中所產生，也不是後人們不經思考傳承得來，所以伊斯蘭不可能含有所謂的傳統與習俗的成份，我們更是不可能在伊斯蘭教義學和法學裡看到傳統。因為教義學、法學都是以邏輯、精神與理智為根本，是以為人們帶來今世與後世的利益為基礎，只要是一個精神健全的人經由努力都能理解它，除非是那些懶惰和不願思考理解的人以外。如果我們認知了傳統與伊斯蘭不同的地方，就會知道「伊斯蘭傳統」的這個名詞的本身和將伊斯蘭歸納於傳統的想法與行為是多麼危險的一件事。因為它貶低了伊斯蘭美德學、伊斯蘭行為規範、伊斯蘭法律制定的原本價值。它將宗教歸類於古老的文化遺產，其目的在混淆欺騙，這種行為實為一大罪行。穆聖ﷺ用其一生與錯誤的傳統相抗衡，努力使人們相信真主ﷻ所賜予的信仰，遠離與它背道而馳的舊傳統。而如今伊斯蘭的敵人們卻企圖將我們又帶回原點。

如果人們無法認清伊斯蘭代表著救贖與兩世的幸福，誤將它當作是祖先們遺留下來的傳統思想，那麼它的結果將會是陷入絕望。

27.2 這個思想戰的目標為何？

伊斯蘭的敵人們散播「伊斯蘭傳統」（Taqālīd Islamiya）這個字眼，為的是給伊斯蘭教蒙上帷幕，有計劃性的將伊斯蘭教歸屬於傳統，並將此錯誤的思想深植在穆斯林的頭腦裡，嘗試從伊斯蘭的內部來制服穆斯林。這比要將伊斯蘭強行從他們心中取出容易得多。

伊斯蘭就是教法，是一種準則，是以思想與精神為基礎，有清楚的目標，並為達到目標而努力，人的原則就是追求事實，人的精神只會臣服在崇高造物主的準則之下，我們既然知道這些伊斯蘭的準則是來自於真主ﷻ，就證明它是完美無缺的，也絕對是事實。

28.

穆聖ﷺ在第二階段公開宣教時期所經歷的苦難和困難

一公開宣教穆聖ﷺ便首當其衝受到一連串的攻擊。古萊氏的非信徒視他為眼中釘，不僅對他口頭上造謠、辱罵、斥責、毀謗等等，更甚至於對他進行人身攻擊。在這些眾多的敵人當中，學者為我們舉出幾個例子。

✧ 阿布·折害的攻擊

反對伊斯蘭教的聲浪中最為激烈的莫過於阿布·折害（Abū Ǧahl），他原名是阿布·哈勘·本·希珊（Abū Ḥakam Ibn Hišām），其意為智慧之父。由於他的惡行昭彰、性格頑固卑劣，穆聖ﷺ則改稱他為「阿布·折害」，意思為「無知之父」。

阿布·折害是個非常愛慕虛榮、目中無人的人。而這些無視一切的個性讓他步入淪亡。

有一天一如平常，古萊氏權貴之士聚集在聚會所達爾．安那得瓦（Dār an-Nadwah）。它位於天房的對面，阿布．折害在聚會中提到：「古萊氏的人們啊！你們看！沒有人制止得了穆罕默德 ﷺ。他嘲笑我們的宗教，辱罵我們的祖先和神明們。我以真主 ﷻ 的名字起誓明天我會帶著一顆大石頭等著他，等他禮拜叩頭時我就用它砸爛他的頭。」這是第一次有人要在大庭廣眾之下攻擊穆聖 ﷺ。

隔天阿布．折害如約，他等待穆聖 ﷺ 如同往常在黑石與葉門角之間做禮拜時，他帶了預藏的石頭走了過來。前一天得悉阿布．折害的計劃的人們非常緊張地等待著結果，等穆聖 ﷺ 禮拜至叩頭的動作時，阿布．折害像小偷般地接近了他。但是突然之間阿布．折害做了非常反常的舉動，他突然停住，身體變得僵直，一臉蒼白地快速轉身折了回去。從他臉上的表情看來似乎受到了極大的驚嚇，阿布．折害嚇得全身發抖並將手中的石頭丟棄。聚會的人們好奇且驚訝的圍上來問：「到底發生了什麼事？」他驚魂未定的說道：「當我正下定決心如我所說的去做時，我剛要接近他，一隻巨大的駱駝便出現在我面前。我用真主 ﷻ 的名字起誓，我從未見過脖子如此之長牙齒如此巨大的駱駝。牠向我靠近，還想要吞噬了我！」

本．伊司哈葛傳述說：「穆聖 ﷺ 說：『那是大天使吉布力爾，如果阿布．折害再靠近一些的話，那麼他就會死。』」

然而阿布．折害受了這一次驚嚇後並沒有學乖，他立刻又有了新的歹毒計劃。他對真主ﷻ發誓他要在穆罕默德ﷺ叩頭時，用腳踩在他的頸背上，壓他個灰頭土臉。但就在阿布．折害再度靠近他時，人們見阿布．折害又突然轉身驚恐地往回走。人們問阿布．折害到底又發生了什麼事？阿布．折害害怕地說：「就在我快接近他時，我和他之間的地上出現了深溝並冒出熊熊的大火，無法言喻的恐懼向我襲來，我看見了一對翅膀，」穆聖ﷺ說：「如果阿布．折害當時再靠近一些的話，那麼天使便會取走他的性命。」

即便如此，阿布．折害仍然沒有醒悟！他趁著穆聖ﷺ禮拜時威脅他說：「穆罕默德ﷺ，難道我們沒有禁止你做禮拜嗎？你知道的，我擁有最多最大的族群勢力。」

學者說：「阿布．折害從一開始便不敢正大光明地面對穆聖ﷺ，而是採取卑鄙小人的手段選擇在穆聖ﷺ禮拜中叩頭時去傷害他、去威脅他，在這兩次的嘗試中他看見了有另一個勢力保護著穆聖ﷺ，而他仍驕傲地宣稱他有支持他的龐大族群勢力，那些人不過就是些對他採取觀望態度的人罷了，並沒有實質的幫助。而他居然以此來威脅穆聖ﷺ，禁止他做禮拜。穆聖ﷺ這時用嚴厲的口吻阻止他別說了！」

真主ﷻ在《古蘭經》96章記述了關於阿布．折害的經文：

「絕不然，人確是悖逆的，因為他自己是無求的。萬物必定只歸於你的主。你告訴我吧！那個禁止我的僕人禮拜的人；你告訴我吧！如果他是遵循正道的，或是命人敬畏的；你告訴我吧！如果他是否認真理，背棄真理的，難道他還不知道真主是監察的嗎？絕不然，如果他不停止，我一定要抓住他的額髮── 說謊者，犯罪者的額髮。讓他去召集他的會眾吧！我將召喚火獄的警衛者〔天使〕(#)。絕不然，你不要順從他，你應當為真主ﷻ而叩頭，你應當親近真主ﷻ。」（*《古蘭經》96 章：6-19 節）

儘管真主ﷻ在經文中如此警示他，阿布．折害依然沒有改變他的作為，本．伊司哈葛傳述說：「一位來自伊拉須（Irāsch）的商人到麥加來販賣他的駱駝，阿布．折害和他議定了價錢後帶走了他的駱駝，並承諾日後再付款。沒想到幾天之後商人依約前來取款，而阿布．折害卻耍賴不給。商人求助無門，便來到天房前麥加權貴聚集之處，希望有人能為他伸張正義。他告訴古萊氏人他的來意並表明欠款的人是阿布．折害。大家聽完他的控訴之後先是一陣沉默，突然間有人想起了一個好法子，表面上像是幫這個外地人，而事實上卻想藉此看場好戲。他們看見穆罕默德ﷺ當時在天房前禮拜，便對商人指了指他說，除了這個人之外沒人能幫你的忙了。商人一聽再三道謝滿懷希望地走向穆聖ﷺ，見到他後說明了來意。儘管阿布．折害與穆聖ﷺ是敵對的，但見這位外地人有如此的冤屈穆聖ﷺ二話不說便帶著他往阿布．折害的家走去。古萊氏非信徒看到事情果如他們的預期般的進行著，便派了一個人跟上去好為他們通報消息。來到阿布．折害家時，穆聖ﷺ敲了門並大聲地喊著阿布．折害的名字。古萊氏派來的人敘述說：「不一會兒便見阿布．折害慌慌張張地跑了出來，從他的臉上可以看出他十分恐懼。他見到穆罕默德ﷺ十分客氣地問他的來意，語氣非常地膽怯。穆罕默德ﷺ要他把欠款拿出來還給這位商人，阿布．折害馬上答應並且表示立刻去取。」

商人拿回貨款高興地回到天房前向剛剛那些給他好建議的人道謝，並表示他們真是推薦對的人給他了，古萊氏的人聽了一臉迷惑。不多久阿布．折害也來到天房前，一群人圍著他問究竟。阿布．折害說：「當我聽到穆罕默德ﷺ在門前喊我的聲音時，我的心裡升起一股巨大的恐懼。我跑了出去便看到他的頭上正是我上回見過的那頭巨大的駱駝，我以真主ﷻ的名字起誓，我當時要是拒絕他的話，那隻駱駝一定會吞了我！」這個恐怖的景象緊緊地印在了阿布．折害的腦海裡，但這些跡象卻仍然沒有打消他要消滅穆罕默德ﷺ的念頭。

有一回古萊氏的非信徒們聚集在天房旁的矮牆內（Ḥiğr），這些人只要聚在一起話題總是離不開穆罕默德ﷺ，他們憎恨他，總想如何和他作戰，根本不想了解他的訊息。穆聖ﷺ誠懇地呼籲他們運用理智來思考他們的舊信仰，不要一味地傳承。但這樣的話一進到他們的耳朵卻成了一種侮辱。他們覺得穆罕默德ﷺ不僅是侮辱他們和他們的信仰更是侮辱了他們的祖先。因為他，整個古萊氏都四分五裂了。就在他們正商討著如何來對付穆罕默德ﷺ時，他走進了禁寺並繞行著天房。每當他走過矮牆旁時，他們便想辦法糾纏他、辱罵他，從穆聖ﷺ臉上的表情可看出他有多麼厭惡這些人的舉動，當他第二次繞行至矮牆旁時他們又再度地挑釁。這時穆聖ﷺ大聲地制止了他們。他ﷺ說：「你們這群古萊氏人，我以掌控我靈魂的主之名起誓，我是為了殺戮而來！」古萊氏的非信徒們一看到穆罕默德ﷺ動怒便緊張害怕了起來，剛剛對他最為無禮的人現在居然試著去安撫他，他們害怕穆罕默德ﷺ祈禱，因為他們知道他的都阿以一定會被真主所接受，因為他是一位先知。這些非信徒表面上不願相信穆罕默德ﷺ，其實在心裡他們非常清楚穆罕默德ﷺ說的都是真理。而他們的所為就是蒙蔽真理。

✧ 烏各巴・本・阿比・姆宜特的攻擊

烏各巴・本・阿比・姆宜特（'Uqbah Ibn Abī Mu'īṭ）是另一個伊斯蘭教的敵人，穆聖ﷺ稱他為「最不幸的人」（Aschqa al qawn），他曾在多次事件中傷害穆聖ﷺ。

他也屬於古萊氏在天房前聚會的一員，就在一次聚會上大家正議論著如何來對付穆罕默德ﷺ，這時耳聞有人家中母駱駝剛剛產下小駱駝，他們便命人去取來胎盤，烏各巴自告奮勇地接下了這件事，他趁著穆罕默德ﷺ叩頭時將這血淋淋的胎盤扔在他的頭上。這時穆聖ﷺ停留在叩頭的位置上一動也不動，他不願這麼污穢的東西弄髒了天房。他的小女兒法蒂瑪聞風趕來才趕緊幫父親把胎盤丟棄。小小年紀的法蒂瑪憤恨的咒罵那些欺負自己父親的人。在這件事件發生後，穆聖 ﷺ 向真主 ﷻ 祈禱說：「真主 ﷻ 啊！求你懲戒烏特巴・本・拉必阿（‘Utbah Ibn Rabī‘ah）、沙以巴・本・拉比阿（Šaybah Ibn Rabī‘ah）、阿布・折害、烏各巴・本・阿比・姆宜特和伍麥亞・本・哈拉夫（Umayyah Ibn Ḫalaf）吧。」真主 ﷻ 准承了穆聖 ﷺ 的都阿以，後來這些人果真死在白德爾戰役。

28.1 信仰的艱辛路程

今日的穆斯林們為伊斯蘭教必須承受許許多多的痛苦，追根究柢是為了真主 ﷻ 而犧牲。但是將我們的痛苦與真主 ﷻ 的使者 ﷺ 和聖門弟子們所忍受的其實根本無法相提並論。真主 ﷻ 賦予我們人的任務就是相信真主 ﷻ 相信使者，除此之外每一個穆斯林都有個共同的目標就是建立一個伊斯蘭的社會，一個純淨、無暴力的社會，純粹為了侍奉真主 ﷻ 以和平仁慈而存在的社會。要想達到這個目標得用合法的方法與物資，合法的途徑來達到，以期得到真主 ﷻ 的滿意。

穆聖 ﷺ 的聖門弟子們時時準備為真主 ﷻ 而犧牲。第一位為伊斯蘭教犧牲生命者是蘇瑪亞和她的先生亞細爾，他們是阿瑪爾・本・亞細爾的父母，他們一家人都是非常虔誠的穆斯林。穆聖 ﷺ 在一段聖訓中曾讚許阿瑪爾說：「阿瑪爾身體上的每個細胞都是虔誠的。」除了阿瑪爾一家之外，還有許許多多的聖門弟子們在宣教時期都受到了不同程度的傷害。

以哈巴伯・本・阿爾・阿拉特（Ḫabbāb Ibn al-Aratt）為例。他當時是一位奴隸。他的女主人在得知他入伊斯蘭教後，對他施以酷刑，用燒燙的金屬將他傷得體無完膚，目的在迫使他放棄他的信仰。伊瑪目阿爾・布哈里傳述哈巴伯・本・阿爾・阿拉特的自述，他說：「當時我們遭受到許多非信徒的迫害，我忍無可忍跑到天房找穆聖 ﷺ，他那時正躺在天房陰影下，我把我身上被燙傷的痕跡給穆聖 ﷺ 看，傷痕滿佈全身，我問穆聖 ﷺ 說，我們到底還要忍受多久？穆聖 ﷺ 啊！你難道不為我們這些人向真主 ﷻ 祈禱，請求他憐憫我們，讓非信徒停止對我們壓迫嗎？」

見到哈巴伯失去耐心的樣子，穆聖 ﷺ 坐了起來，他的臉色通紅嚴肅的說：「在你們之前的先人們（指信士們），他們遭受到用鐵梳子在肉與血管之間刷到筋骨暴露的酷刑，這樣也沒使他們背棄信仰。他們對真主 ﷻ 和他的使者的信心絲毫不動搖，終有一天真主 ﷻ 一定會使這個信仰完全推展開來，真主 ﷻ 承諾有一天騎士們能安全地穿梭山納和哈得拉冒特[63]之間而不會有失去生命財產的憂慮，人們敬畏與害怕的唯有真主 ﷻ。」

你或許會問這些信士們不是為了主道盡心盡力，聽從並追隨真主 ﷻ 與他的使者了嗎？那麼為什麼要使他們經歷這樣的苦難呢？使者是真主 ﷻ 的摯愛，那麼為何會遭受到卑微低下的非教

---

63 葉門的兩地名，以充斥盜匪而聞名。

徒的壓迫呢？真主 ﷻ 確是全能的，沒有人能左右或改變他的決定。如果他有意願，他絕對有能力可以保護他們不讓這些事發生。

那些與穆聖 ﷺ 及與伊斯蘭教作對的人，他們看到不管他們用盡什麼樣的辦法，或以酷刑迫害、或施加壓力與暴力，都無法阻止穆聖 ﷺ 繼續傳播伊斯蘭教的訊息。這些暴力不但沒有減少信徒的數量，反而增多了渴望、相信真理而加入伊斯蘭行列的人潮。

聖門弟子們為了信仰追隨穆聖 ﷺ，有著非常堅定的決心，隨時準備犧牲他們的自由、財產，甚至於他們的寶貴生命。他們知道當他們在面對真主 ﷻ 嚴峻的考驗時，真主 ﷻ 必定將使他們容易，也必定使伊斯蘭教成功。這些考驗就像黃金的提煉，只有最好最純最有價值的黃金，才禁得起高溫烈火的考驗；而那些禁不起火燄燃燒的，就逐漸的被淘汰，這是真主 ﷻ 過濾信仰者的方法。

28.2 服侍真主 ﷻ 的三種智慧

那麼我們又如何理解真主 ﷻ 考驗信士的用意為何呢？學者阿爾．布提對此問題的答覆是，服侍真主 ﷻ 有三種智慧：

✧ 身為僕人所肩負的責任

人在今世第一個也是最重要的特性即就是真主ﷻ的僕人，而僕人的身分意味著負責，他是一位責任人（Mukallaf）[64]，所肩負的責任必定是沉重的、艱辛的。他的任務是服從真主ﷻ、侍奉真主ﷻ，並且為此任務而努力。有些意志不夠堅定口是心非的信徒或者非信徒，他們在面對真主ﷻ給予他們的考驗時，不願意犧牲奉獻或只願意選擇其中一二較容易者去做。殊不知考驗是真主ﷻ的定律，在這些層層的考驗中隱藏了真主ﷻ的智慧。這些考驗猶如濾網，使那些經不起考驗的人就如雜質般地被過濾而捨去，留下來的便是那些勇敢面對而且意志堅定不移的信士，他們才是真主ﷻ真正的僕人。

穆聖ﷺ用真主ﷻ的定律來提醒聖門弟子哈巴伯，前人是如何無懼於嚴酷的拷打，即使用鐵梳將他們的肉從骨頭上刷下，也沒有動搖他們信仰的決心。他們依然堅定地相信真主ﷻ與他的使者們，他們耐心的等待，從不對他們的信仰質疑；他們甚至於堅定的相信，真主ﷻ的承諾一定會實現，成功終究會到來。

穆聖ﷺ對於那些死於酷刑和傷痕累累的聖門弟子們心裡非常不捨，但是他非常清楚的知道為信仰，這是必須要付出的代價。他們必須經得起這個考驗，這就是宣教的道路與過程。過程

---

64 責任人意味著生理成熟（女性已有月經、男性已有夢遺出現）、心智健全、精神正常並且說出清真言的人，此人有能力扛起其宗教責任。

越是艱辛就表示信徒們是走在正確的道路上。從聖人亞當開始，真主 ﷻ 為所有先知們的烏瑪（Ummah）立下定律，每一次在他們經歷了苦難之後，真主 ﷻ 便晉升他們的品級並增加對他們的愛，使他們與真主 ﷻ 的關係更加緊密，這就是信仰之道。特別是那些真主 ﷻ 遴選出來最優秀的使者們，他們往往是受到最多考驗的人。

受難的聖門弟子中有些人因酷刑殘廢，有些人因而瞎了眼更或者犧牲生命。我們或許會問：「藉此嚴峻的考驗能測試出信士們的信仰是否真誠嗎？」學者阿爾．布提認為「嚴刑拷打」不過是真主 ﷻ 測試信士們的一樣工具，它是用來測試信士與非信士的毅力與信心，用來分辨一個真正誠信可靠的信士，它是真主 ﷻ 的一項定律。真主 ﷻ 創造人與精靈是為了讓他們服侍真主 ﷻ，對真主 ﷻ 來說，這是所有責任人的責任，這份宗教責任是與為主道而犧牲緊緊相扣的。

✧ 相信與實踐

服侍真主 ﷻ 有兩個步驟，一是相信真主 ﷻ，相信伊斯蘭所包括的整個信仰內容。二是努力建立起穆斯林的社群。真主 ﷻ 提醒我們為求能達到這個大目標，必須注意用好方法、走正當的途徑，不能為了達到目標而不擇手段。在實踐目標的過程中考驗越大希望就越高。所以，考驗越大意味著成功也就離我們越來越近了。不管我們看到多少人為主道而犧牲，多少人痛苦受難，我們都不應該懷疑的是伊斯蘭的成功一定會來臨。

《古蘭經》2 章：214 節中說：

「你們還沒有遭遇前人所遭遇的患難，就猜想自己得入樂園了嗎？前人曾遭受窮困和患難，曾受震驚，甚至使者和信道的人都說：「真主 ﷻ 的援助什麼時候降臨呢？」真的，真主 ﷻ 的援助，確是臨近的。」（*）

如果有人錯誤的以為這些考驗是暗示我們走錯路或認為這樣的狀況成功不可能到來，那麼這個人就完全沒有理解真主 ﷻ 的定律。

不僅是聖門弟子們受到考驗，穆聖 ﷺ 承受的更多。當他到麥加近郊的塔亦夫（aṭ-Ṭā'if）向當地的部落宣教並尋求保護時，那裡的人不但不相信甚至派瘋子和孩子們用石頭丟擲追打穆聖 ﷺ。大天使吉布力爾來到穆聖 ﷺ 面前問說，真主 ﷻ 派他前來問穆聖 ﷺ，只要穆聖 ﷺ 願意，塔亦夫旁兩山的天使們聽命於他，他們將使兩山相移近，將塔亦夫夷為平地。但是穆聖 ﷺ 不願意，他一點都不記恨這些人，甚至為他們的後人祈禱，祈禱將來他們的後代子孫會接受並追隨正道而成為穆斯林。假如穆聖 ﷺ 祈求真主 ﷻ 使他傳道的過程容易，真主 ﷻ 一定會應允他摯愛的僕人的要求。但是這又再一次地驗證了穆聖 ﷺ 多方面的智慧，他選擇作為一個以仁待人的使者，他理解他必須承受別人所沒有承受過的苦難，致使後人無法說穆聖 ﷺ 沒有遭遇過他們所經歷的苦難，無法感同身受。

學者阿爾・布提說道：

如果一個穆斯林發現他所選擇的道路太過順暢太過容易，那麼他得審視自己，他是否選擇了正確的道路。

真主ﷻ與信道者之間有一個約定，在《古蘭經》9章：111節中是這麼說的：

「真主確已用樂園換取信士們的生命和財產。他們為真主而戰鬥；他們或殺敵致果，或殺身成仁。那是真實的應許，記錄在《討拉特》、《引支勒》和《古蘭經》中。誰比真主更能踐約呢？你們要為自己所締結的契約而高興。那正是偉大的成功。」(*)

學者解釋說：「上面的這段經文告訴了我們真主ﷻ在之前的經書中要求了以前的信士為了信仰必須付出代價。這個代價可小可大，也有可能危及生命與財產。真主ﷻ用樂園與信士們做交易，如果他們願為主道犧牲，那麼樂園將成為他們的歸宿。但試想無論是生命或財產，他們都不屬於我們而是屬於真主ﷻ，那麼真主ﷻ用原本就屬於他的東西來和我們交換樂團，用意在哪裡呢？這無非是真主ﷻ對僕人們的慷慨與慈憫。」

穆聖ﷺ曾經語重心長的說：「注意！真主ﷻ的物品確是昂貴的。注意！真主ﷻ的物品確是昂貴的。注意！真主ﷻ的物品便是天堂。」在這段聖訓裡我們看出真主ﷻ廣大浩瀚的慈悲，侍奉真主ﷻ、為主道奮鬥原本就屬理所當然，因為我們是他所創造，我們屬於他，天堂也屬於他。我們之所以被造，就是為了尊敬他、侍奉他。其實以他無限無界的能力，他意欲使什麼事發生根本不須要任何人任何事物就能完成，而在這段聖訓裡顯示出了至仁主 ﷻ 對信士們的慷慨與仁慈，它將永遠歸屬的寶貴天堂作為信士們的報酬。

真主 ﷻ 也在《古蘭經》51 章：56 節中說道：

「我創造了精靈和人類，只為要他們崇拜我。」（*）

✧ 區分誠信者與虛偽者

真主 ﷻ 在《古蘭經》29 章：2-3 節中說：

「眾人以為他們得自由他說『我們已信道了』而不受考驗嗎？我確已考驗在他們之前的人。真主 ﷻ 必定要知道說實話者，必定要知道說謊者。」（*）

做一個責任人我們不能凡事只要容易、簡單、沒有犧牲，如果我們說這是真主 ﷻ 的定律，意思是指人類的每一代都經歷過這些狀況，從聖人亞當的第一個考驗，它的代價便是被逐出天堂，這就是他考驗的結果，就都是如此。信士中或許有人心懷欺騙，表面上看來像是虔誠的信徒，但碰到真主 ﷻ 的考驗或被要求犧牲奉獻時，他們便退縮，為此他們也將在後世得到欺騙的結果。

《古蘭經》3 章：142 節則提到：

「真主還沒有甄別你們中奮鬥的人和堅忍的人，難得你們就以為自己得入樂園嗎？」（*）

穆聖 ﷺ 說：「通往天堂的道路鋪滿了荊棘，相反的通往火獄之路則是用玫瑰裝飾掩飾著。」

學者解釋說：「那些走在主道上的人們，他們遵守真主 ﷻ 的戒律。他們的心不會產生懷疑，他們會很清楚的意識到犧牲是必然，這樣的犧牲換來的是和平、和諧、仁慈與祥和。等待他們的終究會是天堂。相反的那些美麗的玫瑰不過是假象，如果我們了解了這個道理，那麼當我們看到今日穆斯林所遭遇的苦難就會知道它終有結束的一日。苦難越多成功就越接近，和平就要到來。了解真主 ﷻ 定律的人心中沒有懷疑，因為他們知道這是必經之路必定要付出的代價。」

28.3 聖人們也都經歷過真主 ﷻ 定律

學者阿爾．布提說：「在穆聖 ﷺ 從麥加遷徙至麥地那的那段歷史裡發生了一件事，麥加的非信徒刺殺穆罕默德 ﷺ 的計劃失敗，便提出重金懸賞捉拿穆罕默德 ﷺ。蘇拉各（Surāqah）眼見著自己就要抓到穆罕默德 ﷺ 了卻屢屢失敗，於是他相信了穆罕默德 ﷺ 確是受真主 ﷻ 保護，並確信他就是真主 ﷻ 派來的使者。蘇拉各放棄了抓拿穆罕默德 ﷺ 的意圖，穆聖 ﷺ 當時對蘇拉各說：『你的手，不是為謀殺我而造！看！有一天伊斯蘭教將遠征波斯，波斯王國會為穆斯林所征服。而你將戴上波斯王的手環。』蘇拉各聞此言非常意外，為使日後能印證此說，蘇拉各

請穆聖 ﷺ 的隨從（大賢阿布．巴克爾所雇用的嚮導）把它寫下來，這件事日後果然成真，但卻不是發生在穆聖 ﷺ 有生之年，而是在歐瑪爾．本．阿爾．哈塔伯當上哈里發之後。

那麼現在你不禁要問，既然穆聖 ﷺ 早就預知未來伊斯蘭將成功地統治波斯，那麼基於真主 ﷻ 對穆聖 ﷺ 的愛應該會讓這個勝利的時刻發生在穆聖 ﷺ 生前，讓他能親自見證它，但是卻不然！這到底是什麼原因呢？

那是因為在穆聖 ﷺ 時期穆斯林還沒有達到完全的犧牲，而是在歐瑪爾當上哈里發之後。真主 ﷻ 的勝利是與成功的定律連繫在一起的，這個定律包括了所有的人也包括了穆聖 ﷺ。

每個真主 ﷻ 的僕人都應該為伊斯蘭教盡心盡力。它屬於侍奉真主 ﷻ 功修中的任務。真主 ﷻ 早在創造我們之前就已經知道，誰是真誠，誰是虛偽。他測試我們並非是藉此對我們有更加深層的認識，而是在使人們在審判日時，自己成為自己所做的好與壞事的見證人。在審判日再小之事，行為簿上也會被記錄被提出。就連我們身上的器官也會為我們所做善行與惡行作證。這是為了使我們理解為什麼有些人最後能進入天堂，而有些人卻墜入火獄。不論是對於欣喜將步入天堂者或是對恐懼於懲罰將步入火獄者。他們都將會接受自己的歸屬異口同聲的讚美造物主，他們也都將臣服於真主 ﷻ 絕對的公平公正。

29.

穆聖 ﷺ 的伯父哈姆薩進入伊斯蘭教

有一天當穆聖 ﷺ 站上麥加撒發（Ṣafā）山丘上規勸大家相信伊斯蘭教時，阿布·折害當著眾人的面咒罵、污辱穆聖 ﷺ。但見穆聖 ﷺ 不回應他的情況下，阿布·折害便無趣的離開了。穆聖 ﷺ 的伯父哈姆薩當天去行獵，他一向有的習慣是打完獵後一定先去繞天房，然後才回家。這天當他繞完天房後，他如平常一般走向人群和大家問好。一位聖門女弟子看見了哈姆薩之後向他敘述了阿布·折害今天是如何當眾污辱穆罕默德 ﷺ 之事。她說：「你知道你的侄子今天經歷了什麼樣的事嗎？阿布·折害在撒發山丘上看到了他狠毒地侮辱了他，說盡他所憎恨的話，直到他看到他所說的話已經傷害到穆罕默德 ﷺ，他才離開。」

此時哈姆薩心中被激怒得像燃燒的一把怒火般，但是這一刻確是真主 ﷻ 降臨仁慈恩典予他的時刻，因為這一刻著實地改變了他的一生。哈姆薩決定立刻找到阿布．折害，他怒氣沖沖地走向天房，想給阿布．折害顏色瞧瞧；他帶著他打獵的器具在人群裡找到了阿布．折害，他當時坐在人群中，哈姆薩衝向阿布．折害拉開弓指向他的臉，他的臉當時就被畫出了一道血痕。這時哈姆薩開口說：「你敢羞辱他？！我就是他信仰中的一員！我相信他所相信的！你若有膽就打回拳吧！」在場當中有人嘗試保護阿布．折害，但是阿布．折害卻說：「放開阿布．哈馬拉（哈姆薩的另一個名字）！我用真主 ﷻ 的名字（這是當時阿拉伯人的口語，他們崇拜偶像也相信真主 ﷻ）起誓，今天我的確過分地抨擊了他的侄子。」學者本．凱西爾在他的書《善始善終》（*Al Bidaya wan Nihaya*）中補充了伊瑪目阿爾．貝伊哈基對此段歷史傳述說：「當時在場的古萊氏人咒罵了哈姆薩，認為他確實是迷失了。」

哈姆薩在巡遊天房完後回到了家，這時他才回過神來了解自己到底做了什麼？這一夜對他來說真是一個多麼漫長而又沉重的夜晚。他想自己是一個麥加城高貴、勇敢、強壯的人，怎會在憤怒之中、大庭廣眾之下，匆匆地宣佈自己是個穆斯林呢？他向真主 ﷻ 真心祈禱：「主啊！如果這個決定是個智慧的選擇，那麼請你讓我明白，讓我的心能夠看清看透；倘若不是，那就給我一條出路吧！」

那一夜，對哈姆薩而言，是一個與惡魔抗爭的夜晚。一早他就去找穆聖 ﷺ 並對他說：「我的侄子啊！我落入了一個困境中，實在找不出解決辦法了！這實在不是我的作風，我非常困惑，讓我不知如何是好！你告訴我你的宗教吧！」

穆聖 ﷺ 傳遞給他真主 ﷻ 的喜悅訊息——「伊斯蘭教」。經過和穆聖 ﷺ 一番談話後，他忐忑不安的心終於安靜了下來，信仰在他的心裡扎下根基，在這個進退兩難的時刻，他為自己找到了最好的解惑者、最好的醫生。哈姆薩下定決心的說：「我作證你所說均為實言！公開地宣揚你的宗教吧！我以真主 ﷻ 的名字起誓！就算把今世所有珍貴物品送給我而要我留在以前的舊信仰裡作為交換，我也不願意！」

哈姆薩加入伊斯蘭的消息鼓舞了聖門弟子們的心，使那些遲遲未加入伊斯蘭教的人，如今也鼓足了勇氣加入了伊斯蘭教。哈姆薩的入教加強了穆斯林的信心與力量，哈姆薩的確是一大精神支柱。

30.

古萊氏對阿布・塔力伯施加壓力

當這些非信徒看到他們對穆斯林的壓迫、嚴刑拷打的種種方式都失敗時，他們又想到用一個新的方法來對付這個新的信仰、新的生活觀、新的宗教，於是他們開始嘗試和穆聖ﷺ進行談判。

他們再度找上了穆聖ﷺ的伯父阿布・塔力伯。阿布・塔力伯雖然沒有接受伊斯蘭教，卻支持他的侄子穆罕默德ﷺ並且不斷地為他提供保護，他疼愛穆聖ﷺ遠超過對自己的孩子們。

古萊氏的非信徒們開始擬定計劃，準備對阿布・塔力伯提出他們談判的條件。他們希望能贏得阿布・塔力伯的幫助，至少他能放棄為他的侄子提供庇護。負責這個談判的工作是阿布・折害、阿布・舒非安・本・哈爾布，還有烏特巴・本・拉必阿。

他們威脅阿布・塔力伯：「要不你就阻止你的侄子！要不就別成為我們的阻礙，讓我們把事情給解決了！你不必在場，我們不要求你與他為敵，但是別再保護他了。」

阿布・塔力伯在族人中是出了名而且非常受愛戴的智者，他不為對方的威脅所懼。堅決地表示他既不會阻止穆聖ﷺ宣教，也絕不會放棄保護穆罕默德ﷺ！

面對外來的暴力穆聖ﷺ與聖門弟子們不採取任何抵抗，而是忍耐。在這段期間穆聖ﷺ繼續努力鞏固聖門弟子們的信心，呼籲他們要堅定地相信真主ﷻ。

第一次的談判破裂，不久之後非信徒們再度找上阿布・塔力伯，他們對他說：「你是族人中最為年長的，也有著很高的社會地位。我們和族人們都非常敬重你，我們曾經要求你阻止你的侄子，可是你什麼行動也沒有！如今我們的耐心已經到了極點，你的侄子攻擊我們的偶像、侮辱了我們，我們再也無法忍受。要不你就阻止你的侄子！要不然我們不僅會對付你的侄子，就連你也是！我們向你們宣戰不是你們贏就是我們贏，直到有勝出的一方。」

此話一出使得阿布・塔力伯非常擔心，他知道古萊氏的族人是說到做到，這對他來說是很大的考驗。他既不能遠離他的朋友並與他們敵對，也不能交出自己心愛的侄子穆罕默德ﷺ，他不能讓任何人傷害穆罕默德ﷺ，也不願放棄對穆罕默德ﷺ的保護。阿布・塔力伯陷入了兩難的抉擇之中。

於是阿布・塔力伯去找穆罕默德ﷺ，他想用智慧來說服他。他說：「我的侄子啊！你的族人找上了我並對我說了這些話（阿布．塔力伯傳達古萊氏的威脅）。保護你自己也保護我吧！不要讓我承受我所承受不住的！」穆聖ﷺ心裡想，伯父這一來應該是要告訴他，要放棄對他的保護了。這一刻，對穆聖ﷺ而言是一個非常艱難而又痛苦的時刻，家人中唯有伯父阿布．塔力伯雖然不是穆斯林卻是始終願意支持他、保護他的人。穆聖ﷺ此時開口回答道：「我的伯父啊！就算他們為了使我放棄宣教，在我的右手放上太陽，左手放上月亮，我也不會放棄信仰，放棄宣教，直到真主ﷻ使他所應允的勝利到來，我們的信仰得以完全的傳播開來，又或者我將失敗，為此我願意犧牲我的靈魂。」說完他的眼淚便流了下來，就在穆罕默德ﷺ要轉身離開時，伯父阿布．塔力伯叫住了他並說：「來我這裡吧！我的侄子，你不要離開！你就做你想做的吧！我以真主ﷻ的名字起誓，我不會把你交出去的，我就是你的靠山。」當古萊氏的族人聽到阿布．塔力伯的這個決定後，正式宣布與他們為敵。

學者解釋說：「即使是使者們、先知們一樣得接受真主ﷻ的考驗；他們的考驗甚至更艱難更嚴峻，就算是真主ﷻ摯愛的使者穆聖ﷺ也不例外。他也必須經歷一些情況。外表上看來似乎是沒有人支持他了，但是他心裡清楚，就算是所有人都離開他，使他孤獨一人，並失去了所有的幫助與支持；至高偉大的真主ﷻ永遠都在。就是要為信仰付出性命他也在所不惜。

今天不管我們受到什麼樣的考驗，它都無法與第一代的穆斯林相比擬，事實上我們是過於受寵了。有了前人的努力與犧牲才使得今日的我們能如此的容易，歷史與考驗還在繼續。真主ﷻ不會用我們所承擔不起的來考驗我們，真主ﷻ要求我們相信他，他絕對不會使我們失望。」

伊瑪目阿司．蘇海立（Imām as-Suhaylī）針對穆聖ﷺ所說的這一段話「……就算他們為了使我放棄宣教，在我的右手放上太陽，左手放上月亮，我也不會放棄信仰……」做了以下的比喻。他說：「太陽之所以被指定在右方，是因為它的光芒讓我們看得見它，月亮則出現在黑暗裡；太陽是真主ﷻ明顯的一個跡象，月亮之所以被指定在左方，是因為當太陽昇起時月光便被熄滅。真主ﷻ使我們能看得見太陽和月亮的光，而穆聖ﷺ的光不是物質，它是一種真主ﷻ賦予穆聖ﷺ精神上與思想上的光，一種能使人提升、使人高尚的光。」伊瑪目阿司．蘇海立又說：「穆聖ﷺ之所以選擇用真主ﷻ所創造太陽和月亮的光線來做比喻，是因為它們是真主ﷻ所創造的跡象，崇高而遙不可及。穆聖ﷺ用這個比喻清楚的告訴他的伯父，他將永遠不會放棄、也絕對不會妥協。與其選擇妥協，倒不如犧牲他自己的生命。」

當穆聖ﷺ和追隨他的聖門弟子們受到折磨與壓迫，唯一向他伸出援手的也只有伯父阿布．塔力伯這個強而有力的後盾。偏偏伯父現在來找他，告訴他可能無法繼續支持他。以局勢來看，他的對手是處於較有利的狀態，以物資來看他既沒人力、也沒武器。但真主ﷻ就是穆聖ﷺ的唯一與絕對的支柱，如果穆聖ﷺ希望，那麼他就算是空無一物，真主ﷻ也會給予幫助。

以平常人的情況來看，人處在如此惡劣的局勢還能如此堅決屹立不搖，幾乎無法想像穆聖 ﷺ 會說出如此有魄力的回答，這顯示出他的完美，還有對真主 ﷻ 有著完完全全的信賴。他知道就算所有的人都離他而去，真主 ﷻ 一定不會離棄他。

30.1 古萊氏再度施壓

古萊氏的代表們再度找上阿布・塔力伯，這次他們打算和他用人交換作為條件。他們提出只要阿布・塔力伯把他的侄子交給他們，他們將給他一位最俊美最健壯的年輕人阿瑪拉・本・阿爾・瓦力得・本・阿爾・姆宜拉（'Ammārah Ibn al-Walīd Ibn al-Murġīrah）作為代價。阿布・塔力伯說：「你們要把你們的兒子送給我讓我保護他、支持他、培養他；然後要我把我的侄子交給你們好讓你們殺了他！我以真主 ﷻ 的名字起誓！我不會放棄穆罕默德 ﷺ，我不同意你們的提議，我不會和你們談判的。」

這時一位在當時以智慧超群而且在族人中享有極高地位的阿爾・木塔伊姆・本・阿帝（al-Muṭ'im Ibn 'Adī）開口說：「我發誓你的族人們對你的確是公正公平的，可是你們卻堅決不願協商，情願敵對。那就照你們的意思做吧！」於是雙方的敵意更加深了。即使阿布・塔力伯並非穆斯林，但他卻為了保護自己深愛的侄子，而捲入了這場不宣而戰的戰爭。

古萊氏的非信徒達不到預期的結果，只好想方設法傷害穆聖ﷺ，迫害欺壓聖門弟子們。阿布・塔力伯眼見古萊氏的族人為了對付他，而召集人群與他對抗。於是他求助於他的家人們與哈希姆家族。雖然這些人都不是穆斯林，但為了家族名聲所有的人都願意以生命擔保，表示願意保護穆罕默德ﷺ，但唯獨一人拒絕，他就是阿布・拉賀伯。自己的家族在這緊要關頭的挺身而出讓阿布・塔力伯非常感動，他在當時寫了非常多首的詩，用來讚美他的家人當時的不離不棄與鼎力相助。古萊氏非信徒的計劃又再度失敗，他們看見連非信徒都幫助穆罕默德ﷺ，但是他們還是堅決不放棄，他們想繼續用更高的地位與更多的財富來達到他們的目的。

30.2 烏特巴・本・拉必阿出面周旋

烏特巴・本・拉必阿（此段簡稱烏特巴）是一位社會地位相當高的人。他為人溫和，口才出眾，並以阿拉伯語文造詣極高而著稱。當時他看見古萊氏的群眾集合在一旁，而穆聖ﷺ一個人單獨坐在清真寺旁。他和眾人提出他的想法，他心想如果開一兩個優渥的條件給穆罕默德ﷺ或許會被接受；至少穆罕默德ﷺ不會再來煩他和他的父親。大家聽了他的想法後都紛紛表示同意與支持。於是他朝著穆罕默德ﷺ走了過去，並且在他的身旁坐了下來。他對穆聖ﷺ說：「我的侄子啊！你出生於我們之中最好的家庭。但是你現在正在做的事是對族人們非常暴力的一件事；因為你分裂了他們，並且把他們的行為解釋為幼稚且不理智的。你辱罵他們的宗教和偶像們，你把他們的祖先解釋為不信教者。

「現在你聽我說，我開幾個條件給你，或許其中有些是你能接受的。」穆聖ﷺ聽他說完後回答道：「你說吧！阿爾瓦力的父親（這是烏特巴·本·拉必阿的別名），我聽你說！」烏特巴接著說：「我的侄子啊！如果你是針對金錢或財產而來，那麼我們將從我們的財產中募集匯聚起來，讓你成為我們之中最富有的人。又如果你要的是更高的地位，那麼我們就讓你成為我們的主人，以後我們所有的決策無一不經由你的同意而定。又或者你要的是權勢，那麼我們將封你為王。如果你覺得你是因為被精靈所控制，那麼我們會提供我們所有的財產為你找醫生，直到你被治癒為止。」

穆聖ﷺ聽完開口說：「阿爾瓦力的父親，」烏特巴馬上回答道：「是。」穆聖ﷺ接著說：「聽我說！」「我聽著呢！」烏特巴說。於是穆聖ﷺ開始誦讀《古蘭經》第 41 章第 1 節（在另外一個伊瑪目阿爾·貝伊哈基的傳述則提到穆聖ﷺ在這裡誦讀到第 13 節）。烏特巴一聽到這些經文的內容馬上害怕的求穆聖ﷺ看在是血親的分上趕快停止誦讀。因為裡面提到的懲罰讓他非常害怕，以他本身精湛的語文造詣，他深刻的理解到這些內容不可能出自於人，它確確實實是真主ﷻ的話語。當他聽完穆聖ﷺ以《古蘭經》的內容回答他時，他走向等待他的朋友們，當時他們正在議論紛紛。他們看到烏特巴的神情像變了一個人似的。他們急於想知道，到底烏特巴說服了穆罕默德ﷺ沒有？烏特巴對人們說：「我剛剛聽到一段話，我用真主ﷻ的名字起誓，我從來沒有聽過與它類似或相近的話！它既不是詩詞、也不是魔術，更不是神話傳說！古萊氏的人們啊！你們聽我的勸！我來承擔這個惡名。但是不要再去打擾他；避開他，離他遠些，不要再與他為敵。我發誓我在他那裡聽到他所說的話，有一天它一定會實現。」

烏特巴接著說：「如果麥加以外的其他阿拉伯人與穆罕默德ﷺ對抗並戰勝了他，那麼他們便為你們了卻了一件心事，而且是經由他們的手。但是如果穆罕默德ﷺ取勝，那麼他的勝利也將會是你們的勝利，他的統治也是你們的統治，他的聲譽也是你們的聲譽，而且你們還會是最幸運的人們。」古萊氏的人聽完烏特巴的話不以為然冷冷地回了一句：「穆罕默德ﷺ在你的舌頭上施了魔術、下了蠱了。」烏特巴說：「這是我給你們的建議，你們若不聽，那麼就做你們相信的吧！」

古萊氏的人一方面不相信烏特巴的話，穆罕默德ﷺ怎麼可能面對人人夢寐以求的金錢、財富、權勢、美女等的豐厚條件而不為所動？毅然決然地拒絕這些誘惑，他們無法相信這些都不是穆聖ﷺ所追求的目標。另一方面儘管烏特巴證實了穆罕默德ﷺ是聖人的這個事實，烏特巴明確的告訴他們穆罕默德ﷺ所說的終有一天一定會實現；但是他們不願接受這個事實，於是便推說

「穆罕默德 ﷺ 在你的舌頭上施了魔術、下了蠱了」。

烏特巴是以敵人談判者的身分找上穆聖 ﷺ，他原是不相信《古蘭經》裡的話，但當他聽到穆聖 ﷺ 誦讀《古蘭經》時，他害怕的摀上穆聖 ﷺ 的嘴，求他別再唸下去了。面對《古蘭經》的這個巨大震撼，他不得不發自內心承認他穆聖 ﷺ 的身分，不得不帶著這樣的證詞給他的族人，即使他了解到這會給他自己帶來什麼樣的批判和咒罵。穆聖 ﷺ 所唸到的內容讓他心生恐懼那樣的刑罰終將來臨。

30.3 阿爾・瓦力得昧著良心否認真相

古萊氏最具文學詩詞涵養之士阿爾・瓦力得・本・阿爾・姆宜拉（al-Walīd Ibn al-Muġīrah，此段簡稱阿爾・瓦力得）曾是阿拉伯中數一數二的有錢人，也曾是在反對穆聖 ﷺ 的聲浪中非常具有影響力的一個。但在他自己親自聽過穆聖 ﷺ 誦讀一段《古蘭經》後，他頑固堅硬的心便被軟化了。阿布・折害聽到關於他的消息後便使用心理戰術嘲諷地說：「伯父啊！你的族人們要為你籌錢募款了！」他驚訝的問說：「為什麼？」阿布・折害說：「募了錢好給你，免得你還去找穆罕默德 ﷺ 跟他乞討！」

阿爾・瓦力得答辯說：「你是知道的！我是古萊氏中最富有的人其中之一啊！」

阿布・折害說：「你若是要我們相信你，你不是為了從穆罕默德 ﷺ 那裡要錢才說那樣的話，那你就列舉說些反對《古蘭經》的話，好讓你的族人知道你是拒絕相信他的！」「那麼我該說些什麼呢？」阿爾・瓦力得猶豫地說。「我用真主 ﷻ 的名字起誓！對於精靈的細微知識以及他們如何作詩這事情，族裡沒有人比我知識更豐富、了解得更為透徹更為豐富的了；而且我用真主 ﷻ 的名字發誓！所有穆罕默德 ﷺ 誦讀的經文，既不像人也不像是精靈的話語。他的話有一種無法形容的美與柔，就像是一棵樹加以灌溉培育之後長出了的甜美果實。沒有什麼能勝過或打敗《古蘭經》裡的言詞。它的內容一段比一段更精彩，沒有任何文字能超越它。我們所謂『高水平』的文字與《古蘭經》的文字相較之下，頓時變得索然無味、毫無意義；所有的詩詞與它相較之下，也會頓時變得黯然失色。」

當時的阿拉伯詩詞藝術正處於高峰時期，而阿爾・瓦力得又是一個有著極高文學修養與語言造詣的人，即便如此他也不得不臣服於《古蘭經》。

阿布・折害清楚阿爾・瓦力得的弱點，便逼他說：「你的族人不會對你所說的任何話感到滿意，直到你說出反對《古蘭經》的話為止！」阿爾・瓦力得為難地說：「給我點時間讓我想想看吧！」經過一番巨大的內心掙扎後，他決定說出了違背自己良心的話；儘管他的心裡很清楚，這實實在在是個謊言。阿爾・瓦力得從他口中擠出昧著良心的話語，他說：「穆罕默德 ﷺ 用的那是上等的魔術！你們沒看到只要家庭中要是有一方信仰了它，而另一方不追隨，就能使夫妻分離、父子反目的呀！」

本・伊司哈葛在他的傳述中寫道：

「古萊氏的人們決定找一個共同的說詞，編一個共同的謊言。好讓他們警告那些朝覲的人們讓他們遠離穆罕默德ﷺ！眼見朝覲的時間越來越接近了，他們想來想去到底是把穆罕默德ﷺ說成是發了瘋的詩人？或是個學了魔法的人？阿爾・瓦力得覺得把穆罕默德ﷺ說成是發了瘋的詩人極為不妥，因為實際上在穆聖ﷺ的身上完全沒有這些跡象。古萊氏的人問阿爾・瓦力得：「那麼如果人們反問我們，那我們該如何回答呢？」阿爾・瓦力得勉強的建議了他們：「還是說，他是學了魔法了吧！」

阿爾・瓦力得・本・阿爾・姆宜拉的心裡，起初極力否定、反對《古蘭經》，但卻又不得不承認它並臣服於它。那就是《古蘭經》確實為真主ﷻ之經典！這個巨作超越自然和一切的巨大事實。但是，儘管如此，最後他還是選擇自欺欺人，於是真主ﷻ降下《古蘭經》74 章：11-30 節：

「你讓我獨自處治我所創造的那個人吧！我賞賜他豐富的財產，和在跟前的子嗣，我提高了他的聲望，而他還冀望我再多加賞賜。絕不然！他確實是反對我的跡象的，我將使他遭受苦難。他確已思考，確已計畫。但無論他怎樣計畫，他是被棄絕的。無論他怎樣計畫，他終是被棄絕的。他看一看，然後皺眉蹙額，然後高傲地轉過身去，而且說：「這只是傳習的魔術，這只是凡人的言辭。」我將使他墜入火獄，你怎能知道火獄是什麼？它不讓任何物存在，不許任何物留下，它燒灼肌膚。管理它的，共計十九名。」（*）

31

古萊氏再度嘗試與穆聖 ﷺ 周旋

在烏特巴和阿爾・瓦力得的失敗經驗之後，古萊氏的非信徒並沒放棄對付穆聖 ﷺ，他們又想到了一個新的方法來嘲諷他。他們對穆聖 ﷺ 說：「如果你想要我們相信你的真主 ﷻ，那你就要他為我們把群山移開、讓河水川流不息、讓我們的祖先復活，他們之中有古賽・本・科拉伯（Quṣayy Ibn Kilāb）；讓你的真主 ﷻ 賜予你宮殿園地和金銀財寶。」

穆聖 ﷺ 回答道：「我不會要求我的真主 ﷻ 實現你們的這些要求！」古萊氏的人們不放棄又緊接著說：「我們聽說都是一個叫做阿爾・拉賀曼（ar-Raḥmān）的人教你這些的！我們不會相信你的阿爾・拉賀曼的。所有能試的我們都試了，所有的條件你都不承認也不接受，那麼直到我們打敗你為止，我們不會讓你有所安寧！否則你就打敗我們！」

32.

穆聖 ﷺ 如何面對非信徒

學者阿爾・布提認為：宣教的理由有許多，有些是利己、有些是為財、為了得到一定的好處，或是為某人。而穆聖 ﷺ 的目標和他們絕然不同。自始至終他善守自己使者的身分與使命，為宣告世人伊斯蘭美好的訊息，警告他們不可為真主 ﷻ 舉伴！不可崇拜偶像。即使穆聖 ﷺ 的敵人處處刁難作對、壓迫、恐嚇，更甚至於要脅他的生命，卻絲毫都沒有影響他徹底傳播伊斯蘭教的決心。他衷心希望每個人都能拋棄無知的舊俗與迷信、拋棄偶像，一心一意信仰獨一的真主 ﷻ。因為穆聖 ﷺ 宣教的意念是純淨的、無私的，所以面對古萊氏的種種條件他完全不為所動，他清楚堅定的態度，讓我們學習到他宣教的無私精神。你如果仔細研習穆聖 ﷺ 的一生，你一定會發現他的一生所有的際遇完全在真主 ﷻ 的奧秘之中。

32.1 穆聖 ﷺ 無私的宣教

針對以上的古萊氏人企圖說服穆聖的事件，學者阿爾・布提為我們做出以下的評論，他解釋說：古萊氏不信教的人們，以將心比心的原理揣測穆聖 ﷺ 的喜好，對他們自己而言，再好不過金錢、財勢、美女與地位。這些都是他們夢寐以求的，但他們早該想到穆罕默德 ﷺ 他的目標與他們絕然不同，是不可能會接受他們的條件的。

真主 ﷻ 用這段史蹟，讓生活在幾千年後的我們清楚知道穆聖 ﷺ 一生嘔心瀝血的努力，不是為了金錢財富和勢力。所以如果有人說：「穆聖 ﷺ 是衝著權勢財富而來的！那麼他何需一再拒絕那些豐厚的條件？這完全不合邏輯。真主 ﷻ 讓烏特巴這樣的人來提供條件，為的就是讓我們看見穆聖 ﷺ 毅然決然的態度。穆聖 ﷺ 曾說：「我為你們帶來真主 ﷻ 的經典，你們不須對我表示敬意，我是一個傳遞美好訊息的人，一個警告者。」

我們從穆聖 ﷺ 非常節儉的食衣住行生活方式中，不難看出他的性格、他的舉止行為。他不斷地遠離今世奢華的生活。布哈里聖訓集中寫道：「穆聖 ﷺ 歸真時，聖妻阿依莎櫃子中只剩下一塊黑麥麵包，好些天裡她吃著這塊麵包直到一天自己發覺這塊麵包怎麼也吃不完，穆聖 ﷺ 去世後這塊麵包是她僅有的食物。」學者們對此傳述解釋道：聖妻阿依莎當時心裡好奇就把這塊麵包拿來稱一稱，稱過不久之後這塊麵包便被吃完了。這塊小麵包之所以可以維持那麼久，是因為真主 ﷻ 給予的特殊吉慶，倘若聖妻阿依莎繼續吃它而不稱它的話，那麼有可能那塊麵包還能維持上好一段時間呢！

布哈里聖訓集中又提到：「穆聖 ﷺ 從未坐在桌旁吃飯，他睡在棕櫚纖維編織而成的粗糙蓆子上，人們從他的皮膚上可以清楚的看到印記。甚至有一回聖妻們抱怨她們的物資比聖門弟子的妻子們少，穆聖 ﷺ 同她們生氣，更甚至疏遠她們。一直到真主 ﷻ 降下《古蘭經》33 章：28、29、33 節之後：

「先知啊！你對你的眾妻說：『如果你們欲得今世的生活與其裝飾，那末，你們來吧！我將以離儀[65]饋贈你們，我任你們依禮而離去。

「如果你們欲得真主及其使者的喜悅，與後世的安宅，那末，真主確已為你們中的行善者，預備了重大的報酬。

「你們應當安居於你們的家中，你們不要炫露你們的美麗，如從前蒙昧時代的婦女那樣。你們應當謹守拜功，完納天課，順從真主及其使者。先知的家屬啊！真主只欲消除你們的污穢，洗淨你們的罪惡。」（*）

穆聖 ﷺ 讓他的妻子們自己做選擇是滿足於她們現今所擁有的？又或者若她們要的是今世而選擇離婚，那麼他會同意她們離去。穆聖 ﷺ 首先問聖妻阿依莎說：「選吧！但是先問妳的父

---

65 離儀即贍養費。

母。」當時聖妻阿依莎年紀輕，穆聖ﷺ怕她做了不理智的決定，所以要她同她的父母商量。沒想到她馬上斬釘截鐵地回答道：「我不需要問我的父母，今世除了你以外我什麼都不要！」其他的聖妻們也都做了相同的決定。

從這兩段聖訓來看，如何還有人能懷疑穆聖ﷺ宣教的目的是為了錢財和地位？懷疑他所帶來的信息？穆聖ﷺ他宣教只是為了真主ﷻ，為了成就我們所有人將來的美好後世，有什麼人能比他有著更純正的意念嗎？

32.2 穆聖ﷺ目標明確

穆聖ﷺ和不信教的人們談話之中，他的態度和目標堅定，絲毫不受他們的影響，這就是他的智慧所在。

宣教的途徑與目標都屬於功修，既是功修宣教者就只能使用伊斯蘭法律中所允許方法去宣教。考慮該採取什麼樣的方法？利用何種途徑？才能在最短的時間用最有效的方法達到目的，絕不能因為急於達到目的而用非法的手段和方法。

宣教中伊斯蘭政治和智慧扮演著非常重要的角色，但是仍然必須在伊斯蘭法律允許的範圍裡才屬於合法。

當古萊氏的人們提出要封穆罕默德ﷺ為王，賦予他最高的政治力量，他們真正的想法是如果他接受了這條件，那麼，他們便可改變伊斯蘭及其法律，最終將它們從最高發號指令的位置強制逐出。

我們從歷史中不難找出一些例子，很多人利用政治勢力和政治領導權強行達到一些目的，這些手段造成人們的心理很大的影響，穆聖 ﷺ 在面對這種強大壓力時也沒有就範。其實他大可以選擇容易的途徑，接受他們的要求，順從他們的提議，尋求一個皆大歡喜的合作方式，無視於真主 ﷻ 所託付的重責大任。但是他斷然拒絕他們的條件並且遠離他們。那是因為他們的目的與穆聖 ﷺ 的目標背道而馳，這兩種不同訴求的道路絕不可能並行，它們所引領達到的目標，一是以利、以名位，要的是今世的短暫滿足；另一個則是讓大家認清真主 ﷻ 獨一的事實，停止迷信膜拜神像、為真主 ﷻ 舉伴，期望後世能進入天堂。穆聖 ﷺ 是真誠的，他的目標也是真誠的。穆聖 ﷺ 的目標是屬於後者。

伊斯蘭是建立在真誠與榮譽之上，一個真誠的人肩負著這兩大目標，他在人群之中自然會擁有著很高的威望，就算讓他身陷敵人之中，也會使敵人對他肅然起敬。真誠與榮譽不僅是他的目標，也是在通往其目標的道路上不可忽視的兩大原則。因此宣教人士都要有能為之犧牲的決心，這樣的犧牲我們稱之為「聖戰」（Ğihād）。但是這裡所謂的聖戰，它的含意不是狹隘地單指武裝的戰鬥，而是更為廣泛的，小至個人對自我私慾的控制，大到犧牲個人的寬裕舒適條件，甚至以整體的利益為目的，包括犧牲財產與生命。

學者阿爾・布提對此提到：「如果有人想在宣教的過程中為

了減少犧牲、減少出力，而選擇偏離或迴避原來的合法途徑，這樣的想法是錯的。這其中的智慧就在不管情況如何，只許在伊斯蘭法律所允許的框架裡尋求一個理智的辦法，如何保護自己？保護最近的人？如果不得不選擇戰鬥，也必須尋求合法的途徑、適當的手段與方法。」

舉例而言：

有一回麥加的那些非信徒的首領們前來詢問穆聖ﷺ關於伊斯蘭教的問題，對於他們的提問穆聖ﷺ心裡非常高興，他心裡期望藉此機會引起他們對伊斯蘭的興趣，從而找到信仰的正道。當穆聖ﷺ正忙著回答非信徒的問題時，這時聖門弟子中的一位盲人阿布都拉．本．烏姆．馬克圖姆（‘Abdullāh Ibn Umm Maktūm，此段簡稱阿布都拉）也來了，並且加入他們的問答。阿布都拉也提出他自己的問題，但是穆聖ﷺ因急於抓住此機會給這些首領們解答，便沒有理會阿布都拉的問題。穆聖ﷺ心裡想，他隨時都有時間給聖門弟子們解答，晚些再回答他也可以，相反地這些不信教的人平常興致缺缺，如今他彷彿看到一線生機，此時他希望把時間只專心用在他們身上。

但就在這個情況下真主ﷻ降下《古蘭經》80 章：1-2 節來糾正穆聖ﷺ：

「他曾皺眉，而且轉身離去，因為那個盲人來到他的面前。」（*）

如果有人必須受到責難，那麼就算是先知也不例外，這就是

《古蘭經》。真主 ﷻ 雖指責穆聖 ﷺ 在這個時候沒有做出最好的選擇，但實質上並不是指穆聖 ﷺ 犯罪。穆聖 ﷺ 的目的是想救這些非信徒們，使他們免於真主 ﷻ 的怒氣與刑罰，因此他忽略了盲人阿布都拉的問題。真主 ﷻ 提醒他這可能讓阿布都拉覺得心裡受傷，或使聖門弟子心裡不平，他們可能會覺得他們所提出的問題不被穆聖 ﷺ 重視。真主 ﷻ 在《古蘭經》裡一旦啟示了這個內容，就永遠確立在《古蘭經》裡不會被抹去，直到世界末日。所以，真主 ﷻ 是在警告並提醒穆聖 ﷺ 宣教之方法途徑必須明確，必須避免無謂的傷害，對我們現今亦然。

重點就是，誰都不允許改變或超越伊斯蘭法律的準則，或者不重視它！此為宣教中的智慧。所有事必須是在伊斯蘭法律的合法範圍裡做權衡，這是必要的先決條件。

32.3 穆聖 ﷺ 拒絕非信徒的要求

就在穆聖 ﷺ 拒絕了古萊氏的條件後，他們又想了新的方法。他們要求穆聖 ﷺ 讓麥加這個沙漠之城變成鮮花開放、果實纍纍的城市以作為讓他們信教的條件，那麼他們就會相信他、追隨他。但是穆聖 ﷺ 毅然決然的拒絕了他們的要求，他拒絕對真主 ﷻ 提出這樣的請求。真主 ﷻ 用《古蘭經》17 章：90-93 節支持了他最愛的使者的決定，也證實他不可能答應他們的要求。

「他們說：『我們絕不信你，直到你為我們而使一道源泉從地下湧出，或者你有一座園圃，種植著椰棗和葡萄，你使河流貫穿其間；』」(*)

「或像你所說的那樣，你能使天一塊一塊落在我們的頭上；或你能把安拉 ﷻ 和天使們都請到我們面前來；」(#)

「或者你有一所黃金屋；或者你升上天去，我們絕不信你確已升天，直到你降示我們所能閱讀的經典。」你說：「讚頌我的主超絕萬物！我只是一個曾奉使命的凡人。」(*)

學者阿爾·布提和其他學者們認為：「真主 ﷻ 沒有應允古萊氏要求的理由，很多人相信『是因為除了《古蘭經》這個奇蹟外，真主 ﷻ 沒賜予聖人 ﷺ 其他的奇蹟』，相信這番論點的人的確是大錯特錯的。因為事實上真主 ﷻ 賜予了穆聖 ﷺ 非常多的奇蹟，而其中《古蘭經》是最大的奇蹟。真主 ﷻ 是全知的，他的知識是永恆的。他非常肯定的知道，他們的要求並非認真、並非真心。他們的用意無非是想譏諷、嘲笑穆聖 ﷺ 罷了！古萊氏的目的不在於相信，而是為堅持他們的固執，真主 ﷻ 確是全知的！如果他們真心真意的願意相信，不是只想確認聖人的能力，看他是否能帶來奇蹟？那麼真主 ﷻ 確實知道他們的用心，一定會使他們的要求實現。讓他們自己親自印證穆聖 ﷺ 是真主 ﷻ 的使者。」

但是事實就像真主 ﷻ 在《古蘭經》15 章：14-15 節中所說：

「假如我為他們從天上開一道門，他們必定從那道門開始登天，」（#）

「他們必定說：『我們的眼睛受蒙蔽了，不然，我們是中了魔術的民眾。』」（*）

穆聖ﷺ曾經遇到許多相同的情況，當真主ﷻ實現他們的奇蹟願望時，那些不信教的人反稱：「那不過是魔術罷了！」

古萊氏不信道的人們，儘管他們的理智告訴他們，《古蘭經》不可能是出自人之作，因為它的優美精深不是人寫得出來的，更不可能是有人教給穆聖ﷺ的。但是，他們還是昧著良心，拒絕承認《古蘭經》，拒絕接受穆罕默德ﷺ是真主ﷻ派來的最後使者。

學者阿布．夏赫巴說：「不管是阿爾．瓦力得．本．阿爾．姆宜拉甚至是其他的人，真主ﷻ賦予他們高深的語言天賦，敏銳細膩的觀察力，再加上很強的理解能力。他們都已經感覺到了《古蘭經》絕不可能是人寫得出來的，但他們卻難以承認它接受它。我們由《古蘭經》74 章：11-30 節中可以看到真主ﷻ如何描述阿爾．瓦力得心中的掙扎並告知他在火獄中最終的歸宿。

「你讓我獨自處治我所創造的那個人吧！我賞賜他豐富的財產，和在跟前的子嗣，我提高了他的聲望，而他還冀望我再多加賞賜。絕不然，他確實是反對我的跡象的，我將使他遭受苦難。他確已思考，確已計畫。但無論他怎樣計畫，他是被棄絕的。無論他怎樣計畫，他終是被棄絕的。他看一看，然後皺眉蹙額，然後高傲地轉過身去，而且說：「這只是傳習的魔術，這只是凡人的言辭。」我將使他墮入火獄[66]，你怎能知道火獄是什麼？它不讓任何物存在，不許任何物留下，它燒灼肌膚。管理它的，共計十九名。」（*）

阿爾．瓦力得曾是古萊氏最富有的權貴之一，真主ﷻ不僅賜予他萬貫的財富，甚至於給予他非常多的子嗣，而且多為兒子。這在當時重男輕女、視女兒為恥辱的阿拉伯社會，他有這麼多兒子無異是一大驕傲與光榮。

在這段經文中提到的是，儘管阿爾．瓦力得以他對語言敏銳的觀察力和了解，理解到《古蘭經》的真實性，他的良心不允許他否認它就是真主ﷻ話語的事實。他知道這並非魔術，但是在面對族人的嘲諷，和自我的傲慢自大的拉扯之下，他的同伴們和他高高在上的社會地位使他猶豫，因為他若是承認了《古蘭經》是真主ﷻ話語，自己的社會地位就會搖搖欲墜，那種享受特權、處處受古萊氏人尊敬的生活便會煙消雲散。幾番掙扎之後，他選擇違背良心、選擇了社會地位與傳統，阿爾．瓦力得睜眼說瞎話的說：「那不過是人的語言！魔術的把戲罷了！」

學者阿布．夏赫巴說道：「如果我們細看這些經文中的描述，我們不難看出阿爾．瓦力得心裡強烈的掙扎。即使他有著高

66 此處的「火獄」在《古蘭經》原文是殺嘎爾（Saqar），是指火獄中的一個階級，而這個階級就是阿爾．瓦力得火獄中的歸宿。在這個階級裡所有的都會遭到毀滅，十九個天使照管著它。

深的語言能力和細膩的感受力，但在面對傳統時，他選擇傳統而否定事實的真相。他的例子告訴我們，絕對不可以將伊斯蘭教的律法當作傳統來看，因為人在接受傳統之際他的理智是關閉的，而清真言中的『除了安拉ﷻ！再無有主！』要求每個人都必須以知識作證！不是因為父母為穆斯林，而是因為相信而相信。要知道『宇宙無主！唯有安拉ﷻ』。」

學者阿爾・布提則評論道：「伊斯蘭教所呈現的不是傳統，它是建立在知識之上。若是有人將它視為傳統，那是很危險的。若是將阿爾・瓦力得心理的掙扎用一部戲劇來形容，那麼沒有一部戲劇能比《古蘭經》章節裡所說的，更淋漓盡致描繪了阿爾・瓦力得內心的巨大衝突。」

字與字間的押韻、選字、造句及當時情境都給我們做了最好的描述，沒有任何一個藝術家能做出比《古蘭經》更好的描述。

33.

思想狹隘的阿布·折害

當《古蘭經》74 章：30 節中對阿爾·瓦力得火獄中的歸宿的內容被降下時，阿布·折害取笑著告訴古萊氏的非信徒說：「穆罕默德 ﷺ 堅稱：『管理它的共計十九名』。他是說火獄裡對你們嚴刑拷打的只有十九個士兵，他們的人數比起你們的要少太多了，你們上百人難道對付不了區區十九個士兵嗎？」

此後真主 ﷻ 再降下《古蘭經》74 章：31 節說道：

「我只派天使做火獄的管理者，我只以他們〔天使〕的數目〔十九位〕考驗不信仰者，以便使受賜經典者〔有經人〕確信〔《古蘭經》是真理，與他們所擁有的經典一致。管理火獄的天使在《討拉特》和《引吉勒》中也是十九位〕，而信士們更加篤信〔《古蘭經》是真理〕，並使受賜經典者和信士們都不懷疑，以免心中有病者〔偽信者〕和不信仰者說：『安拉設這個比喻的旨意是什麼呢？』安拉如此使他所意欲者迷誤，引導他所意欲者遵行正道。除你的主〔安拉〕外，沒有人能知道他〔安拉〕的軍隊

〔天使〕。這〔火獄〕只是對人類的一個警告。」（#）

真主 ﷻ 以此節回應了阿布・折害的愚蠢與無知。

《古蘭經》經注學者阿米爾・熱依旦（Amir Zaydan）在他的《古蘭經》注解當中寫道：「火獄中負責的天使們，我們使他們的數字成為那些褻瀆真主 ﷻ，不信真主 ﷻ 者的猜想，以便那些獲得經書的人們更加確信，而且那些有信仰的人，他們的信仰更加虔誠。那些獲得經書的人，更加堅定不懷疑。以使那些褻瀆真主 ﷻ、為真主 ﷻ 舉伴者，他們心中有著存疑的人說：『真主 ﷻ 到底想暗喻什麼？』真主 ﷻ 意欲引導誰便引導誰，意欲使誰迷失，他便會迷失。真主 ﷻ 的士兵只有真主 ﷻ 知道，除了他無人可知，它就是對人們的一大警告。」

真主 ﷻ 在這裡提到「十九個天使」，一則是為使不信者妄加猜測；另外則是使信仰他的人信仰更堅定。

本・伊司哈葛在他的穆聖傳提到聖訓學者阿茲祖賀立（az-Zuhrī）傳述說：

「一部分非信徒的領導者如阿布・折害；阿布・舒非安・本・哈爾布（此段簡稱阿布・舒非安）；阿爾・阿賀那司・本・夏力各（al-Aḫnas Ibn Šarīq，此段簡稱阿爾・阿賀那司），他們不管嘴上如何否認《古蘭經》，但心裡卻強烈地為之吸引而做出違反族人約定之事！

有一晚上阿布・折害、阿布・舒非安、阿爾・阿賀那司三人不約而同偷偷地走近穆聖 ﷺ 家，他們各自專注地聽著穆聖 ﷺ 誦讀《古蘭經》，對其他人的到來毫不知情，沒有人料到有人也像自己一樣被《古蘭經》美麗的文字與韻律深深吸引著，直到天微亮他們在回家的路上撞見了彼此。他們心知肚明為什麼大家不約而同的到來。為了掩飾自身的尷尬他們互相地譴責對方，並嚴厲指責此事不可再發生，若是讓他人瞧見，身為領導者尚且如此，那麼豈不是又有更多人會追隨穆罕默德ﷺ了嗎？

但在接下來的兩天夜裡他們還是出現在穆聖ﷺ的家前，早晨他們又碰在了一起，他們又互相譴責對方，並承諾不可再犯，在每個人都各自回家後，阿爾・阿賀那司難耐他心裡的疑問，他找到阿布・舒非安的家，他想知道阿布・舒非安聽完《古蘭經》後的感想。阿布・舒非安回答他說：「我以真主ﷻ之名起誓！我所聽到的有些是我知道的，但是也有些是我不理解的！」阿爾・阿賀那司回答說：「我也以真主ﷻ之名起誓！我的情況與你相同。」之後阿爾・阿賀那司又跑去找阿布・折害印證，也問阿布・折害相同的話。阿布・折害說：「之前我們部落之間互相競爭榮耀與尊嚴，不論你贏我輸最後總能達到平手。而今，穆罕默德ﷺ說他是使者！他從真主ﷻ那裡受到了啟示！這讓我們如何爭回我們的尊嚴呢？我用真主ﷻ的名字起誓！我們永遠不會相信他！永遠也不會承認他！」

經由這一段記事，一方面我們看到這三個領導人出於天性內心強烈渴求聽到真主ﷻ的話語，特地潛伏在穆聖ﷺ家附近、試著接近穆聖ﷺ以便聆聽真主ﷻ之言《古蘭經》；但另一方面，他們卻是依然頑固地堅持他們所謂的尊嚴與傳統不肯放棄。

不僅是麥加上流社會的人愛聽《古蘭經》，許多社會低下階層的人也喜歡聚集在穆聖 ﷺ 家前聆聽穆聖 ﷺ 和聖門弟子們讀經。他們特別喜愛聽穆聖 ﷺ 的摯友大賢阿布·巴克爾誦讀，因為他的聲音非常柔和，唸至有感而發之處，伴隨著經文他的眼淚便會不由自主的流下。

伊斯蘭教的敵人們看到這個現象時，內心感覺非常的不安，他們認為這種情形是很危險的。所以當穆聖 ﷺ 和他的聖門弟子們誦讀《古蘭經》時，他們便故意大聲談話或是表示出他們不願聽到的態度，好干擾其他人使他們無法聽到誦讀聲。他們甚至用他們的衣服蓋住他們的眼睛和耳朵，這時真主 ﷻ 降下《古蘭經》41 章：26 節：

「不信道者說：『你們不要聽這《古蘭經》！你們應當擾亂誦經的聲音，或許你們將獲得勝利。』」(*)

在這段經文裡我們看到非信徒們不願追求事實，而是只追求今世的勢力。

真主 ﷻ 在《古蘭經》11 章：5 節中說：

「真的，他們的確胸懷怨恨，以便隱瞞真主 ﷻ。真的，當他們用衣服遮蓋胸部的時候，真主 ﷻ 知道他們所隱諱的和他們所表白的，他確是全知心事的。」(*)

《古蘭經》17 章：110 節中說：

「你〔對他們〕說：『你們可用安拉 ﷻ 之名祈禱，也可用

〔拉赫曼（普慈之主）〕之名祈禱。無論你們用哪個尊名祈求他，一切最美的名稱都是他的。』你在拜中既不要高聲朗誦，也不要低聲默唸，你當在此之間採取一條適中之道。」（#）

真主 ﷻ 命令使者讀經時控制好音量，既不要過分高聲朗誦也不要太小聲，好讓那些秘密前來聽經的人能記住經文，或許他們會理智思考能從中獲益，也為更能保護這群樂意聆聽《古蘭經》的群眾。

34.

第一位在公衆場合誦讀《古蘭經》的聖門弟子

古萊氏對於眼前的局勢倍感威脅，因為對《古蘭經》著迷的人越來越多，只要是對於阿拉伯文有所研究的人，一聽見它非凡的韻調用字，就會被它深深吸引住。不管是信徒或非信徒，就連古萊氏的領導者深夜裡也偷偷地聽著穆聖ﷺ讀經，他們嘴裡說不，但是心裡已經完全被《古蘭經》征服。但是他們的高傲與自尊阻礙了他們承認《古蘭經》就是真主ﷻ的語言，阻擋了他們追隨伊斯蘭信仰的道路。為了警告所有部落的人遠離穆罕默德ﷺ，他們對每一個公然讀經的人加以迫害，使族人不要再聽《古蘭經》，不要再聽穆罕默德ﷺ和他的聖門弟子們的話。他們害怕這些渴望聽經的人會受到穆聖ﷺ及他的聖門弟子們的影響，害怕聽經的人他們接受伊斯蘭，會助長伊斯蘭教的聲勢。

有一天當聖門弟子們聚集在一起的時候，他們突然發現在麥加古萊氏和其他部落的人還沒有在公開的場合聽過《古蘭經》，於是阿布都拉・本・馬司悟得（‘Abdullāh Ibn Mas‘ūd）馬上自告奮勇地表示他願意去實行這項任務。但是遭到聖門弟子們的反對，因為大家擔心他的安危。阿布都拉並非麥加人，在麥加也無人為他作保，他們認為阿布都拉在沒有人陪伴下公開誦讀《古蘭經》太過危險，但眾人的聲浪淹沒不了阿布都拉的決心，他仍然努力爭取著說：「讓我一個人去吧！真主 ﷻ 會保護我的。」

隔天晨禮之後聖門弟子們聚集在天房易卜拉欣立足處（Maqām Ibrahīm）前，阿布都拉・本・馬司悟得便開始誦讀《古蘭經》中的〈至仁主章〉（ar-Raḥmān）。對這突如其來的行動，麥加人凝視著阿布都拉・本・馬司悟得，錯愕得不知該如何反應。但當他們反應過來他所讀的便是穆罕默德 ﷺ 所帶來的《古蘭經》時，他們便朝著阿布都拉・本・馬司悟得的臉上一頓毒打，阿布都拉・本・馬司悟得繼續誦讀直到真主 ﷻ 允許他停止為止。之後他離開了那裡並朝著他的同伴們走去。當同伴們看見他的傷勢時，他們驚呼：「這就是我們所擔心的！」但是這時阿布都拉・本・馬司悟得卻自信地回答道：「對我而言真主 ﷻ 的敵人們從未處於像今天一樣的劣勢，如果你們要，明天我還可以繼續誦經來突襲他們！」其他的聖門弟子們勸他說：「罷了！你今天確實讓他們聽到你唸的《古蘭經》，這對於你來說已經夠了！」

35.

非信徒們再次嘗試說服聖人

古萊氏的權貴們再次向聖人提出豐厚的條件，他們希望穆罕默德ﷺ別再污辱他們所崇拜的偶像，傍晚後，一群古萊氏的代表們匯集在天房前，他們之中有：

- 烏特巴・本・拉必阿
- 沙以巴・本・拉比阿
- 阿布・舒非安・本・哈爾布
- 安那日爾・本・阿爾・哈里司（an-Naḍr Ibn al-Ḥāriṯ）
- 阿布・阿爾・巴賀塔理・阿爾・阿司・本・希珊・本・阿爾・哈里士・本・阿沙得（Abu al-Baḫtarī al-'Āṣ Ibn Hišām Ibn al-Ḥāriṯ Ibn Asad）
- 阿布・折害
- 阿爾・阿司瓦得・本・阿爾・穆塔力伯・本・阿薩得（al-Aswad Ibn al-Muṭṭalib Ibn Asad）
- 祖瑪・本・阿爾・阿斯瓦得（Zumá Ibn Al Aswad）

・阿爾・瓦力得・本・阿爾・姆宜拉

・阿布都拉・本・阿比・伍麥亞・阿爾・馬賀祖米（‘Abdullāh Ibn Abī Umayyah al-Maḫzūmī）

他們派出一個人捎信給穆罕默德ﷺ，表示族人有事欲與他商討。穆聖ﷺ以為他們終於對他帶來的訊息有興趣，終於理智了！他滿懷欣喜的趕去。但是當古萊氏的人再度對他開出以財富、名譽、權勢、女人為條件時，穆聖ﷺ對他們說：「我對你們宣讀了我的真主ﷻ的訊息，並勸告你們接受這個訊息，這對你們將是今世與後世，兩世的喜悅。但是如果你們拒絕，那麼我將耐心的等待，直到真主ﷻ在我們之間做出判決。」

在這個例子上我們可以看出，這些非教徒他們不願意放棄他們的思想模式。他們因熱愛今世而失去理智，而無法理解穆聖ﷺ的立場和堅持，以及他為何在烏特巴・本・拉必阿提出如此誘人的條件時斷然的拒絕。

當古萊氏的人注意到穆聖ﷺ對他們開出的這些條件不為所動時，他們開始對他提出不合理的要求。這些要求更是彰顯了他們的自傲、虛榮與愚蠢。他們說：「穆罕默德ﷺ啊！如果你不願接受我們的條件，那麼我們就再一次請求你！儘管我們曾經向你提過這個要求，你知道沒有人像我們一樣擁有這麼狹窄貧瘠的土地，這麼艱難的生活條件，請求你的真主ﷻ！那個派遣你帶來訊息的真主ﷻ，將這些環繞在我們四周的群山震碎，好讓我們的土地變得寬闊。並賜給我們如夏姆（Šām）和伊拉克境內一般潺潺的河流，還有就是使我們死去的祖先復活，他們之中得有古賽・本・科拉伯（Quṣayy Ibn Kilāb），我們可經由他來證實你在真主 ﷻ 那裡的地位，相信你就是真主 ﷻ 派來的使者。」

穆聖 ﷺ 回答說：「我們不會照你們的要求做！我不是那種會對自己的主 ﷻ 做出那種要求的人，我不是因為你們的要求而被派遣來的，我是為了喜悅的訊息和警示而來，我是個警告者。如果你們接受，這對你們將是今世與後世，兩世的喜悅。但是如果你們駁回或拒絕，那麼我將耐心的等待，直到真主 ﷻ 在我們之間做出判決。」

之後古萊氏的人又想出新點子，他們說：「如果你無法實現我們剛剛的要求，那麼求你的真主 ﷻ 派一個天使前來證實你的身分，並在我們面前為你辯護。求你的真主 ﷻ 賜予你財富，賜給你金銀所建的宮殿和花園，好讓你不用再為了生計而在市集裡工作，這樣我們就能辨識出你在真主 ﷻ 那裡的品級，知道你就是你所堅稱的『使者』。」

穆聖 ﷺ 回答說：「我們不會照你們的要求做！我不是那種會對自己的主 ﷻ 做出那種要求的人，我不是因為你們的要求而被派遣來的，我是為了傳遞喜悅的訊息而來，我是個警告者，如果你們接受，這對你們將是今世與後世，兩世的喜悅。但是如果你們駁回或拒絕，那麼我將耐心的等待，直到真主 ﷻ 在我們之間做出判決」——穆聖 ﷺ 三次都以同樣的答案回答了非信徒的無理要求。

古萊氏人不放棄又繼續說：「那就叫你的真主ﷻ讓天朝著我們掉下來！除非他做要不然我們不會相信你。」穆聖ﷺ回答說：「這個決定在真主ﷻ！如果他願意，他就會對你們做。」

之後真主ﷻ降示了《古蘭經》34 章：9 節：

「難道他們沒有觀察在他們上面和下面的天地嗎？如果我意欲，我必使他們淪陷在地面下，或使天一塊一塊地落在他們的頭上。對於每一個皈依的僕人，此中確有一種跡象。」（*）

古萊氏的人又問：「噢！穆罕默德ﷺ！你的真主ﷻ不知道你要和我們碰面嗎？那他告訴你該如何回答我們的請求？他沒有指示你如果我們不接受你的訊息，那麼在這種情況下我們會變得如何？我們聽說在亞麻麻（Yamāmah）有個人叫阿爾．拉賀曼（ar-Raḥmān）；你所說的都是他教會你的；我們用真主ﷻ的名字起誓！我們絕不可能相信阿爾．拉賀曼！噢！穆罕默德ﷺ，我們真是抱歉。我們用真主ﷻ的名字起誓！我們絕不會讓你平靜的。一直到我們消滅你！或是你消滅我們！」

古萊氏的人所指的這個人其實名叫姆薩里麻．阿爾．卡讓伯（Musaylimah al-Kaḏḏāb），這個人是個騙子，他堅稱自己有聖品。當古萊氏人聽到《古蘭經》的至仁主章時，他們就認為這指的就是姆薩里麻．阿爾．卡讓伯這個人。

36.

穆聖ﷺ對古萊氏再次希望落空

當古萊氏人又再度提出優渥的條件嘗試誘使穆聖ﷺ屈服而放棄宣教時，穆聖ﷺ內心裡有說不出的難過，原來這些人還是一樣執迷不悟。就在這個時候，他的表兄弟阿布都拉．本．阿比．伍麥亞．阿爾．馬賀祖米（此段簡稱阿布都拉）找上穆聖ﷺ並對他說：「噢！穆罕默德ﷺ！你的族人們對你開出那樣豐富的條件，只是要你去求你的真主ﷻ將圍繞麥加的群山震開，讓河水流穿我們的土地，使我們的土地長出綠草。你居然拒絕他們的要求！那麼讓你那些所謂的真主ﷻ的威脅與刑罰快點來！你也拒絕了！」穆聖ﷺ堅決的回答他說：「我不會對我的主ﷻ做出這樣的請求！因為這種態度對真主ﷻ根本是不敬、不正確的，真主ﷻ根本不欠我們什麼！」阿布都拉說：「除非！我親眼見你從天上搬個梯子下來！從那兒帶回經書並由四個天使作證。但就算是這樣我用真主ﷻ的名字起誓！可能我還是不相信你。」在經歷自己的表兄弟阿布都拉如此固執與無理的要求後，穆聖ﷺ傷心的回到了家。

真主ﷻ降下《古蘭經》17 章：90-96 節啟示了所發生的這一切：

「他們說：『我們絕不信你，直到你為我們而使一道源泉從地下湧出。(*)

或者你有一座園圃，種植著椰棗和葡萄，你使河流貫穿其間；(*)

或像你所說的那樣，你能使天一塊一塊落在我們的頭上；或你能把安拉ﷻ和天使們都請到我們面前來；(#)

或者你有一所黃金屋；或者你升上天去，我們絕不信你確已升天，直到你降示我們所能閱讀的經典。』你說：『讚頌我的主超絕萬物！我只是一個曾奉使命的凡人。』(*)

當正道降臨眾人的時候，妨礙他們信道的只是他們的這句話：『難道真主ﷻ派遣一個凡人來做使者嗎？』(*)

你〔對他們〕說：『假如天使們能在大地上安然行走，那麼，我必定從天上降給他們一位天使做使者。』(#)

你說：『真主ﷻ足為我與你們之間的見證，他對於他的僕人們確是徹知的，確是明察的。』」(*)

經文注釋是：

真主ﷻ沒有賦予能力於所有的人，使他們可以看見天使。這也是為何真主ﷻ不派遣天使來作為使者，而是在人們之中遴選一位使者的原因，事實上這是使人們容易。他派天使吉布力爾將啟示傳給穆聖ﷺ。因為他賦予穆聖ﷺ此種特殊能力使他可以看見天使，所以也只有先知們能看見天使，並從天使那裡獲得啟示。

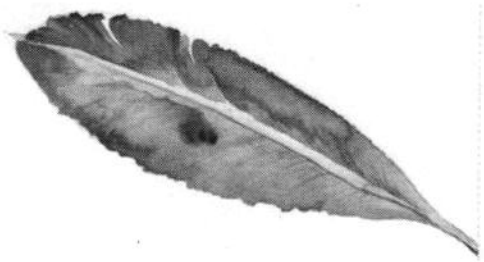

37.

對古萊氏的無理要求眞主 ﷻ 做出回答

《古蘭經》25 章：7-9 節：

「他們說：『這位使者〔穆聖〕怎麼也〔同我們凡人一樣〕吃飯、在集市上行走呢？為什麼不降一位天使給他〔穆聖〕、陪他一起做警告者呢？或者為什麼不降財寶給他呢？或者為什麼他沒有一座供自己食用的果園呢？』不義者說：『你們所追隨的只是一位中了魔的人。』你當觀察他們如何拿你來舉例！他們已誤入歧途。所以，他們找不到任何正道。」（#）

《古蘭經》25 章：20 節：

「我在你之前所派遣的使者，沒有一個是不吃飯的，沒有一個是不來往於市場之間的。我使你們互相考驗，看看你們能忍耐嗎？你的主是明察的。」（*）

經文注釋：

所有的先知與使者們都是凡人，他們也和一般人一樣吃飯、工作、睡覺。但是他們每一位都有著非凡高貴的品行與性格。而穆聖ﷺ他更是有著完美性格與操守。

《古蘭經》21章：7-8節：

「在你〔穆聖〕之前，我曾派遣許多人〔做使者〕並啟示他們。假如你們不知道，你們可以請教受告誡者〔《討拉特》和《引吉勒》的學者〕。（#）

我沒有把他們造成不吃飯的肉身，他們也不是長生不老的。」（*）

古萊氏的人們要求要穆聖ﷺ把撒發、馬爾瓦兩山丘變成黃金作為信仰伊斯蘭的條件，但為穆聖ﷺ所拒。穆聖ﷺ自小便是孤兒，真主ﷻ賦予他完美的行為規範。在一段相當著名的聖訓中，穆聖ﷺ說：「我的主以最好的方式教導我最美好的生活禮儀。」真主ﷻ在《古蘭經》中提到：「穆聖ﷺ具有完美獨特的性格。」

今世的榮華富貴從來不是穆聖ﷺ追求的重點。穆聖ﷺ說：「我的主想為我將環繞麥加的群山變成黃金，可是我回答他：『我的主啊！我願一日飽腹、一日饑餓，好讓我饑餓時請求你、求助於你、記念你、接近你。在我飽腹時我感謝你、讚美你！』」大學者艾哈默德與伊瑪目阿特·鐵爾密濟（Imām at-Tirmiḏī）都傳述了這段聖門弟子阿布·烏瑪瑪所傳述的聖訓。

穆聖ﷺ如果真的要求榮華富貴那麼真主ﷻ一定會答應他的請求；但當真主ﷻ主動提出要給他這些財富時他婉拒了真主ﷻ的好意，他情願一日飽腹、一日饑餓。這不僅使他能在感恩與忍耐之間求平衡，而且會使他與真主ﷻ的緊密關係處於穩定與正直的狀態。學者阿布．夏赫巴針對這件事說：「穆聖ﷺ放棄對物質的需求，就是為了讓大家看到，他身為真主ﷻ最愛的使者，為使他能與全知全能的真主ﷻ的關係更加緊密，他情願選擇飢餓、選擇放棄世俗的物質生活。穆聖ﷺ不是沒有機會過富裕的生活，但是他不願意。穆聖ﷺ是為了給我們所有直至審判日的穆民樹立一個好的榜樣，讓我們面對寬裕的生活條件依然懂得節制。也讓後代的穆斯林在讀到穆聖傳時清楚知道，當他們看到穆民受難受餓時，記起我們最尊貴的穆聖ﷺ，真主ﷻ最愛的僕人也經歷過這些歷練，而且是更艱苦的考驗。穆聖ﷺ的一生中所遭遇到的苦難和任何人相比，是有過之而無不及。

你或許要問為什麼真主ﷻ不答應非信徒們的要求呢？

其實在這些非信徒們未向穆聖ﷺ開口時，真主ﷻ早已知道他們會提出什麼樣的要求，而且並非認真。我們甚至可以從穆聖ﷺ的表兄弟阿布都拉的言詞中可以發現，他對伊斯蘭這個信仰其實根本無心。

《古蘭經》6 章：109-111 節中提到說：

「他們指真主而發出最嚴重的盟誓，如果有一種跡象降臨他們，那末，他們必定確信它。你說：『一切跡象，只在真主ﷻ

那裡。』你們怎麼知道呢？當跡象降臨的時候，他們或許不信它。（*）

我將使他們的心和眼難辨真偽，猶如他們最初不信仰一樣。我將讓他們在他們的悖逆中更加盲從。（#）

即使我使天使們降臨他們，讓死者與他們對話，把萬物都集合在他們面前，除非安拉意欲，否則，他們也不會信仰，而他們大多數人是無知的。」（#）

經文注解：

一般來說先知與聖人們若是為他們的穆民求情或提出要求，真主 ﷻ 會答應。但問題是這些人的舉意並不真誠，如果他們真的對伊斯蘭有興趣，那麼真主 ﷻ 一定會應允他們的要求。但是，就算是讓他們親眼看到，他們所要求的實現了，還是會固執地迷信著崇拜偶像，堅持繼續對真主 ﷻ 的褻瀆行為。以前的民族他們也做過同樣的事。所以當真主 ﷻ 實現了他們的請求，他們還是頑固不信時，真主 ﷻ 便毀滅了他們。這是真主 ﷻ 的定律！

穆聖 ﷺ 是真主 ﷻ 為展現對我們的仁慈而被派遣來的，所有從穆聖 ﷺ 接受啟示之後直到審判日來臨之前所有的人都統稱為「烏瑪」或稱「穆民群體」（Ummah Muḥammad）。從這個群體再區分為兩個不同的團體：

(1) Ummah-al-Iğābah 是指已經接受了伊斯蘭教並且宣揚它的人們。

(2) Ummah-d-Da‘wah 是指受到邀請但尚未接受伊斯蘭教的人。他們是非信徒但也屬於這個「群體」，他們在世界末日到來之前，伊斯蘭會繼續對他們發出邀請。

《古蘭經》29 章：50-52 節中說道：

「他們說：『為什麼沒有一些跡象從他〔穆聖〕的主降給他呢？』你〔對他們〕說：『跡象都在安拉那裡，我只是一位坦率的警告者。』我確已降示你常向他們宣讀的經典〔《古蘭經》〕，難道這對他們還不夠嗎？對信仰的民眾，此中確有一種恩惠和教誨。你〔對他們〕說：『安拉足以做我與你們之間的見證者。他知道天地間的一切。凡迷信虛妄〔偶像〕而不信仰安拉 ﷻ 者，這些人確是損失者。』」(#)

38.

非信徒否認奇蹟中的奇蹟——《古蘭經》

如果他們不相信奇蹟中的奇蹟——《古蘭經》，那麼他們也不會相信其他的奇蹟。就算他們已經知道《古蘭經》是正確的，它並非人類的語言，他們還是否認它。儘管他們覺察到《古蘭經》的語彙與水平使他們嘆為觀止，他們還是不承認。顯示出他們根本沒有願意相信的誠心。

我們再看下一段被啟示的《古蘭經》20章：133節中的經文：

「他們說：『為什麼他〔穆聖〕不從他的主那裡帶給我們一種跡象呢？』難道以前經典中記載的明證〔《討拉特》和《引吉勒》中關於穆聖將降世的消息〕沒有降臨他們嗎？」（#）

《古蘭經》13章：31節：

「假若有一部《古蘭經》，可用來移動山嶽，或破裂大地，或使死人說話，（他們必不信它）。不然，一切事情只歸真主，難道信道的人們不知道嗎？假若真主意欲，他必引導全人類。不信道的人們還要因自己的行為而遭受災殃，或他們住宅的附近遭受災殃，直到真主的應許到來。真主確是不爽約的。」（*）

39.

非信徒堅稱是奴隸把《古蘭經》教給了穆聖ﷺ

古萊氏的非信徒們堅稱是奴隸們把舊經書的內容教給了穆聖ﷺ。然後穆聖ﷺ才假冒是他從真主ﷻ那裡獲得了啟示。因為他們曾經幾次看到穆聖ﷺ在馬爾瓦（Marwah）山丘和信奉基督教的一個名叫賈伯爾（Ğabr）的奴隸交談，賈伯爾是一位鑄劍師。另一段傳述則是說：穆聖ﷺ曾經幾次和一位非阿拉伯人的奴隸名叫亞薩爾（Yasār）的坐在一起交談。亞薩爾同樣也是位鑄劍師。傳述中提到的這兩個奴隸都不是阿拉伯人，也就是說阿拉伯語並非他們的母語。但在這裡我們清楚的知道，《古蘭經》是以阿拉伯語降示的，他的用語並非來自人類，那麼它絕不可能是來自這兩位連阿拉伯語都說不好的人。於是真主ﷻ用一段《古蘭經》中的經文回答了古萊氏的非信徒們，要他們看清事實，但最終他們還是固執地否認了它。

《古蘭經》16 章：103 節：

「我確知他們〔不信仰者〕會說：『這〔《古蘭經》〕只是一個凡人傳授他〔穆聖〕的。』他們所指的那個人講的是外國話，而這部《古蘭經》卻是明白的阿拉伯語。」[#]

關於賈伯爾和亞薩爾這兩位奴隸的名字，他們都被記載在伊瑪目阿爾・庫爾圖比（Imām al-Qurṭubī）和伊瑪目本・甲力爾・阿塔・塔巴里（Imām Ibn Ğarīr aṭ-Ṭabarī）他們的《古蘭經》注著作中。

40.

穆聖 ﷺ 與奴隸、婦女、窮人們平起平坐

古萊氏的非信徒們，特別是位高權重之人，看不慣穆聖 ﷺ 這位出身名門、高貴又擁有非常好的名聲的人居然與奴隸、婦女、窮人們這些次等或劣等人平起平坐。穆聖 ﷺ 不僅與他們同坐交談，並甚至教導他們伊斯蘭教的教門知識。這些人當中有比拉爾・本・拉巴賀・阿爾・哈巴西（Bilāl Ibn Rabāḥ al-Ḥabašī）、蘇海布・阿爾・盧米（Ṣuhayb ar-Rūmī）、阿瑪爾・本・亞細爾（‘Ammār Ibn Yāsir）、哈巴伯・本・阿爾・阿拉特（Ḫabbāb Ibn al-Aratt）等等。這些人都是奴隸，既窮又沒有社會地位，本來就是不被重視的人。所以他們非常渴望能多學習伊斯蘭教的知識，希望自己會有所進步。但非信徒們對這個事情的看法給予最負面的評價。他們嘲笑那些奴隸就連穆罕默德 ﷺ 也不放過。更調侃的說：「看穆罕默德 ﷺ 和什麼樣的人同坐？拿

什麼人當朋友？跟什麼樣的人打交道？難道與我們相較之下真主 ﷻ 偏愛了這些人了嗎？給了他們信仰卻讓我們迷失嗎？如果穆罕默德 ﷺ 帶來的訊息是真的是好的，那麼真主 ﷻ 應該使我們優先在他們之前才對啊！」真主 ﷻ 是全知與全視的！他聽到他們的談話，知道他們的想法。於是崇高的真主 ﷻ 用下面一段經文回答他們。

《古蘭經》6 章：53 節：

「我如此使他們互相考驗，以便他們說：『難道這些人〔窮信士〕就是我們中安拉施予恩惠的人嗎？』難道安拉不是最知道感恩者的嗎？」[#]

41.

弱勢者在真主 ﷻ 那裡有著極高的品級

真主 ﷻ 讓非信徒們看到這些所謂沒有社會地位的弱勢者，他們在崇高的真主 ﷻ 面前有著什麼樣的品級！在這些非信徒們的眼裡，他們這些人不過就是一些卑微低下根本毫不起眼的人罷了！但是真主 ﷻ 降下這段經文讓非信徒們知道，這些他們眼裡根本瞧不起的人，正因為他們的信仰堅定所以在真主 ﷻ 那裡有著極高的品級。這些有權有勢的人違背良心不願相信，隨便找來些理由搪塞故意製造事端。他們說：「權貴者之所以不願相信，是因那些窮人們追隨了這個信仰。」在《古蘭經》中我們不難發現穆聖 ﷺ 之前的民族也曾如此說過。

《古蘭經》46 章：11 節中說道：

「不信道的人們評論信道的人們說：『假若那是一件善事，他們不得在我們前信奉它。』他們沒有因他而遵循正道，故他們的偏執已顯著了，他們要說：『這是陳腐的妄言。』」（*）

《古蘭經》11章：27-31節中說道：

「但他的宗族中不信道的貴族說：「我們認為你只是像我們一樣的一個凡人，我們認為只有我們中那些最卑賤的人們才輕率地順從你，我們認為你們不比我們優越。我們甚至相信你們是說謊的。」(*)

他說：「我的宗族啊！你們告訴我吧，如果我是依據從我的主降示的明證的，並且曾受過從他那裡發出的慈恩，但那個明證對於你們是模糊的，難道你們憎惡它，而我們強迫你們接受它嗎？(*)

我的宗族啊！我不為傳達使命而向你們索取錢財，我的報酬只歸真主負擔。我不驅逐信道的人們。他們必定要會見他們的主，但我認為你們是無知的民眾。(*)

我的宗族啊！如果我驅逐他們，那末，誰能保護我不受真主的懲罰？你們怎麼不覺悟呢？(*)

我既不會對你們說我擁有安拉的寶藏，我也不知道未見之物；我既不會〔對你們〕說我是一位天使，我也不會對你們所藐視的人說：『安拉絕不會賜給他們任何財富。』安拉最知道他們心中的一切。假如我做了，我必成了不義者。』」(#)

《古蘭經》6章：52節：

「凡早晚祈求他們的主並尋求其喜悅者，你不要驅逐他們，你對他們的清算毫無責任，他們對你的清算也毫無責任。如果你驅逐他們，你將成為不義者。」(#)

42.

眞主 ﷻ 告誡穆聖 ﷺ 不可爲非信徒委曲求全

因為非信徒們看不慣穆聖 ﷺ 與他們眼中那些低賤卑微的人在一起，他們藉口說他們其實是想要和穆聖 ﷺ 碰面的，但是受不了這些人他們的衣服和他們身上所發出的臭味。這些臭味使他們覺得噁心，他們不想和這些人坐在一起，於是他們要求穆聖 ﷺ 不要再做這樣的事！穆聖 ﷺ 做出一個肯定的回答，這個回答也是先前的先知們給過的答案，那就是：「我不會驅逐他們！」非信徒們還是不放棄，一而再、再而三地和穆聖 ﷺ 談條件，當他們靠近穆聖 ﷺ 時就要他把奴隸們趕走，還要等到他們離開之後奴隸們才可以再到穆聖 ﷺ 的身邊。穆聖 ﷺ 多麼希望古萊氏的非信徒們終能獲得正道獲得解救，所以委曲求全地同意他們的要求。就在此時，真主 ﷻ 降下啟示提醒穆聖 ﷺ 他不應該做出如此的決定。全知的真主 ﷻ 不希望他的使者因為那些高傲自負而且根本無心接受伊斯蘭的人而驅逐這些貧窮弱勢真正追求信仰的人。這些表面上看來貧窮弱勢的信仰者，其實在真主 ﷻ 那裡卻享有很高的品級。因此，當穆聖 ﷺ 再見到聖門弟子時，他親切熱情的擁抱歡迎他們，他對他們說：「歡迎你們，因為你們，我的主警告我了！」穆聖 ﷺ 與他們膝碰膝、面對面席地而坐，直到他覺得足夠時，才起身離去。

在這之後真主 ﷻ 降下一段啟示，他提醒穆聖 ﷺ 對信仰者要多些耐心，真主 ﷻ 要求他對那些時刻誠心誠意記念真主 ﷻ 的人要耐心陪伴，不要輕易離開他們。這之後穆聖 ﷺ 便等待眾人離去之後他才起身離開。穆聖 ﷺ 曾說：「感讚真主 ﷻ，所有的讚頌皆歸於真主 ﷻ！他在未使我死去之前，讓我的穆民來教育我的私慾使我忍耐。我與我的穆民同生同死，生和你們在一起，死也和你們在一起。」

43.

盲人阿布都拉・本・烏姆・馬克圖姆前來問道

盲人阿布都拉・本・烏姆・馬克圖姆（'Abdullāh Ibn Umm Maktūm）來找穆聖ﷺ問道，當時穆聖ﷺ正與一些古萊氏的顯貴坐在一起談話，這些人當中有阿布・折害、阿爾・瓦力得・本・阿爾・姆宜拉、阿爾・阿巴斯・本・阿布都爾・穆塔力伯（al-'Abbās Ibn 'Abd al-Muṭṭalib）等人。穆聖ﷺ非常珍惜這次的機會，他真心希望至少他們其中一人或者更多能接受伊斯蘭，如果他們能成為穆斯林，那麼以他們的影響力必能使他們的家人或者奴隸接受伊斯蘭。就在穆聖ﷺ正在與他們談話時，盲人阿布都拉開口說：「噢！真主ﷻ的使者！教導我《古蘭經》吧！教導我吧！」穆聖ﷺ聽到了他的話卻沒有回應他，於是阿布都拉又再重複說了好幾次。

阿布都拉是個瞎眼的人，他看不見穆聖ﷺ正忙著，因此他無法估計他的問題來得是不是時候。而穆聖ﷺ這一方他想把握時機，不想打斷與古萊氏人們的談話，不知道錯過這次機會什麼時候再能和他們談話，他心想阿布都拉是聖門弟子，任何時候他都可以再來和他談話或學習問道。阿布都拉這時還是沒有停止發問，旁人都看出了穆聖ﷺ動怒了。就在此時真主ﷻ降下啟示，欲適時給予穆聖ﷺ教育及提醒，並使穆聖ﷺ的尊貴性格更加完美。

《古蘭經》80 章：1-13 節：

「他（先知）皺著眉離開了。因為有個瞎子來到他那裡（插嘴）。如何才能使你知道，他也許要增進（他的身心的）清淨，他也許要聽取（忠告），因而使提示（古蘭）能夠對他有益呢？至於自以為富足無求的人，你卻對他關注。如果他（富足的人）不清淨他自身，你是沒有責任的。但是，（滿懷熱望）到你那裡來的人，和心懷畏懼的人，你卻對他顯得不關心。決不（可以）！這（古蘭）的確是一個提示。所以，誰願意，就讓他留意它。（它是被記錄）在尊貴的、崇高的、聖潔的（經）頁上。」（仝道章譯本，以下本文以＋表示本段所引經文出自仝譯古蘭經本。）

經文注解：

這一章為〈皺眉章〉，它意味著從皺眉的臉看出來這個人是生氣了。真主ﷻ在這裡讓我們知道穆聖ﷺ在這個情況下對盲人阿布都拉．本．烏姆．馬克圖姆的反應，他警告穆聖ﷺ不應該因為招呼對那些並非誠心來問道的人而忽略一個有心學習的人。〈皺眉章〉的 1-13 節都在敘述這個事件的整個過程。這也在指示我們《古蘭經》不可能為穆聖 ﷺ 所寫。因為沒有一個作者不會在自己的作品裡嘗試掩飾自己的錯誤，會試圖掩蓋它，以免使自己覺得羞愧。而〈皺眉章〉的 1-13 節正是造物主對他的使者譴責的內容，穆聖 ﷺ 忠實於真主 ﷻ 所以將所有的啟示，即使是對自己的譴責，也公諸於世。《古蘭經》是如此震撼人心，它在這個環節上非常清楚的證明了它並非穆聖 ﷺ 之作，而是造物主的話語。

對東方學者和那些不承認《古蘭經》是真主ﷻ的話語的人，他們指稱：「《古蘭經》是穆罕默德ﷺ之作！」那麼這裡就是一個明確的反證。雖然穆聖ﷺ在這件事情上的動機是好的，而且他也的確幾乎將他所有的時間都給了聖門弟子。但在這裡真主ﷻ責備他、糾正他，要他不用特意地花時間去對那些不願接受伊斯蘭的人宣教，而是把時間用來照顧那些追隨他的聖門弟子們！

在這次的事情之後，當穆聖 ﷺ 再看到盲人阿布都拉時，他用最好的、最溫暖方式微笑著歡迎他，並且對他說：「歡迎你！這個使我的主警告我的人！你有什麼請求是我能為你做的嗎？」

44.

猶太教士們的三個問題

麥加人一方面試圖阻礙穆聖 ﷺ，另一方面四處打聽穆聖 ﷺ 的行徑並且散佈穆罕默德 ﷺ 說謊的謠言。他們決心證實穆罕默德 ﷺ 所言並非屬實，於是特別派了兩個與穆聖 ﷺ 最為敵對的人到麥地那去，他們是安那日爾・本・阿爾・哈里司（an-Naḍr Ibn al-Ḥāriṯ，此段簡稱安那日爾）和烏各巴・本・阿比・姆宜特（‘Uqbah Ibn Abī Mu‘īṭ，此段簡稱烏各巴）。他們知道在麥地那居住著一些熟知舊約全書的基督徒與猶太人。他們和猶太教教士打聽關於最後一位先知的消息。這些猶太人是在夏姆被驅逐後逃到麥地那來的，因為勢力單薄經常受到阿拉伯人的輕視，因此他們對麥地那人提起他們的古經書中提到最後一位先知即將到來的消息，期望這位最後的先知會出現在他們之中，並且經常以此相要脅。猶太人建議安那日爾和烏各巴提出三個問題來測試穆罕默德 ﷺ，如果他答對了，那麼他就是舊約中提到的最後一位先知與聖人。如果他答錯了，那就看你們要如何處置他了。

這三個問題分別是：

(1) 關於以前在歷史中失蹤的青少年們。

(2) 一位能橫越東西方的人，他做了什麼事？

(3) 什麼是靈魂（Rūh）？

44.1 穆聖 ﷺ 的疏忽

在得到猶太人所建議的這三個問題後安那日爾・本・阿爾・哈里司和烏各巴・本・阿比・姆宜特便從麥地那匆匆回到麥加，他們馬上向穆聖 ﷺ 提出這三個問題。穆聖 ﷺ 聽完他們的問題後不加思索地回答道：「明天我給你們答案！」卻忘了說一句：「如真主 ﷻ 所願」（Insha Allāh）這句決定性的話。古萊氏的非信徒走後，穆聖 ﷺ 一直在等大天使吉布力爾帶著真主 ﷻ 的啟示到來。可是日子一天天的過去了，大天使吉布力爾一直沒有出現，這整整等待的十五天裡，麥加城鬧得沸沸揚揚，隨著時間的拖延，麥加城的氣氛著實令人緊張不安。空氣像是凍結了似的；穆聖 ﷺ 越沉默，古萊氏的氣勢就越高昂，越覺得這證實他們追隨祖先的信仰崇拜偶像是對的，穆罕默德 ﷺ 就是個騙子。穆聖 ﷺ 與聖門弟子們這一方則是心情非常沉重難過，這對穆聖 ﷺ 是一個非常大的考驗，因為他對古萊氏的承諾無法對現，這段時間裡穆聖 ﷺ 被當成了騙子。到了第十五天啟示終於降臨，這時穆聖與聖門弟子們才大大鬆了一口氣。

學者們解釋說：「如果有人破壞了對待真主 ﷻ 的規則，那麼真主 ﷻ 就會使他留意！」穆聖 ﷺ 確信真主 ﷻ 知道所發生的一切，知道他若是向真主 ﷻ 祈求必定會被接受，關鍵是他忘了說「如真主 ﷻ 所願」這句話。真主 ﷻ 就會使他留意！這不僅是對穆聖 ﷺ 也是對我們的提醒。

44.2 等待的煎熬

大天使吉布力爾在第十五天才受真主 ﷻ 派遣到來，並啟示給穆聖 ﷺ《古蘭經》的第十八章〈山洞章〉的第一節經文：

「一切讚頌，全歸真主！他以端正的經典降示他的僕人，而未在其中製造任何偏邪，」（*《古蘭經》18 章：1 節）

大天使吉布力爾啟示給穆聖 ﷺ 的答案即在《古蘭經》的〈山洞章〉。大天使傳達真主的啟示之後，穆聖 ﷺ 對他說：「這段時間人們說盡我的壞話，把我想像成無惡不作的壞人，而你卻整個時間都沒有出現。」大天使吉布力爾回答道：「我們只聽從你的主的命令，所有在我們之前的、之後的、介於我們之間的，全都在他的掌握之中。他永不健忘。他派遣只因他願意，不是應不信教者的要求。」

經文解說：

這段經文以「一切讚頌，全歸真主 ﷻ！」開始，之後才是給他僕人的訊息。證實了這本經典是真主 ﷻ 降示給他的僕人，他的僕人從他那兒獲得啟示。真主 ﷻ 在他所意願的時間點回答。他並且證實《古蘭經》是最大的奇蹟，它沒有任何偏邪，沒有任何疑問和缺失。

44.3 真主 ﷻ 的提醒與解答

《古蘭經》是讓使者一方面警告那些不信教和犯罪的人，另一方面則是安慰穆聖 ﷺ，並且指示他已在不信教者身上花費太多力氣。

《古蘭經》18 章：1-5 節：

「一切讚頌，全歸真主！他以端正的經典降示他的僕人，而未在其中製造任何偏邪，以便他警告世人，真主要降下嚴厲的懲罰；並預告行善的信士們，他們得受優美的報酬，而永居其中；且警告妄言『真主收養兒女』的人。他們和他們的祖先，對於這句話都毫無知識，他們信口開河地說這句荒謬絕倫的話。」（*）

真主 ﷻ 針對猶太人所提出的三個問題做出了以下的回答：

針對第一個問題的答案是：

《古蘭經》第十八章〈山洞章〉中所提到的三位年輕人。

他們因為信仰受到族人們的跟蹤，於是跑到洞穴裡尋求庇護。真主 ﷻ 在〈山洞章〉中敘述這個事件，並以此命名這一章。真主 ﷻ 以此回答了古萊氏所提的第一個問題。

針對第二個問題答案是：

海迪爾（Ḥiḍr）他是生活在聖人穆薩時期一個獨具智慧，能橫越東西方的智者（Wali）。他的品級僅次於聖人。儘管穆薩為聖人，但真主 ﷻ 賜予海迪爾穆薩所沒有的知識還賜予他特殊的能力[67]。當穆薩知道海迪爾是如此不尋常的人時，他請求海迪爾讓他跟著海迪爾一起旅行。起初海迪爾不肯，因為他認為穆薩看到他的辦事方式時，一定不可能保持沉默不發問。經穆薩一再保證後，海迪爾和他約法三章，只要穆薩開口問三次便不可繼續與他同行，穆薩同意海迪爾的要求。果然不出所料，穆薩一而再、再而三的提問，想起約定時，便又悔不當初不斷道歉，就在他三次提問後，海迪爾為穆薩解答並告訴穆薩不可繼續和他旅行了。穆聖 ﷺ 提到這個歷史時說道：我們從這件事學到一些教訓，就是如果穆薩當時多些耐心，那麼我們現在便可以獲得更多的知識；再則凡事不可只憑當下的判斷而妄下定論，有些時候，我們必須有耐心才能等到事情的真相。

有關第三個問題——何謂靈魂（Rūh）？

所有的生物都有靈魂，人類是既有靈魂也有理智，而有些生物雖有靈魂卻沒有理智。關於靈魂，真主 ﷻ 在《古蘭經》17 章：85 節中提到：

「他們問你〔穆聖〕『靈魂』是什麼。你〔對他們〕說：『靈魂唯我的主知道，你們〔人類〕只受賜了〔關於靈魂〕很少

---

67 這些特殊能力我們稱它為 Kirama。

的知識。』」（#）

真主 ﷻ 清楚的告知這是一個屬於真主 ﷻ 絕對的知識！它是一個秘密的知識！一個不為人類所知的秘密！

對於第 17 章〈夜行章〉第 85 節是屬於在麥加或在麥地那被啟示的，曾經有所爭議，因為這一節曾不只一次被傳下。那到底它是屬於哪一個呢？

伊瑪目阿特・鐵爾密濟主張它屬於在麥加啟示的章節。學者本・凱西爾（Ibn Kaṯīr）說：「有些經文因為內容很重要，它是為了提醒人們的注意，所以重複地出現在《古蘭經》中。」伊瑪目阿扎爾凱西（Imām az-Zarkašī）也支持這個看法，一個小節重複地被啟示並沒有什麼問題，這足見他的重要性，對人們來說是一大幸事。

也有部分學者支持這段經文是在麥地那被啟示的，他們以布哈里聖訓集中阿布都拉・本・馬司悟得的傳述為證，他說：「我當時和穆聖 ﷺ 在一起，我們經過一群猶太人的身邊。他們問穆聖 ﷺ 什麼是靈魂？穆聖 ﷺ 沉默不言，我觀察他的表情知道他正在受到啟示，之後他開口引述了《古蘭經》17 章：85 節。」

45.

猶太教士向穆聖ﷺ問道

穆聖ﷺ到了麥地那之後，當地的猶太教士前來問他關於《古蘭經》中第 17 章第 85 節的經文，他們說：「噢！穆罕默德ﷺ，如果你說：『你們只獲得很少的知識，』你所指的『你們』是指我們猶太人還是你們自己？」穆聖ﷺ回答說：「指的既是你們也是我們。」猶太教士接著問：「可是你在你所得到的啟示，你引述說：『穆薩所得到的舊經書《討拉特》，從它那裡我們可以找到對所有事情的解釋！』而現在你又引述說：『你們只獲得很少的知識，』這與你先前所說的相反，你對此如何解釋？」穆聖ﷺ回答說：「以舊經書的知識與真主ﷻ的知識相比較，舊經書是微不足道的；但對你們而言，舊經書裡的知識，如果你們遵循它的話，它對於你們卻是足足有餘。這樣的知識與真主ﷻ的知識相較之下是非常渺小的。」這時《古蘭經》的 31 章：27 節被啟示下來：

「假若用大地上所有的樹來製成筆，用海水作墨汁，再加上

七海的墨汁，終不能寫盡真主 ﷻ 的言語。真主 ﷻ 確是萬能的，確是至睿的。」（*）

另外在《古蘭經》18 章：109 節它指出真主 ﷻ 無止境的知識：

「你說：『假若以海水為墨汁，用來記載我的主的言辭，那末，海水必定用盡，而我的主的言辭尚未窮盡，即使我們以同量的海水補充之。』」（*）

46.

安那日爾・本・阿爾・哈里司反駁穆聖ﷺ

穆聖ﷺ與古萊氏非信徒之間有不少次的討論，在討論中非信徒一直嘗試從《古蘭經》中找出反證矛盾之處。下面的事件便是一個例子。穆聖ﷺ有一回和阿爾・瓦力得・本・阿爾・姆宜拉還有其他古萊氏的人坐在天房旁，每次當穆聖ﷺ開口說話時，安那日爾・本・阿爾・哈里司就不斷地反駁穆聖ﷺ，穆聖ﷺ的回答使得安那日爾・本・阿爾・哈里司啞口無言。最後穆聖ﷺ引述了《古蘭經》21 章：98-100 節：

「你們〔不信仰者〕和你們舍安拉ﷻ而崇拜的都是火獄的燃料，你們都將進入其中〔受火刑〕。假如這些〔偶像〕是主宰，他們就不會進入火獄了。他們將永居其中〔受火刑〕。他們將在火獄裡歎息吼叫，他們在那裡將一無所聞。」（#）

之後穆聖ﷺ便起身離開。他走後不久便來了另一位非信徒的人名叫阿布都拉・本・阿止・幾巴拉・阿斯・沙賀米（‘Abdullāh Ibn az-Ziba‘rā as-Sahmī，此段簡稱阿布都拉），阿爾・瓦力得・本・阿爾・姆宜拉告訴他：「我以真主 ﷻ 的名字起誓阿布得・阿爾・穆塔力伯的兒子（這裡是指穆聖 ﷺ）他把安那日爾・本・阿爾・哈里司給徹底的打敗了！穆罕默德 ﷺ 聲稱我們和那些神像們將會成為火獄裡的燃料。」阿布都拉聽完他的話便說：「我以真主 ﷻ 的名字起誓，如果讓我找到他，我一定說得他啞口無言！你們問他那就是說那些除了真主 ﷻ 以外被膜拜的神像，和那些崇拜它們的信徒們都將入火獄。照他那麼說，那麼像我們崇拜天使、猶太人說他們崇拜烏冉也（‘Uzayr）[68]、基督教徒崇拜瑪利亞的兒子爾撒，這些人與天使豈不是也通通將入火獄了？」

古萊氏的非信徒聽完阿布都拉的辯論都非常振奮，心想這下看穆罕默德 ﷺ 怎麼說？他們好奇的趕去找穆罕默德 ﷺ。此時穆聖 ﷺ 回答道：「每個期待、愛或崇拜除了真主 ﷻ 以外其他者，將會與他所崇拜的一起。」

的確！他們只崇拜惡魔，只有那些受惡魔命令者，才會崇拜它。

《古蘭經》21 章：101-103 節：

---

68 烏冉也出現在《古蘭經》〈懺悔章〉第 30 節，該經文指出，猶太教徒認為烏冉也是安拉的兒子，但伊斯蘭信仰並不認為如此。

「凡蒙我賜福者，這些人將遠離火獄。他們將聽不到（火獄的）任何聲音，他們將永居於他們所喜愛的生活中。（復活日），最大的恐怖不會使他們憂愁，天使們將來歡迎他們：『這就是你們所被許諾的日子。』」（#）

47.

真主 ﷻ 在《古蘭經》中親自回應非信教徒的問題

✧ 阿爾．阿賀那司．本．夏力各

他在族裡聲望極高，大家都很尊敬他。他在人前說了很多穆聖 ﷺ 的壞話。真主 ﷻ 降下《古蘭經》68 章：10-13 節形容他這個人：

「你不要順從每個妄誓的、卑賤的、說謊的、進饞的、吝嗇的、過分的、犯罪的、粗鄙而且是私生子的人。」[*]

大多數的學者認為這段《古蘭經》是針對阿爾．阿賀那司．本．夏力各來的，但也有人認為是阿爾．瓦力得．本．阿爾．姆宜拉，第三種可能性則認為是阿布．折害，再則認為是阿爾．阿司瓦得．本．阿伯得．亞古世（al-Aswad Ibn ‘Abd Yaġūṯ）。

✧ 阿爾・瓦力得・本・阿爾・姆宜拉

他非常妒嫉穆聖ﷺ，身為族裡的名人，他經常說：「我是族裡最重要的貴族之一，為什麼得到啟示的不是我或者是阿布・馬司烏得・阿莫爾・本・伍麥亞・阿薩嘎非（Abū Mas'ūd 'Amr Ibn 'Umayr aṯ-Ṯaqafī），而是穆罕默德ﷺ，這正常嗎？」這時真主ﷻ降下《古蘭經》43 章：31-32 節：

「他們說：『怎麼不把這本《古蘭經》降示兩城中任何一城的要人呢？難道他們能分配你的主的恩惠嗎？我將他們在今世生活中的生計分配給他們，我使他們彼此相差若干級，以便他們層層節制。你的主的恩惠比他們所積蓄的更優美。』」（*）

✧ 阿布・折害

當阿布・折害聽到《古蘭經》降下的內容時，他問那些非信道的人說：「穆罕默德ﷺ用它來威脅你們的贊古木（Zaqqūm），你們知道它原來是什麼嗎？」他們回答說：「不知道。」阿布・折害說：「說穿了不過就是一種椰棗樹（它是來自葉門最早、最古老、最高貴的品種叫阿敘哇（'Aǧwah）。」真主ﷻ為了使他們明瞭，它並不是阿布・折害所說的椰棗樹，所以降下《古蘭經》44 章：43-46 節：

「（火獄裡）贊古木樹的果子，確是罪人的食物，像銅水一樣在〔他們的〕腹中沸騰，像沸水一樣沸騰。」（#）

在這之後阿布・折害又再威脅穆聖ﷺ，如果穆罕默德ﷺ不停止辱罵他們的神像，他們也會以其人之道還治其人之身。（穆聖 ﷺ 對他們說這些神像不過是石頭做的，它對你們根本無益也無害，崇拜它們是無意義的。）這時真主 ﷻ 降下《古蘭經》6章：108節：

「你們不要辱罵他們舍真主 ﷻ 而祈禱的（偶像），以免他們因過分和無知而辱罵真主 ﷻ。我這樣以每個民族的行為迷惑他們，然後，他們只歸於他們的主，而他要把他們生前的行為告訴他們。」（*）

在這裡真主 ﷻ 囑咐穆聖 ﷺ 他們不可再提及那些神像，好讓那些非信徒們不因他們的無知而陷入更深的罪惡之中。真主 ﷻ 吩咐穆聖 ﷺ 要他只專心在宣教上。

✧ 阿爾・阿司・本・瓦伊爾・阿司沙賀米

非信教徒們繼續拿著穆聖 ﷺ 所說的訊息開玩笑，哈巴伯・本・阿爾・阿拉特（Ḫabbāb Ibn al-Aratt，此段簡稱哈巴伯）是位有名的鑄劍師，也是位聖門弟子。他的鑄劍功夫非常好，就連不相信伊斯蘭的這些非信徒們也喜歡找他鑄劍。阿爾・阿司・本・瓦伊爾・阿司沙賀米（al-‘Āṣ Ibn Wā’il as-Sahmī）就是其中一個。但這回他拿了劍之後沒付錢便走了。哈巴伯上門找他要工錢，沒想到阿爾・阿司居然說：「你不是追隨你的朋友穆罕默德 ﷺ 的信仰嗎？他不是告訴你們將來是天堂的居民，在天堂什麼黃金、衣飾、僕人你們可以要什麼有什麼嗎？」哈巴伯說：「是啊！是這樣！」阿爾·阿司繼續嘲諷地說：「那麼你就等到審判日吧！那時我就會把你應該得到的付給你。我用真主ﷻ之名起誓，在天堂裡你還有你的朋友穆罕默德ﷺ，你們的品級不可能比我高，你們的獎賞也不可能超越我。」這時真主ﷻ降下《古蘭經》19 章：77-80 節：

「你曾看見那不信我的表徵，自稱（必定蒙賜資財子女）的人嗎？（&王靜齋譯本，本文以下以&表示王靜齋譯《古蘭經》本。）

他曾窺見幽玄呢？還是他曾與至仁主訂約呢？(*)

不是的，我即將記錄他所說的；我為他延長刑罰，切實地延長。(&)

我將繼承他所說的財產和子嗣。而他將單身來見我。(*)」

這就是真主ﷻ對阿爾·阿司的回答，真主ﷻ對他這種傲慢自大的非信徒的威脅。

✧ 烏貝依·本·哈拉夫

有一天，烏貝依·本·哈拉夫（Ubayy Ibn Ḫalaf）手上握著一根易碎的老骨頭前來找穆聖ﷺ，他問穆聖ﷺ說：「噢！穆罕默德ﷺ！你不是說真主ﷻ會讓像這樣的骨頭化為灰燼然後再使它復活嗎？」說完的當下，烏貝依·本·哈拉夫把骨頭給敲碎並且將灰塵吹向穆聖ﷺ。穆聖ﷺ這時肯定地回答他說：「是的！我說過。真主ﷻ會使這根骨頭包括你，當你也像這根枯骨時，使你復活並使你進入火獄！」就在這時真主ﷻ降下《古蘭經》的 36 章：78-83 節：

「他為我設了一個譬喻，而他忘卻了我曾創造他。他說：『誰能使朽骨復活呢？』你說：『最初創造他的，將使他復活；他是全知一切眾生的。他為你們用綠樹創造火，你們便用那綠樹燃火。』難道能造天地的，不能造像他們那樣的人嗎？不然！他確是善造的，確是全知的。當他欲造化任何事物的時候，他的事情只是說聲：『有』，它就有了。讚頌真主ﷻ，超絕萬物！一切事物的主權都在他的掌握之中，你們只被召歸於他。」(*)

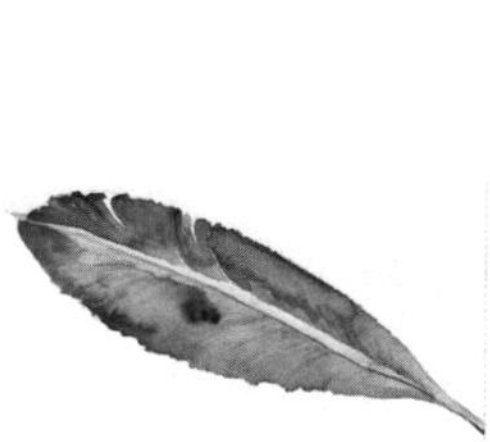

48.

穆聖 ﷺ 拒絕接受非信教徒的提議

不信教的人們既不願意相信又不願意面對事實。他們不僅對穆聖 ﷺ 表現出驕傲與傲慢的態度，同樣的也對真主 ﷻ 如此。這天阿爾・阿司瓦得・本・阿爾・穆塔力伯・本・阿薩得和伍麥亞・本・哈拉夫、阿爾・瓦力得・本・阿爾・姆宜拉、阿爾・阿司・本・瓦伊爾・阿司沙賀米他們前來找穆聖 ﷺ 妥協，他們提議說：「這樣好了！我們一天拜你的真主 ﷻ，你也一天拜我們的神像。這樣我們就可以達成協議，如果我們的神像是好的那麼你也受益，那如果你的真主 ﷻ 是好的我們也受益。」他們想用這種表面上看起來公平而事實上卻是狡猾惡意的方式，欲使穆聖 ﷺ 所傳達的信仰受到污染，進而達到阻止穆聖 ﷺ 繼續宣教的目的。他們不會理解伊斯蘭信仰的背後是多麼的嚴肅莊嚴與純潔，不容許有絲毫的偏差與混淆。古萊氏的非信徒不敢悖逆家人和祖先所承襲或所教導的迷信，固執、愚蠢的拒絕穆聖ﷺ所帶來的正確信仰，更讓人驚訝的是他們居然提出這樣的交易。就在這時真主ﷻ降下《古蘭經》109章：1-6節：

「你〔穆聖〕說：『不信仰者啊！我不崇拜你們所崇拜的，你們也不崇拜我所崇拜的；我不會崇拜你們所崇拜的，你們也不會崇拜我所崇拜的。你們有你們的宗教，我有我的宗教〔伊斯蘭教〕。』」（#）

當這些非信教徒發現談判、勸說、威脅、利誘都沒有辦法達到他們所期望的結果，他們又改變了他們的行動。他們盤算著用更低級的污辱與更嚴重的傷害來對付穆聖ﷺ。麥加由於是朝覲的聖地再加上市集上的大量買賣一直都是人潮洶湧，穆聖ﷺ利用這樣的機會和不同部落的人交談，和他們宣教。安那日爾·本·阿爾·哈里司是古萊氏中一位熟知許多關於波斯國王與羅馬帝國的寓言故事的人。每次當穆聖ﷺ和一些人宣教時，他就尾隨在後，然後跟這一群人講那些他所知道的故事。安那日爾堅稱：「穆罕默德ﷺ所說的也不過是他自己編成的故事罷了！他還以為他說得比別人好呢！」之後他便不斷地重複這種惡行。就在這時真主ﷻ降下《古蘭經》25章：5-6節：

「他們說：『這是古人的神話，他使人抄錄下來，朝夕對他誦讀。』你說：『知道天地的奧秘者降示了它。他確是至赦的，確是至慈的。』」（*）

《古蘭經》68 章：15 節：

「當我的啟示對他誦讀時，他說：『這只是古代的寓言！』」（+）

《古蘭經》31 章：6-7 節：

「有人購買無謂的談話，以便他無知無識地使人背離真主 ﷻ 的正道，而且把它當作笑柄。這等人，將受凌辱的刑罰。有人對他宣讀我的跡象的時候，他自大地退避，彷彿沒有聽見一樣，彷彿他的兩耳重聽一樣。你以痛苦的刑罰，向他報喜吧。」（*）

本・伊司哈葛傳述道：「就在這些經文被啟示後，安那日爾突然客觀起來，他誠實地面對自己的良知，一反常態地和他那些麥加顯要的朋友們說：『古萊氏的人們啊！真的！我以真主 ﷻ 之名起誓！這確實是有件事降示於你們了！你們是無法阻撓它的！穆罕默德 ﷺ 自小在你們當中就以誠信著稱。等他到了不惑之年他對你們宣告真主 ﷻ 的訊息，你們如今卻指控他為魔法師！我們都見過那些所謂的魔法師，那些人打了繩結並對著它施以魔法，我以真主 ﷻ 之名發誓！他不是魔法師！你們說他是巫師，我們都見過那些所謂的巫師，那些人滿口胡言亂語。我以真主 ﷻ 之名發誓！他不是巫師！你們又說他是詩人，我們都見過各式各樣的詩人，也聽過各種詩詞，但他並非詩人。你們又說他是瘋子，我們都見過瘋子，他和那些瘋子根本沒有相同之處。古萊氏的人們啊！由此看來，確是有一件非常重大的事到達你們之中。』由安那日爾的這個聲明中讓我們可聽出，他的良知正走向信仰與認知的道路，但是由於他與惡魔結盟，所以促使他遠離希望的曙光，遠離救贖的機會。」

49.

伍麥亞和阿爾・阿司

伍麥亞・本・哈拉夫（Umayyah Ibn Halaf，此段簡稱伍麥亞），是一位麥加顯要人物，當他看見穆聖 ﷺ 時經常用言語侮辱他。正因如此真主 ﷻ 降下《古蘭經》104 章：1-9 節：

「每個誹謗者、造謠者將遭嚴懲真活該！他〔誹謗者、造謠者〕聚集財富並〔經常〕計算，他認為他的財富能使他永生。絕不可能！他必將被投入毀滅之坑中。你怎能知道毀滅之坑是什麼？那是安拉 ﷻ 的燃燒著的烈火，它能燒入〔人的〕心裡。他們必將被關閉在其中，被捆在長柱上燒灼。」（#）

伍麥亞・本・哈拉夫與烏各巴・本・阿比・姆宜特（此段簡稱烏各巴），兩人是好朋友。當伍麥亞聽到烏各巴曾到穆聖 ﷺ 那裡並聆聽穆聖 ﷺ 談話的消息後，他找到烏各巴並向他質疑此事。他問烏各巴說：「我有沒有聽錯！你到過穆罕默德 ﷺ 那兒並且聽他說話？除非你再到穆罕默德 ﷺ 那兒聽他說話，並且朝著他吐口水，要不然我發誓我再也不會看你一眼，也不會和你說一句話！」烏各巴這個惡人他果真做了此事。於是真主 ﷻ 降下《古蘭經》25 章：27-29 節：

「在那日，不義者一面咬手一面說：『啊！但願我曾與使者採取同一道路。啊！哀哉！但願我沒有以某人為朋友。(＊)

教誨〔《古蘭經》〕降臨我之後，他確已誘我背棄它。』惡魔對人總是背信棄義的。」(#)

經文解說：

儘管烏各巴已經準備好聆聽穆聖 ﷺ 談話，但是他的好朋友伍麥亞卻唆使他做出如此可惡之事。可見朋友何等重要！穆聖 ﷺ 曾說：「你交了一個朋友就等於你跟隨了他的宗教一樣！」

阿爾．阿司．本．瓦伊爾．阿司沙賀米（al-'Āṣ Ibn Wā'il as-Sahmī）也是一個反對穆聖 ﷺ 的敵人。在穆聖 ﷺ 的兒子歸真後，他宣稱穆聖 ﷺ 為斷子絕孫之人，他死後將被世人遺忘，因為他是沒有兒孫福的人。於是真主 ﷻ 降下《古蘭經》108 章：1-3 節

「我確已賜你多福，故你應當為你的主而禮拜，並宰犧牲。怨恨你者，確是絕後的。」(＊)

經文解說：

每一位穆民都是穆聖 ﷺ 的子子孫孫。穆聖 ﷺ 的每一位聖妻們，都是信徒們的母親。穆聖 ﷺ 則是「全天下穆民的父親」。我們不僅在喚拜聲中提起他的名字、教長們學者們講道時提起他的名字，甚至在每天的五番拜後唸作證詞時也會提起他的名字，直到世界末日。相反地那個詛咒穆聖 ﷺ 是斷子絕孫之人，人們

不會記起他的名字，除非是咒罵他。在當時的非信徒早已經習慣當他們見到穆聖ﷺ時就是一片辱罵和詛咒聲。當穆聖ﷺ走經過阿爾．瓦力得．本．阿爾．姆宜拉、伍麥亞、阿布．折害、烏各巴．本．阿比．姆宜特的身邊時，他們便不斷地嘲笑他，並且拿他來當笑柄。真主ﷻ用以下的話來安慰穆聖ﷺ，這是真主ﷻ的定律，之前的使者們也有過這樣的遭遇：

《古蘭經》6 章：10 節：

「在你之前，有許多使者，確已被人嘲笑，但嘲笑者所嘲笑的（刑罰），已降臨他們了。」（*）

所有的侮辱與傷害並沒有使穆聖ﷺ偏離他的道路，或者考慮選擇其他的道路，這些考驗只是讓他更堅持他的原則，沒有絲毫妥協的餘地。

50.

聖門弟子的遭遇

學者阿布・夏赫巴說：「歷史上從未有一個先知的弟子們受到如此大、如此多樣性的傷害，如同穆聖 ﷺ 的弟子們一樣。就因為他們的信仰，他們遭遇到嚴酷刑罰，特別是那些奴隸和窮人。這些人是最早對伊斯蘭敞開心胸的人。不管白天或黑夜他們聽取穆聖 ﷺ 的教導。他們親自經歷了《古蘭經》的啟示。穆聖 ﷺ 親自用他的教育方法引導他們。在宣教的道路上，他的耐心、正直與堅定，他犧牲奉獻的精神，他的完美沒有人能與之比擬。聖門弟子們從未想到藉由這個信仰中去獲得好的名聲、威望、金錢、財產與勢力。

他們的目標是將這個信仰推向世界的各個角落，這信仰重在講求事實、公正、公平、尊重人權，希望能夠讓所有的人都能獲得這個喜悅的訊息。穆聖 ﷺ 之前的先知們，他們的弟子們雖然也有考驗、也有犧牲，在信仰上也有耐心，但在為信仰犧牲、為信仰堅持的例子上不如穆聖 ﷺ 弟子，在程度上也不如穆聖 ﷺ 的弟子們。

以最接近穆聖ﷺ時代的例子來說，聖人爾撒（‘Īsā）最親近的門徒中有一人就曾經背叛爾撒，當時猶太人正在尋找爾撒，準備殺了他。這位弟子對他們透露了聖人爾撒的所在。最後是透過真主ﷻ的恩典才沒有讓他們得逞。

如聖人爾撒的弟子這樣的背叛例子是絕對不會發生在穆聖ﷺ弟子們的身上。聖門弟子們人數眾多，每個人愛穆聖ﷺ遠勝於愛自己，只要不使穆聖ﷺ受到傷害，他們願意隨時將他們的財產、家人甚至於他們的所有都奉獻出來。

阿布・折害（號稱：無知之父）他不僅僅是對穆聖ﷺ百般刁難，對穆聖ﷺ弟子們也是如此。如果他聽到有一個有聲望的麥加人加入了穆聖ﷺ的陣容，接受了伊斯蘭教，他的族人們對他進行保護，阿布・折害就會咒罵、威脅他要使他名譽掃地。如果一位商人接受了伊斯蘭教，那麼他就會對他的生意進行抵制。又如果是一個在麥加無人保護的人接受了伊斯蘭教，阿布・折害則毆打他或者夥同其他人對他一起進行肢體上的傷害或物質上的破壞。

沙意得・本・久拜爾（Sa‘īd Ibn Ğubayr）問本・阿巴斯（Ibn ‘Abbās）說：「如果聖門弟子們因為承受不住嚴厲的刑罰而不得已說出否認自己的信仰的話，那麼他們會被原諒嗎？」本・阿巴斯聽了他的問題後說：「是啊！我以真主ﷻ之名起誓！非信徒們經常強行毆打聖門弟子們，不給他們食物、不給水喝直到他們支持不住甚至無法坐下。非信徒們執行這些酷刑，逼迫聖門弟子們說出他們承認阿爾．拉特與阿爾．烏扎（al-Lāt & al-'Uzzāh）是與真主 ﷻ 並列的神，他們不得已回答說是後，才能免去他們的刑罰。之後聖門弟子們來找穆聖 ﷺ 告知關於穆聖 ﷺ 弟子們被迫害的情形，穆聖 ﷺ 安慰弟子們並且告訴他們：『真主 ﷻ 是與堅忍的信士們在一起的！』」

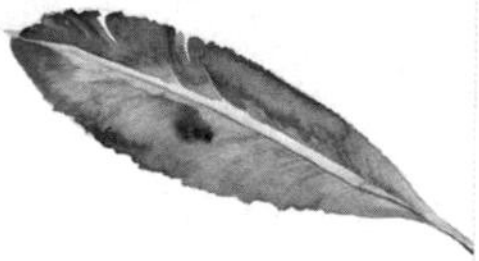

51.

聖門弟子的犧牲奉獻精神

我們在前面第 28 章信仰的艱辛路程那一段中曾提到聖門弟子哈巴伯・本・阿爾・阿拉特他當時被自己的主人嚴刑拷打得體無完膚，就因為他入伊斯蘭教，目的在迫使他放棄他的信仰。他跑到天房來找穆聖ﷺ，把傷痕給他看，哈巴伯問穆聖ﷺ說：「我們到底還要忍受多久？聖人啊！你難道不為我們這些人向真主ﷻ祈禱，請求祂憐憫我們讓異教徒停止對我們壓迫嗎？」

穆聖ﷺ當時在回答哈巴伯的話中，以先人的例子和真主ﷻ的承諾來勉勵哈巴伯。穆聖ﷺ鼓勵聖門弟子應該以先人們（指信士們）為榜樣，他們遭受到暴刑，用鐵梳子將他們的肉刷下來甚至筋骨暴露，也沒使他們背棄信仰。他們不應該以眼前的弱勢就喪失信心，真主ﷻ承諾終有一天一定會使這個信仰完全推展開來，成功也一定終究會到來。真主ﷻ承諾有一天旅行者穿梭山納和哈得拉冒特之間，將不會有生命財產的憂慮，人們敬畏、害怕的唯有最尊貴的真主ﷻ與覬覦羊群的狼。

在另一段的傳述穆聖ﷺ則是說：「你們太心急了，缺乏耐心。急於達到目標，凡事都有它的時間。」在第一點裡穆聖ﷺ指出自先知阿丹一直到現在每一代的信徒都必須經歷追蹤與壓迫。它是一項真主ﷻ的定律，會一直持續到世界末日。犧牲是信仰必要的一部分。

真主ﷻ在《古蘭經》29 章：1-3 節：

「艾列弗，俩目，米目。難道人們以為只要說：『我們信仰了』，他們就不受考驗了嗎？（#）我確已考驗在他們之前的人。真主必定要知道說實話者，必定要知道說謊者。（*）」

真主ﷻ明察誰是真誠誰是說謊的。

穆聖ﷺ接著告訴弟子，前人已為他們的信仰付出代價，那麼現在也輪到你們要證實自己能為信仰做出什麼樣的犧牲？看你們是否夠堅毅？是否願意勇敢犧牲？真主ﷻ使這個信仰完美。他對第一代的信徒承諾未來，重要的是終點，不管過程中有多少人阻撓與壓迫，最終伊斯蘭一定會是勝利的。

穆聖ﷺ曾說：「聖門弟子們是最好的一代。」我們從聖人傳記的許多故事中都可清楚得看到，聖門弟子們在面對種種威脅、種種迫害時是多麼地勇敢、多麼地無私，情願犧牲、甘心奉獻的最佳精神。每個聖門弟子的故事與我們至今相比真是讓我們汗顏！哈巴伯所問的並非指的是他的懦弱與對信仰的存疑！我們看穆聖ﷺ的回答中提到：「真主ﷻ承諾有一天旅行者穿梭山納和哈得拉冒特之間，將不會有生命財產的憂慮，人們敬畏、害怕的唯有最尊貴的真主ﷻ與覬覦羊群的狼。」這個時間尚未來臨，我們仍然得耐心等候繼續努力。

接下來我們繼續看其他聖門弟子們的例子。

52.

比拉爾——伊斯蘭史上第一個宣禮員

比拉爾・本・拉巴賀・阿爾・哈巴西（Bilāl Ibn Rabāḥ al-Ḥabašī，此段簡稱比拉爾）他與他的母親哈瑪瑪（Ḥamāmah）都是伍麥亞・本・哈拉夫的奴隸（此段簡稱伍麥亞）。伍麥亞的殘酷與無情是出了名的。當伍麥亞知道他們母子倆進入伊斯蘭教後，便命令他的僕人們，每天日正當中最為炎熱時將比拉爾帶到野外，脫去比拉爾的外衣並將一個在太陽底下烤燙的大石頭放在他的胸膛上，意圖把他活活熱死或是讓他放棄伊斯蘭重新崇拜偶像。但比拉爾的回答始終是：「真主 ﷻ 獨一！」他不會因為自己的靈魂與身體放棄他崇高的信仰。信仰的甜蜜滋味讓他忘卻覆加在身體上的苦與痛，他甚至於願意承受更多。

比拉爾說：「如果我知道還有比『真主 ﷻ 獨一』更強的字，我一定會說出來。」比拉爾是所有信仰者的一個表率。

面對比拉爾的堅持，伍麥亞也不鬆手，他甚至命令其他的僕人在比拉爾的脖子上綁上一條繩子，然後將繩子交給孩子們隨意拉扯，於是他的脖子上便出現了許多血痕，即使如此也沒削減比拉爾的信念，甚至反而更堅定了他的信仰。他的寧死不屈使伍麥亞更增加了將他曝曬在大太陽底下的次數。大賢阿布·巴克爾見此場景幾次後，有一天阿布·巴克爾對伍麥亞說：「你難道不畏懼真主 ﷻ 嗎？你還要這樣折磨他到什麼時候？」伍麥亞回答他說：「這都是你的錯！誰叫你帶他進入這個信仰，那你來救他吧？」阿布·巴克爾說：「我是要救他。我還有其他比比拉爾信仰更堅定的僕人，我們交換吧！」伍麥亞同意了阿布·巴克爾的提議。阿布·巴克爾很高興比拉爾終於獲救，比拉爾為了他的信仰確實付出了許多。能把他從酷刑中解放出來，真主 ﷻ 的確是至慈的。

比拉爾的例子，正如《古蘭經》94 章：6 節所提到的：

「與艱難相伴的，確是容易。」（*）

53.

第一個爲伊斯蘭殉難的烈士

亞細爾（Yāsir）與他的妻子蘇瑪亞（Sumayyah）及他們的兒子阿瑪爾・本・亞細爾（‘Ammār Ibn Yāsir）有著一個虔誠的穆斯林家庭。

蘇瑪亞是阿布・胡冉依發・本・阿爾・姆宜拉（Abū Ḥuḏayfah Ibn al-Muġīrah）的奴隸。

亞細爾本是阿布・胡冉依發的盟友，這是當時社會的慣例。阿布・胡冉依發促成了他和蘇瑪亞的婚姻，之後他們有了他們的兒子阿瑪爾。依照當時阿拉伯社會的習俗奴隸所生的子女也應該是奴隸，但是因為阿布・胡冉依發還他自由之身，所以阿瑪爾就不再是奴隸。而且阿瑪爾還是最先進入伊斯蘭的聖門弟子之一。

當馬賀祖部落（Banū Maḫzūm）的人聽聞亞細爾一家人都成了穆斯林以後，他們決定就在比拉爾被施以酷刑的地方也對這一家人採取極刑。他們將亞細爾一家人帶到這個空曠的地方，在沙漠裡太陽的炙熱燒燙了地上的岩石，滾燙得幾乎讓人無法站立。馬賀祖部落的人拿來了用火燒熱了的鐵盔甲，然後命令人將這鐵盔甲穿在他們的身上。穆聖ﷺ走過這裡看到這個殘酷的景象，他非常的傷心難過，為他們向真主ﷻ祈禱是他所能為他們做的。當時的奴隸制度橫行，奴隸們毫無人權可言，他們的性命可任意地隨主人們摧殘。穆聖ﷺ呼籲他們要忍耐，要堅定並且告訴他們，其未來即是天堂。有一天阿瑪爾前來找穆聖ﷺ，阿瑪爾還有個小名叫阿布・亞各熱恩（Abū Yaqḍān），他和穆聖ﷺ抱怨說：「我們已經快承受不了這些極刑了！」穆聖ﷺ安慰他並要他忍耐，這時他為亞細爾一家人做了最好的祈禱，他祈求真主ﷻ說：「真主ﷻ啊！讓亞細爾一家人永不受火刑吧！」當阿瑪爾的母親蘇瑪亞已是飽受折磨命在旦夕時，阿布・折害經過了那裡，他拿起箭將箭頭一舉刺入蘇瑪亞的私處，當場殺死了蘇瑪亞。於是蘇瑪亞成了伊斯蘭歷史上第一位為主道而犧牲生命的女烈士。在她歸真後不久，阿瑪爾的父親亞細爾也被殺害了。他們兩人是真主ﷻ選定的第一批壯烈犧牲的烈士。蘇瑪亞的犧牲成為穆斯林婦女的榮耀，這說明了穆斯林女子的英勇不落人後。阿瑪爾除了自己身上受著酷刑，還得眼睜睜地看著自己父母被折磨至死，在身心承受著如此巨大的痛苦中他昏厥了過去。醒來時，古萊氏的非信徒們強迫他咒罵穆聖ﷺ和伊斯蘭，並且說出他相信崇拜神像之類的話，然後才得以釋放。阿瑪爾既傷心又良心不安地哭著來找穆聖ﷺ並且告訴穆聖ﷺ所發生之事，他深怕他剛剛被迫說出來的話已經使自己出教。穆聖ﷺ用溫柔體恤的口氣問阿瑪爾：「在你心裡你相信著什麼呢？」阿瑪爾用冷靜且肯定的聲音回答著：「伊斯蘭！」穆聖ﷺ用他尊貴的手抹去阿瑪爾臉上的淚水。他告訴阿瑪爾：「以後他們再要你如此，你就先說他們想聽的，然後重複地說作證詞。」穆聖ﷺ的回答使阿瑪爾的心穩定了下來，失去雙親的痛苦也因穆聖ﷺ的都阿以而獲得安慰。

《古蘭經》16 章：106 節：

「誰在信仰安拉後又表示不信 —— 除非他是被迫宣稱不信，而其內心是篤信的，但誰自願不信仰，他們必遭安拉的譴怒，必受重大的刑罰。」[（#）]

真主ﷻ降下《古蘭經》以此為阿瑪爾的無辜作證，並證明他是被原諒的。對阿瑪爾和所有的穆民而言，這是真主ﷻ的恩惠。對以後的穆民如果他們遇到這樣被迫的情況，真主ﷻ使他們容易。只要他們的心充滿著對伊斯蘭的信仰。

54.

聖門弟子是穆民中的精英、最好的一代

聖門弟子是穆民中最好的一代，他們其中代表的有：

✧ 阿米爾．本．福海伊拉赫

阿米爾．本．福海伊拉赫（‘Āmir Ibn Fuhayrah 此段簡稱阿米爾）是屬於最早進入伊斯蘭的聖門弟子中的一人。他也是大賢阿布．巴克爾的僕人；在穆聖ﷺ從麥加遷徙至麥地那時，阿米爾隨侍在側。為了防範古萊氏的追兵，阿布．巴克爾安排阿米爾在沙沃爾（Ṯawr）山上，在他們之後趕著羊群，除了是為了掩沒穆聖ﷺ和阿布．巴克爾及其女兒阿思瑪．本特．阿比．巴克爾（Asmā’ Bint Abī Bakr）、兒子阿布都拉．本．阿比．巴克爾（‘Abdullāh Ibn Abī Bakr）等一行人的的足跡外；還可以提供穆聖ﷺ新鮮的羊奶。阿米爾曾參加白德爾戰役。他在水井之戰中

（Bi’r Ma‘ūnah）壯烈成仁。

✧ 阿布・福開伊哈

本・伊司哈葛傳述道：「阿布・福開伊哈（Abū Fukayhah）與比拉爾在同一天被伍麥亞・本・哈拉夫嚴刑拷打之後接受了伊斯蘭。大賢阿布・巴克爾後來為他贖身恢復他的自由。」

✧ 仁尼拉・阿爾・如米雅

仁尼拉・阿爾・如米雅（Zinnīrah ar-Rūmiyyah）是第一位著手寫下並傳述聖人傳記的聖門女弟子，她曾經是歐瑪爾・本・阿爾・哈塔伯未入教前的奴隸。當歐瑪爾知道自己的女奴仁尼拉接受伊斯蘭後，他對此感到非常不滿意，經常毒打她直到他疲憊為止。她心裡非常肯定真主ﷻ確是全能的。有時若阿布・折害在場，為了支持歐瑪爾，則和他輪番的毆打仁尼拉。這些刑罰非但沒有阻擋她的信仰，反而讓她更勇敢、更堅定地相信伊斯蘭。仁尼拉在接受伊斯蘭時她的眼睛瞎了，於是乎古萊氏的人們就認定，他們的神像阿爾・拉特與阿爾・烏扎取走她的視力，那是對她的懲罰，因為她不再相信神像阿爾・拉特與阿爾・烏扎而皈信伊斯蘭的原故。當仁尼拉聽到這個謠傳時她回答道：「這是謊言！我用真主ﷻ之名起誓！阿爾・拉特與阿爾・烏扎對我們根本無利弊可言。這純粹是謊言，我的眼瞎就是安拉的ﷻ前定，真主ﷻ可以賜予視力也可以取走視力，這和阿爾・拉特與阿爾・烏扎無關。我的主是全能的，他可以將我的視力恢復過來的。」話說到此，仁尼拉的眼睛突然恢復了視力。這時古萊氏的人們便改口說：「穆罕默德 ﷺ 就是個魔術師！這不過是個魔術把戲罷了！」

在諸多的奴隸們紛紛進入伊斯蘭教後，阿布・折害告訴非信徒們：「你們看見了穆罕默德 ﷺ 的追隨者嗎？這不是不正常嗎？如果穆罕默德 ﷺ 真有理，那麼就不可能讓仁尼拉這樣一個奴隸先我們成為他的追隨者？」阿布・折害沒辦法理解一個在他的眼裡微不足道弱小的女奴隸，居然被允許優先於他，能獲得如此大的恩典，成為第一批聖門弟子。從那時起直到審判日，「仁尼拉」的名字在穆聖傳中被提起時，就會被一同列入到世人景仰的行列裡；世人會不斷地為她祈禱 —— 祈求真主 ﷻ 的慈憫對她感到滿意。但相反的阿布・折害的惡名則為真主 ﷻ 所詛咒。現今的社會依然有著階級之分，而伊斯蘭去除所謂的「社會等級」，不管奴隸與否、性別為何、膚色深淺、職業等級，所有的穆斯林在真主 ﷻ 之前皆相同。若要劃分等級那麼最優秀的是最敬畏真主 ﷻ 者。

✧ 歐瑪爾・本・阿爾・哈塔伯的另一女僕

歐瑪爾・本・阿爾・哈塔伯還有一位穆斯林的女僕，她是阿爾・姆阿米爾（Banī al-Mu’ammil）部落的人，她的境遇和上面提到的仁尼拉・阿爾・如米雅相似，歐瑪爾也經常為了她入教之事毆打她，直到他累到無法繼續，她甚至勇敢地告訴歐瑪爾：「這是真主ﷻ的意欲！」因為她清楚地知道，真主ﷻ是全能的。

✧ 烏姆・烏納依思與哈瑪瑪

烏姆・烏納依思（Umm Unays）原是沙哈拉部落的人、是一位奴隸。她曾遭受了好幾回阿爾・阿司瓦得・本・阿伯得・亞古世（al-Aswad Ibn ʻAbd Yaġūṯ 此段簡稱阿爾・阿司瓦得）的毒打，他對先賢比拉爾的母親哈瑪瑪（Ḥamāmah ;Umm Bilāl）也是如此。阿爾・阿司瓦得在得知她二人入教的消息之後經常對她們施以暴力，以期能讓她們打消對伊斯蘭的信心，不料這也只是更堅定了她們的信念。

✧ 安・娜賀地亞和她的女兒

安・娜賀地亞（an-Nahdiyyah）和她的女兒是阿布得・阿達爾部落（Banī ʻAbd ad-Dār）的奴隸，她們的下場如其他奴隸一樣，經常遭受毒打，但是她們還是堅定不移地追隨穆聖ﷺ。

學者提醒我們以上所舉的這些範例不過是聖門弟子們中的少數，他們每一位都展現了堅定的毅力，堅忍不拔的精神。不管受到多少精神上和身體上的迫害，都不曾絲毫減少他們對真主ﷻ的信賴，反倒越挫越勇。在這一個階段有些聖門弟子因堅守主道遭受酷刑而導致殘障、得病，甚或犧牲生命（如蘇瑪亞和亞細爾）。這就是信仰道路中真主ﷻ的定律，在信仰的路上不斷地考驗你的定力。

從先知阿丹開始至世界末日，這個真主ﷻ的定律是不會改變的。每一個團體都為信仰做出了貢獻。穆聖ﷺ所引導的穆民們也同樣的為此做出犧牲。他們的堅忍、勇氣，他們所受到的種種煎熬，都化為伊斯蘭歷史中一盞盞的明燈，使我們看清了信仰的優先權和它的重要性。所以為了信仰我們必須要學會忍耐、學會承受；也許我們的健康、生命、財產會受到傷害，但是這份信仰值得我們為了它犧牲而付出，它絕對是值得的，這是一份榮耀。我們在研讀聖人傳記時，這些聖門弟子的名字不斷地被提起，它就是聖人傳記中的一部分，每個讀者都為他們祈禱，祈求真主ﷻ慈憫他們並對他們的行為感到滿意。

55.

大賢阿布・巴克爾
——慷慨、忠誠的伊斯蘭學者

大賢阿布・巴克爾是一位著名的自由解放者，他心腸好非常受人歡迎，對奴隸和弱勢者非常地慈善，為了真主 ﷻ 他將自己的大部分財產用來為奴隸贖身。在啟示尚未降下之前他便經常做這些善事。他也經常救濟困苦貧窮之人，他對客人慷慨，維繫親戚之間的感情。如有人遇難，他一定奮不顧身地幫助他們。在蒙昧年代，從未聽說大賢阿布・巴克爾有犯罪的行為。

穆聖 ﷺ 稱呼阿布・巴克爾為「忠誠者」，意思是一個不僅是忠實於他人、也對自己誠實的人。這個稱號真是名如其人，它淋漓盡致地描述了阿布・巴克爾他優良的性格與行為舉止。於此我們不難想像為何阿布・巴克爾是穆聖 ﷺ 最好最親近的朋友，他對穆聖 ﷺ 所說的話從來不感到懷疑，阿布・巴克爾就如穆聖 ﷺ 的左右手。

阿布·巴克爾曾為許多的奴隸贖身，這些人中例如有比拉爾·本·拉巴賀·阿爾·哈巴西。比拉爾當時慘遭主人伍麥亞·本·哈拉夫在酷日下的曝曬和毒打，為了能拯救比拉爾的生命並且換回他的自由，阿布·巴克爾不惜用自己身邊一位奴隸來替代比拉爾，這位奴隸雖屬奴隸但算是富有的，他既擁有 1,000 迪那爾（Dīnār）還有自己的下屬們和羊群。我們從這裡可以看出阿布·巴克爾是如何地慷慨。對他而言，能贖回比拉爾這位麥加的第一位喚拜者那絕對值得。歐瑪爾·本·阿爾·哈塔伯提到阿布·巴克爾和比拉爾這兩人時做了一個比喻，他說：「大賢阿布·巴克爾是聖門弟子們的主人，他解放了我們的主人比拉爾。」阿布·巴克爾不僅在聖門弟子中扮演著中心人物，他在族人裡更是擁有著相當的社會地位，是位有頭有臉的人物。

伊斯蘭徹底的改變了歐瑪爾·本·阿爾·哈塔伯，將那個原本以武力威脅壓迫穆斯林與他們勢不兩立的人，轉變為改口稱頌曾被他嚴刑拷打的奴隸（比拉爾）為主人的人。他的巨大轉變完全是因為穆聖 ﷺ 卓越的身教與言教。

大賢阿布·巴克爾所解放的奴隸們中除了比拉爾之外還有阿米爾·本·福海伊拉赫、阿布·福開伊哈、仁尼拉·阿爾·如米雅、烏姆·烏納依思、哈瑪瑪、安·娜賀地亞和她的女兒。這些都是出自於對真主 ﷻ 的犧牲奉獻所致。最後這兩位原是阿布得·阿答爾部落的奴隸。有一天阿布·巴克爾遇見她二人時，她們受主人的命令正在磨碎穀物。阿布·巴克爾聽到她們的女主人當時在屋裡對她們大聲喊叫著說，她以真主ﷻ的名字發誓她絕不會放她們兩人自由。阿布·巴克爾聽了之後和她商量問她是否願意收回她的誓言，將她們賣給他。她忿忿不平地回答阿布·巴克爾道：「就是你把她們帶壞了！因為你的伊斯蘭把她們全都帶壞了！都是你的錯，你要是可憐她們那就為她們贖身吧！」阿布·巴克爾馬上接口說：「我願意。」於是和她談定了價錢付款之後，他說：「好啦！她們現在是阿布·巴克爾的財產了！那我現在以真主ﷻ之名釋放她們。」他轉身對這兩位聖門女弟子說：「你們現在已經自由了！把她的穀物放回去然後走吧！」但這兩個聖門女弟子們卻不慌不亂地回答說：「阿布·巴克爾，讓我們替她把這些活做完交給她之後再走吧！」阿布·巴克爾也從容地說：「隨妳們的意，妳們現在已經是自由人了。」

學者告訴我們從這段對話中我們可以看出，穆聖ﷺ對聖門弟子們的教導產生了如何偉大的影響。我們看到當大賢阿布·巴克爾剛剛才為這兩位奴隸贖完身，並對她們說：「你們現在已經自由了！把穀物放回去然後離開吧！」前一刻還是奴隸身分的這兩位聖門女弟子馬上用自信的口吻委婉地拒絕了阿布·巴克爾並表示了自己的想法。她們知道在伊斯蘭大家都是兄弟姐妹，並無階級之分。再者，她們認為一個穆斯林應當把工作以最好最完整的方式結束交還給雇主再離開，這才是正確的工作態度。按照常理而言，她們在恢復自由身的那一刻起就再也不欠她們的主人什麼了，但是她們呈現的是一個穆斯林對工作負責的態度。儘管這個主人在前一刻還如何惡劣地對待她們、咒罵她們。但在她們恢復自由身、獲得了社會地位身分的提升之後，她們想到的並非復仇。這樣美好的品性與行為都是歸功於穆聖 ﷺ 的優良教導。

大賢阿布・巴克爾自願用他自己的財產為許多的穆斯林奴隸們買回自由，他這麼做並非圖今世的名位，相反地他的努力與目標只為求得真主 ﷻ 對他感到滿意，祈望能獲得真主 ﷻ 的愛，更接近真主 ﷻ。

大賢阿布・巴克爾的父親看到自己的兒子不斷地替那些弱勢的奴隸們買回自由，不禁擔心地勸他：「兒子啊！我看到你釋放了那麼多奴隸，但這些人是如此瘦弱，如果你真要買些奴隸，那麼你該選些強壯的，若你將來有難時能助你一臂之力的！」大賢阿布・巴克爾回答他的父親說：「噢！父親！我的目的僅僅是為了真主 ﷻ。」為了他如此的真誠，真主 ﷻ 在《古蘭經》92 章：5-21 節與《古蘭經》93 章：5 節中提到了他。

《古蘭經》92 章：5-21 節：

「至於賑濟貧民，敬畏真主，且承認至善者，我將使他易於達到最易的結局。至於吝惜錢財，自謂無求，且否認至善者，我將使他易於達到最難的結局。當他淪亡的時候，他的財產於他有什麼裨益呢！我確有指導的責任，我確有後世和今世的主權。故我警告你們一種發焰的火，唯薄命者墜入其中，他否認真理，而背棄之。敬畏者，得免於火刑。他虔誠地施捨他的財產，他沒有受過任何人的應報的恩德，但他施捨只是為了求他的至尊主的喜

悅，他自己將來必定喜悅。」（*）

《古蘭經》93 章：5 節：

「你的主將來必賞賜你，以至你喜悅。」（*）

單詞與人名音標對照表

這個音標系統在歐洲經常被使用在阿拉伯文字與人名上。以下是用拉丁文字母或增加的符號來寫出阿拉伯文字的音標。

a	短音 a	م	M m	ع	‘
ا	長音 Ā ā	ن	N n	ء	’
ب	B b	ق	Q q		
د	D d	ر	R r		
ذ	Ḏ ḏ	س	S s		
ض	Ḍ ḍ	ش	Š š		
ف	F f	ص	Ṣ ṣ		
ج	Ğ ğ	ت	T t		
غ	Ġ ġ	ث	Ṯ ṯ		
ه	H h	ط	Ṭ ṭ		
ح	Ḥ ḥ	短音	u		
		長音	ū		
خ	Ḫ ḫ	و	W w		
ي	Ī ī	ي	Y y		
ك	K k	ز	Z z		
ل	L l	ظ	Ẓ ẓ		

翻譯名稱對照表

外文譯音	中文譯音	備註
A		
Abān Ibn ʻUṯmān	阿邦・本・歐斯曼	聖門弟子
ʻAbd al-Malik Ibn Marwān	阿布德・阿爾・馬力克・依本・馬爾灣	
ʻAbd ar-Raḥmān Ibn ʻAwf	阿布得・阿爾・拉赫曼・本・阿武夫	聖門弟子
ʻAbdullāh	阿布都拉	1. 穆聖之子 2. 奶媽的兒子
ʻAbdullāh Ibn ʻAbbās	阿布都拉・本・阿巴斯	本・阿巴斯之子
ʻAbdullāh Ibn Abī Bakr	阿布都拉・本・阿布・巴克爾	阿布・巴克爾之子
ʻAbdullāh Ibn Abī Umayyah al-Maḫzūmī	阿布都拉・本・阿比・伍麥亞・阿爾・馬賀祖米	穆聖的表兄弟
ʻAbdullāh Ibn al-Urayqiṭ	阿布都拉・本・阿爾・烏拉依格特	沙漠中的領路者
ʻAbdullāh Ibn ʻAmr Ibn al-ʻĀṣ	阿布都拉・本・阿莫爾・本・阿爾・阿司	聖門弟子
ʻAbdullāh Ibn ʻAmr Ibn Ḥarām	阿布都拉・本・阿莫爾・本・哈倫姆	聖門弟子
ʻAbdullāh Ibn az-Zubayr	阿布都拉・本・阿茲・祖貝爾	
ʻAbdullāh Ibn az-Zibaʻrā as-Sahmī	阿布都拉・本・阿止・幾巴拉・阿沙賀米	
ʻAbdullāh Ibn Ǧaḥš	阿布都拉・本・甲賀須	聖門弟子

外文譯音	中文譯音	備註
‘Abdullāh Ibn Ǧud‘ān	阿布都拉・本・久得安	
‘Abdullāh Ibn Mas‘ūd	阿布都拉・本・馬司悟得	聖門弟子 第一位公開誦讀古蘭經
‘Abdullāh Ibn Rabī‘ah	阿布都拉・本・拉比阿	
‘Abdullāh Ibn Rawāḥah	阿布都拉・本・拉瓦哈	輔士
‘Abdullāh Ibn Ubayy Ibn Salūl	阿布都拉・本・烏貝伊・本・沙鹿爾	
‘Abdullāh Ibn ‘Umar	阿布都拉・本・歐瑪爾	歐瑪爾之子
‘Abdullāh Ibn Umm Maktūm	阿布都拉・本・烏姆・馬克圖姆	穆聖弟子，盲人
‘Abd al-Muṭṭalib	阿布杜爾・穆塔力伯	穆聖的祖父
‘Abd al-Wahhāb an-Naǧǧār	阿布都瓦哈伯・阿爾・拿迦爾	學者
‘Abd ar-Raḥmān Ibn ‘Awf	阿布得・阿爾・拉赫曼・本・阿武夫	聖門弟子
‘Abd ar-Raḥmān Ibn Ka‘b Ibn Mālik	阿布杜拉賀曼・本・卡阿伯・本・馬立克	
‘Abd ar-Raḥmān Ibn Quraẓ	阿布杜拉賀曼・本・古拉日	聖門弟子
Abrahah	阿布拉哈	葉門首領
Abessinien	阿貝細尼亞	現今的衣索比亞
Abī Ḥātim	阿比・哈提姆	傳述者
Abī Qubays	阿比・古百司	山丘
Abū ‘Abd ar-Raḥmān Yazīd Ibn Ṯa‘labah Ibn Ḫazmah	阿布・阿布德・阿爾拉賀曼・亞濟德・本・撒拉霸賀・本・哈札瑪	輔士
Abū Habāh al-Anṣārī	阿布・哈巴賀・阿爾・安薩里	聖門弟子
Abū al-‘Āṣ Ibn ar-Rabī‘	阿布・爾・阿司・本・阿拉比	穆聖的大女婿
Abu al-Baḫtarī al-‘Āṣ Ibn Hišām Ibn al-Ḥāriṯ Ibn Asad	阿布爾・布賀塔理・本・阿爾・阿司・本・希珊・本・阿爾・哈里士・本・阿沙得	

外文譯音	中文譯音	備註
Abū Bakr	阿布・巴克爾	聖門弟子
Abū Ḏarr (al-Ġifārī)	阿布・日爾・阿爾・吉發力	聖門弟子
Abū Ayyūb al-Anṣārī	阿布・艾由伯・阿爾・安薩里	聖門弟子
Abū Faḍl	阿布・法得爾	阿爾・阿巴斯的另一稱呼
Abū Fukayhah	阿布・福開伊哈	
Abū Hālah Mālik Ibn Nābulsī Ibn Zurārah at-Ṭamīmī	阿布・哈拉・馬立克・本・拿巴司力・本・祖拿拉・阿特・塔彌米	
Abū Ḥamrah	阿布・哈姆拉	聖門弟子
Abū Ḥāṭib Ibn ‘Amr	阿布・哈惕伯・本・阿莫爾	
Abū al-Ḥaysar Anas Ibn Rāfi‘	阿布・阿爾・哈伊薩爾・阿納斯・本・拉非阿	
Abū Hurayrah	阿布・胡萊拉	聖門弟子
Abū Ḥuḏayfah Ibn al-Muġīrah	阿布・胡冉依發・本・阿爾・姆宜拉	
Abū Ḥuḏayfah Ibn ‘Utbah Ibn Rabī‘ah	阿布・胡冉依發・本・烏特巴・本・拉必阿	聖門弟子
Abū Ğahl Abū Ḥakam Ibn Hišām	阿布・折害 原名：阿布・阿爾・哈今・本・希珊	
Abū Lahab	阿布・拉賀伯	穆聖伯父
Abū Laylā al-Anṣārī	阿布萊伊拉・阿爾・安薩里	聖門弟子
Abū al-Hayṯam Ibn at-Tayhān	阿布・爾・海薩姆・本・阿特泰依漢	輔士
Abū Ma‘bad	阿布・馬阿巴德	牧羊人
Abū Mas‘ūd ‘Amr Ibn ‘Umayr aṯ-Ṯaqafī	阿布・馬司烏得・阿莫爾・本・伍麥亞・阿薩嘎非	
Abū Nu’aym	阿布・努艾姆	聖訓傳述者
Abū Quḥāfah	阿布・古哈發	阿布・巴克爾的父親
Abū Sabrah Ibn Abī Rahm	阿布・沙布拉・本・阿比・拉賀姆	聖門弟子

外文譯音	中文譯音	備註
Abū Sa‘īd al-Ḫuḏrī	阿布・薩伊德・阿爾滬得里	傳述聖訓者
Abū Salamah al-Maḫzūmī	阿布・沙拉瑪・阿爾・馬賀祖米	聖門弟子 穆聖的表兄
Abū Šahbah	學者阿布・夏赫巴	Šayḫ Dr. Muhammad Abū Šahbah
Abū Sufyān Ibn Ḥarb	阿布・舒非安・本・哈爾布	
Abū Ṭalḥah	阿布・塔爾哈	
Abū Ṭālib	阿布・塔力伯	穆聖的伯父
Abū Umāmah	阿布・烏瑪瑪	聖門弟子
Abū Umayyah al-Maḫzūmī	阿布・伍麥亞・阿爾・馬賀祖米	古萊氏長老
Abū Ya‘lā	阿布・亞拉	聖訓傳述者
Abū Zahrah	阿布・讓賀拉	學者
Ādam	阿丹	聖人
‘Addās	阿達司	奴隸名
Adham	阿讓姆	伊瑪目阿讓姆
‘Adnān	阿得南	穆聖的先祖
Aḥmad	艾哈默德	穆聖之名
‘Āišah Bint Abī Bakr	阿依莎・本特・阿比・巴克爾	聖妻
al-‘Āṣ Ibn Wā’il as-Sahmī	阿爾・阿司・本・瓦伊爾・阿司沙米	
al-‘Abbās Ibn ‘Abd al-Muṭṭalib	阿爾・阿巴斯・本・阿布都爾・穆塔力伯	穆聖伯父
al-‘Abbās Ibn Naẓlah Ibn Mālik Ibn al-‘Ağlān	阿爾・阿巴斯・本・拿資拉賀・本・馬力克・本・阿爾阿居蘭	輔士
al-Aḫnas Ibn Šarīq	阿爾・阿賀那司・本・夏力各	
al-‘Aqabah	阿爾・阿各巴	天房附近
al-‘Āqib	阿爾・阿戈易伯	穆聖之名
al-Arqam Ibn Abī al-Arqam	阿爾・阿爾告姆・本・阿比爾・阿爾告姆	

外文譯音	中文譯音	備註
al-Aswad Ibn ‘Abd Yaġūṯ	阿爾・阿司瓦得・本・阿伯得・亞古世	
al-Aswad Ibn al-Muṭṭalib Ibn Asad	阿爾・阿司瓦德・本・阿爾・穆塔力伯・本・阿薩得	
al-Azraqī	阿爾・阿資拉季	《麥加的歷史》作者
al-Barā’ Ibn Ma‘rūr	阿爾・巴剌・本・馬盧爾	聖門弟子
al-Bayt al-Ma‘mūr	拜圖・麥爾姆勒	
al-Buraḍ Ibn Qays	阿爾・布拉特・本・嘎易司	
al-Ǧuḥfah	阿爾・丘賀發	地名
al-Ḥāfiẓ Ibn Diḥyah	阿爾・哈菲茲・本・迪賀亞	
al-Ḥaǧǧāǧ Ibn Yūsuf	阿爾・哈賈巨・本・優蘇福	軍隊首領
al-Ḥaǧūn	阿爾・哈軍	地名（穆聖祖父埋此）
al-Ḥarrah	阿爾・哈爾拉賀	地名
al-Ḥāriṯ	阿爾・哈力時	穆聖奶媽之夫
al-Ḥašīr	阿爾・哈細爾	穆聖之名
‘Alī Ibn Abī Ṭālib	阿里・本・阿比・塔力伯	聖門弟子（簡稱阿里）
al-‘Izz Ibn ‘Abd as-Salām	阿爾・依資・本・阿布得・阿司・薩蘭姆	學者
al-Ǧamal	阿爾・甲麻爾	戰役
al-Ǧārūd Ibn Abī Sabrah al-Baṣrī	甲路德・本・阿比・蘇布拉・阿爾・巴士里	
Allāh	安拉	
al-Lāt	阿爾・拉特	麥加神像名
al-Māḥī	阿爾・瑪黑	穆聖之名
al-Muṭ‘im Ibn ‘Adī	阿爾・木塔伊姆・本・阿帝	
al-Muṭhir Ibn ‘Amr	阿爾・穆特希爾・本・阿莫爾	聖門弟子
al-‘Uzzāh	阿爾・烏扎	麥加神像名
al-Walīd Ibn al-Walīd Ibn Muġīrah	阿爾・瓦力得・本・阿爾・瓦力得・本・姆宜拉	阿爾・瓦力得之子

外文譯音	中文譯音	備註
al-Walīd Ibn al-Muġīrah	阿爾・瓦力得・本・阿爾・姆宜拉	
al-Qāsim	阿爾嘎幸	穆聖之子
al-Wāqidī	學者阿爾・瓦葛伊迪	穆聖傳作者
Amağ	阿媚居	地名
Āminah Bint Wahb	阿米娜・本特・瓦哈伯	穆聖的母親
‘Ammārah Ibn al-Walīd Ibn al-Murġīrah	烏瑪拉・本・阿爾・瓦力得・本・阿爾・姆宜拉	
‘Amr Ibn al-‘Āṣ	阿莫爾・本・阿爾阿司	
‘Amr Ibn Abī Waqqāṣ	阿莫爾・本・阿比・瓦嘎斯	聖門弟子
‘Āmir Ibn Fuhayrah	阿米爾・本・福海伊拉赫	聖門弟子阿布・巴克爾的僕人
Amir Zaydan	阿米爾・熱依旦	古蘭經經注學者
‘Ammār Ibn Yāsir	阿瑪爾・本・亞細爾	Sumaya 的兒子 小名是 Abu Yaqdhaan （阿布・亞各熱恩）
‘Amr Ibn Asad	阿莫爾・本・阿薩得	聖妻哈蒂佳的伯父
‘Amr Ibn al-Ğamūḥ	阿莫爾・本・阿爾・甲目賀	
‘Amr Ibn Rabī‘ah	阿莫爾・本・拉必阿	聖門弟子
an-Naḍr Ibn al-Ḥāriṯ	安那日爾・本・阿爾・哈里司	
an-Nahdiyyah	安・娜賀地亞	
Anas Ibn Mālik	安那斯・本・馬立克	聖門弟子
‘Aqīdah	伊斯蘭信仰學	
Arwā Bint Ḥarb	阿爾娃・本特・哈爾伯	阿布・拉賀伯的妻子
Asad Ibn Zurārah	阿司阿得・本・祖拿拉	輔士
‘Asfān	阿沙番	地名
Aṣḥamah Ibn Abğar an-Nağāšī (Malik al- Ḥabašah)	阿司・哈馬賀・本・阿布加爾・安・那加須	阿貝細尼亞國王（簡稱阿司・哈馬賀或安・那加須）
Āsiyā	阿喜葉	法老的妻子

外文譯音	中文譯音	備註
Asmā' Bint Abī Bakr	阿思瑪·本特·阿比·巴克爾	阿布巴克爾的女兒
Asmā' Bint 'Amr Ibn 'Adī Ibn Nābī (Umm Manī')	阿思瑪·本特·阿莫爾·本·阿答依·本·拿比	女輔士又稱烏姆·馬妮 Umm Manī'
Asmā' Bint 'Umays	阿思瑪·本特·烏湄司	加法爾的妻子
'Ātikah Bint Ḫālid Ibn Ḫuwaylid al-Ḫuzā'iyyah (Umm Ma'bad)	阿阿提卡·本特·哈力德·本·胡來依得·阿爾·胡札伊亞	女牧羊人烏姆·馬阿巴德（Umm Ma'bad）的全名
'Atīq Ibn 'Ā'id̠ Ibn 'Abdullāh Ibn 'Amr Ibn al-Maḫzūmī	阿替格·本·阿以日·本·阿布都拉·本·阿莫爾·本·阿爾·馬賀祖米	聖妻哈蒂佳的前夫
aṭ-Ṭāhir	阿特·特西爾	穆聖之子
aṭ-Ṭā'if	塔亦夫	地名
aṭ-Ṭayyib	阿特·特依依伯	穆聖之子
al-Uṣayrim 'Amr Ibn Ṯābit Ibn Waqš	阿爾·烏撒依禮印·阿莫爾·本·撒必得·本·瓦各須	聖門弟子
'Awf Ibn al-Ḥāriṯ	阿武夫·本·阿爾·哈力時	輔士
'Ayn	艾因	地名
'Ayyāš Ibn Abī Rabī'ah	阿依亞須·本·阿比·拉比亞	聖門弟子
az-Zubayr Ibn 'Abd al-Muṭṭalib	阿茲·祖貝爾·本·阿布杜·阿爾·穆塔力伯	穆聖的伯父
az-Zubayr Ibn al-'Awwām	阿茲·祖貝爾·本·阿爾·阿旺姆	
	B	
Badr	白德爾	戰役
Baḥīrah	巴希拉	教士
Bark al-Ġimād	巴爾客·阿爾·吉馬得	地名
Baḥīrah Ibn Firās	巴希拉·本·菲拉司	
Bāqūm	巴固	羅馬建築師
Beduinen	貝都因人	遊牧民族

外文譯音	中文譯音	備註
Bilāl Ibn Rabāḥ al-Ḥabašī	比拉爾・本・拉巴賀・阿爾・哈巴西	第一位喚拜者
Buraydah	布萊達	聖門弟子
D		
Daǧǧāl	達加爾	騙子
Dār an-Nadwah	達爾・安那得瓦	古萊氏人聚會所
Ḏāt an-Niṭāqayn		兩段腰繩的主人
Diḥyah al-Kalbī	迪賀亞・阿爾・克爾比	聖門弟子
Dīnār	迪那爾	貨幣名
E		
Emil Durmingham	艾瀰爾・杜明罕	東方主義學者
F		
Fāṭimah	法蒂瑪	穆聖的女兒
Fāṭimah Bint al-Ḫaṭṭāb	法蒂瑪・本特・阿爾・哈塔伯	歐瑪爾・本・阿爾・哈塔伯的妹妹（暱稱為烏姆・加蜜爾 Umm Ǧamīl）
G		
Ǧābir Ibn ʻAbdillāh Ibn ʻAmr Ibn Hišām	加必爾・本・阿布迪拉・本・阿莫爾・本・希珊	聖門弟子
Ǧābir Ibn ʻAbdillāh Ibn as-Sulāmī	加必爾・本・阿布帝拉・本・阿舒拉米	輔士
Ǧābir Ibn Samurah	甲必爾・本・沙幕拉	聖門弟子
Ǧabr	賈伯爾	鑄劍師
Ǧaʻfar Ibn Abī Ṭālib	加法爾・本・阿比・塔力伯	阿布・塔力伯之子
Ǧamīl Ibn Maʻmar al-Ǧumaḥī	嘉米爾・本・麻阿麻爾・阿爾・鳩麻西	古萊氏人
Ǧibrīl	吉布力爾	大天使
H		
Ḫabbāb Ibn al-Aratt	哈巴伯・本・阿爾・阿拉特	聖門弟子

外文譯音	中文譯音	備註
Ḥabībah Bint Abī Sufyān	哈比巴賀・本特・阿比・舒非安（簡稱哈比巴賀）	原為烏貝依都拉的妻子後為穆聖妻
Ḫadīǧah Bint Ḫuwaylid	哈蒂佳・本特・胡維立德	聖妻
Ḥaḍramawt	哈達拉毛特	地名（位於葉門）
Ḥāfiẓ Ibn al-Ḫaṭṭāb Ibn Diḥyah	哈菲茲阿布都爾・哈塔伯・本・塔西亞	穆聖傳作者
Ḥafṣah	哈芙莎	聖妻
Hāǧar	哈潔	聖人易司馬儀的母親哈潔
Ḥakīm Ibn Ḥizām	哈金・本・西讓姆	聖妻哈蒂佳的侄子
Ḥalīmah Bint Abū Ḏu'ayb as-Sa'diyyah	哈里瑪・本特・阿布杜艾伊伯・阿撒弟亞（簡稱哈里瑪）	穆聖的奶媽
Ḥamāmah (Umm Bilāl)	哈瑪瑪	比拉爾的母親
Ḥamzah	哈姆薩	穆聖的伯父，又稱阿布・哈馬拉
Ḫiḍr	海迪爾	大智者
Ḥunayn	胡乃因	戰役
Ḥanṭamah (Bint Hišām Ibn al-Muġīrah)	罕塔瑪	歐瑪爾・本特・阿爾哈塔伯的母親
Hārūn (Harūn)	哈倫	先知
Hārūn Harūn ar-Rašīd	哈倫・阿爾・拉希德	哈里發
Ḥasan	哈桑	
Ḥassān Ibn Ṯābit	哈桑・本・撒必得	聖門弟子
Ḫawlah Bint Ḥātim	哈烏拉・本特・哈提姆	聖門弟子
Hišām Ibn al-Muġīrah	哈希姆・本・阿爾・姆宜拉	歐瑪爾・本・阿爾・哈塔伯的外祖父
Herakles	黑拉克勒司	羅馬國王
Ḥilf al-Fuḍūl	福都爾協定	
Hišām Ibn al-'Āṣ	希珊・本・阿爾阿司	聖門弟子

外文譯音	中文譯音	備註
Hišām Ibn ‘Amr al-‘Āmirī	希珊・本・阿莫爾・阿爾・阿米立	
Ḥubayš	胡貝須	烏姆・馬阿巴德的兄弟
Ḥuḏayfah Ibn al-Yamān	胡冉伊發・本・阿爾・亞曼	輔士
	I	
Iblīs	伊卜厲廝	惡魔
Ibn ‘Abbās	本・阿巴斯	
Ibn ad-Duġunnah	本・阿德・杜古那	
Ibn al-Aṯīr	本・阿爾・阿希爾	聖訓學家
Ibn ‘Asākir	本・阿撒基爾	聖訓傳述者
Ibn Hišām	本・希珊	早期穆聖傳作者
Ibn Ḫuzāmah	本・胡扎瑪	
Ibn Isḥāq	本・伊司哈葛	全名為 Muhammed Ibn Ishaq 第二代穆聖傳的編寫者
Ibn Kaṯīr	學者本・凱西爾	
Ibn Mardāwī	本・馬爾達未	經注學家
Ibn Sa‘d	本・薩阿得	聖門弟子
Ibn Šihāb	本・栩哈伯	聖門弟子
Ibn Šihāb az-Zuhrī	本・希哈伯・阿祖賀利	唯一一位非聖門弟子的聖訓傳述者
Ibrahīm	易卜拉欣	聖人
Idrīs	伊得利司	先知
Imām ‘Abd al-Barr	伊瑪目阿布都爾・巴爾	
Imām Abū Dawūd	伊瑪目阿布・達悟德	
Imām Abū Ḥanīfah	伊瑪目阿布・哈尼法	
Imām Adham	伊瑪目阿讓姆	
Imām Aḥmad Ibn Ḥanbal	伊瑪目艾哈默德・本・漢巴爾	
Imām al-Baġāwī	伊瑪目巴嘎威	
Imām al-Bayhaqī	伊瑪目阿爾・貝伊哈基	

外文譯音	中文譯音	備註
Imām al-Bazzār	伊瑪目巴札爾	
Imām al-Buḫārī	伊瑪目布哈里	
Imām al-Būṣīrī	伊瑪目阿爾・布希理	詩集《布爾達（*Burda*）》的作者
Imām al-Ḥākim	伊瑪目阿爾・哈金姆	
Imām al-Qurṭubī	伊瑪目庫爾圖比	
Imām an-Nasā'ī	伊瑪目安・那沙義	
Imām aš-Šāfi'ī	伊瑪目夏非易	
Imām as-Subkī	伊瑪目阿司蘇布基	
Imām as-Suhaylī	伊瑪目蘇海立	
Imām aṭ- Ṭabarānī	伊瑪目塔巴拉尼	
Imām at-Tirmiḏī	伊瑪目阿特・鐵爾密濟	
Imām az-Zarqānī	伊瑪目扎爾咖尼	
Imām az-Zarkašī	伊瑪目阿扎爾凱西	
Imām Ibn 'Abd al-Barr	伊瑪目本・阿布德・阿爾・巴爾	
Imām Ibn Ǧarīr aṭ-Ṭabarī	伊瑪目本・甲力爾・阿塔・塔巴里	
Imām Ibn Ḥağar al-'Asqalānī	伊瑪目本・哈傑爾・阿爾・阿司嘎蘭尼	聖訓學者
Imām Ibn Māğah	伊瑪目本・馬加	
Imām Mālik	伊瑪目馬力克	全名叫 Mālik Ibn Anas
Imām Muslim	伊瑪目穆司林	
'Imrān	儀姆蘭	先知
'Īsā	爾撒	聖人，即耶穌
Isāf & Nā'ilah	伊屑夫和拿依拉	神像
Isma'īl	易司馬儀	聖人
Isrā'		夜行

外文譯音	中文譯音	備註
Iyās Ibn Muʻāḏ	依也司・本・姆阿司	
K		
Kaʻb Ibn Mālik	卡巴・本・馬立克	聖門弟子
Kisrā Ibn Hurmuz	科司拉・本・侯爾謀日	波斯王國的國王
L		
Labīd	拉比德	詩人
Layla Bint Abī Ḥatmah	雷依拉・本特・阿比・哈司馬	阿莫爾・本・拉必阿的妻子
Lūṭ	路特	先知
M		
Madīnah	麥地那	
(Maġāzī) Mūsā Ibn ʻUqbah	馬嘎日・穆薩・本・烏各巴	Magaazi 指戰役
Maysarah	麥依沙拉	
Mālik Ibn Saʻsaʻah	馬力克・本・薩阿薩阿	聖門弟子
Manāt	馬那特	麥加人所信仰之神像名
Maryam Bint ʻImrān	麥爾彥・本特・儀姆蘭	先知儀姆蘭的女兒
Martin Lings	馬丁・靈克司	東方主義學者
Marwah	馬爾瓦	天房附近的山丘
Masğid al-Ğinn	精靈清真寺	
Mekka	麥加	
Mālik Ibn al-Aws al-Aslamī	馬力克・本・阿爾・阿烏司・阿爾・阿司拉米	
Muʻāḏ Ibn al-Ḥāriṯ Ibn Rifāʻ	穆阿司・本・阿爾・哈力司・本・里法阿	輔士
Muʻāḏ Ibn ʻAfrāʼ	穆阿司・本・阿法拉	輔士
Muʻāḏ Ibn ʻAmr Ibn al-Ğamūḥ	穆阿司・本・阿莫爾・本・阿爾・甲目賀	輔士
Muʻāḏ Ibn Ğabal	穆阿司・本・甲伯爾	輔士

外文譯音	中文譯音	備註
Mu‘āwiyah Ibn Abī Sufyān	穆阿維亞・本・阿比・舒非安	曾為穆斯林的領袖
Muḥammad Fārid Wağdī	穆罕默德・法力得・瓦哥迪	東方主義學者
Muḥammad Ḥusayn Haykal	穆罕默德・胡笙・海凱爾	東方主義學者
Muḥammad Ibn Abī Ḥuḏayfah	穆罕默德・本・阿比・胡冉依發	阿布・胡冉依發之子
Muḥammad Ibn Ṣafī al-Maḫzūmī	穆罕默德・本・撒非・阿爾・馬賀祖米	聖妻哈蒂佳與前夫所生女兒 Hind 之子
Muḥammad Ṣa‘īd Ramaḍān al-Būṭī	學者阿爾・布提	Šayḫ Muḥammad Ṣa‘īd Ramaḍān al-Būṭī
Mūsā	穆薩	聖人
Mūsā Ibn ‘Uqbah	穆薩・本・烏各巴	
Mus‘ab Ibn ‘Umayr	穆薩伯・本・烏麥爾	聖門弟子伊斯蘭第一位信使
Musaylimah al-Kaḏḏāb	姆薩里麻・阿爾・卡讓伯	騙子
Mu‘tah	牧塔賀	戰役
Mutawātir		眾傳聖訓
Muzdalifah	穆茲達理法山	
N		
Naḫlah	那賀拉	天房近郊
Nasibien	那西賓	地名
Nasṭūr	那世圖	修道士
Nīnawā	乃那瓦	城市名
Nilieno	尼李焉娜	義大利學者
Nu‘aym Ibn ‘Abdillāh an-Naḥḥām	努阿宜姆・本・阿布帝拉・安那漢姆	聖門弟子
Nufaysah Bint Munyah	努非莎・本特・木恩雅	聖妻哈蒂佳的好友
Nuṣaybah Bint Ka‘b (Umm ‘Umārah)	努撒衣巴・本特・卡阿伯	女輔士 又稱烏姆・烏瑪拉

外文譯音	中文譯音	備註
Nūḥ	努哈	聖人
Q		
Qāḍī ʻIyāḍ	伊亞德	學者
Qarḍ	嘎爾日	輔士
Qarn at̲-T̲aʻālib	嘎爾恩·阿撒·阿力伯	地名
Qatādah	嘎塌答	聖門弟子
Qurṭ	古爾特	聖門弟子
Qudayd	古戴依得	地名
Qurayš	古萊氏	
Quṣayy Ibn Kilāb	古賽·本·科拉伯	麥加人的祖先
Quṭbah Ibn ʻĀmir	古特巴·本·阿密爾	輔士
R		
Rabīʻah Ibn ʻIbād	拉比亞·本·伊巴得	
Rāfiʻ Ibn Mālik Ibn al-Ağlan az-Zuraqī	拉菲依·本·馬力克·本·阿爾·阿巨朗·阿茲匝拉葛依	輔士
Rifāʻah Ibn ʻAbd al-Mund̲ir	禮發阿·本·阿布德·阿爾·目恩日爾	輔士
Ruqayyah	盧蓋雅	穆聖的女兒
S		
Saʻd Ibn Abī Waqqāṣ	沙阿德·本·阿比·瓦嘎司	聖門弟子
Saʻd Ibn ar-Rabīʻ	沙阿德·本·阿拉比	輔士
Saʻd Ibn H̲ayt̲amah	沙阿德·本·海依撒瑪	輔士
Saʻd Ibn Muʻād̲	沙阿德·本·姆阿司	聖門弟子
Saʻd Ibn ʻUbādah	沙阿德·本·烏巴達	輔士
Ṣafā	撒發	天房附近的山丘
Saqar	殺嘎爾	地獄中的一個階級
Saḥābī /Saḥābah	聖門弟子們	
Sahlah Bint Suhayl Ibn ʻAmr	沙賀拉·本特·舒海爾·本·阿莫爾	聖門女弟子

外文譯音	中文譯音	備註
Sa'īd Ibn Ǧubayr	沙意得・本・久拜爾	
Sa'īd Ibn Zayd Ibn 'Amr Ibn Nufayl	沙意得・本・熱伊得・本・阿莫爾・本・努發易爾	歐瑪爾・本・阿爾・哈塔伯的妹婿
Salman al-Fārisī	薩爾曼・阿爾・法利希	聖門弟子
Samurah Ibn Ǧundub	薩牡拉・本・久溫杜布	聖門弟子
Ṣa'ṣa'ah Ibn Mu'āwyah	撒阿撒阿和・本・穆阿維亞	聖門弟子
Sawdah Bint Zam'ah	沙烏達・本特・祖瑪賀	阿密爾・本・阿比・瓦嘎斯的妻子
Šaddād Ibn Aws	夏達得・本・阿烏司	聖門弟子
Šaybah Ibn Rabī'ah	沙以巴・本・拉比阿	
Šaymā'	雪瑪	穆聖奶媽的女兒
Šām	夏姆	地區名
Sidrah al-Muntahā		第七層天之上的無極林
Sīrah Aḫlāq	聖行美學	
Ṣuhayb ar-Rūmī	蘇海布・阿爾・盧米	聖門弟子，別名 Abu Yahya
Suhayl Ibn 'Amr	蘇海爾・本・阿莫爾	聖門弟子
Suhayl Ibn Bayḍā'	蘇海爾・本・貝惹阿	聖門弟子
Sumayyah	蘇瑪亞	聖門弟子
Surāqah Ibn Mālik Ibn Ǧu'šum	蘇拉各・本・馬力克・本・鳩湘姆	聖門弟子
Suwayd Ibn aṣ-Ṣāmit	舒衛德・本・阿斯薩米特	
T		
Ṭalḥah Ibn 'Ubaydillāh	塔爾哈・本・烏貝伊德伊拉	聖門弟子
Ḏakwān Ibn 'Abd Qays al-Badrī az-Zuraqī	塔克灣・本・阿布得・嘎依司・阿爾・巴得衣・阿茲祖拉哥依	聖門弟子
Ṯawr	沙沃爾山	穆聖遷徙時所藏匿的山洞就在沙沃爾山上
Ṯuwaybah	舒為薄	阿布・拉賀伯的女奴

外文譯音	中文譯音	備註
	U	
Uba	烏巴	地名
‘Ubādah Ibn aṣ-Ṣāmit	歐巴岱・本・阿斯薩米特	輔士
Ubayy Ibn Ka‘b	烏貝依・本・卡阿巴	聖門弟子
Ubayy Ibn Ḫalaf	烏貝依・本・哈拉夫	
‘Ubaydullāh Ibn Ğaḥš	烏貝依都拉・本・賈賀許	聖門弟子
Uḥud	烏胡德	戰役
‘Umar Ibn al-Ḫaṭṭāb	歐瑪爾・本・阿爾・哈塔伯	聖門弟子
Umayyah Ibn Ḫalaf	伍麥亞・本・哈拉夫	
Ummah	烏瑪	穆民群體
Umm Ayman Barakah	烏姆・愛曼・巴拉咖	穆聖母親的女僕
Ummah-d-Da‘wah		尚未接受伊斯蘭教邀請的人
Ummah-al- Iğābah		已經接受伊斯蘭教並且宣揚它的人們
Umm Kulṯūm Bint Sahl	烏姆・古爾舒姆・本特・撒賀爾	聖門弟子之妻
Umm Hāni’ Bint Abī Ṭālib	烏姆・哈妮・本特・阿比・塔力伯	阿布・塔力伯的女兒
Umm Kulṯūm	烏姆・庫勒蘇姆	穆聖的女兒
Umm Salamah	烏姆・沙拉瑪	聖門女弟子
Umm Unays	烏姆・烏納依思	
‘Uqbah Ibn Abī Mu‘īṭ	烏各巴・本・阿比・姆宜特	
‘Uqbah Ibn ‘Āmir Ibn Nābī	烏各巴・本・阿密爾・本・那比	輔士
‘Urwah Ibn ‘Utbah	烏爾瓦・本・烏特巴	
‘Urwah Ibn az-Zubayr Ibn al-‘Awwām	烏爾瓦・本・祖貝爾・本・阿爾・阿望	聖訓傳人

外文譯音	中文譯音	備註
Usāmah Ibn Zayd	烏沙眲・本・宰德	宰德・本・哈力沙之子 又稱阿爾・西伯・本・阿爾・西伯（al-Ḥibb Ibn al-Ḥibb）
Usayd Ibn Ḥuḍayr	烏誰依得・本・忽熱易爾	聖門弟子
Utaybah Ibn Abī Lahab	烏太伊伯・本・阿比・拉賀伯	阿布・拉賀伯之子。穆聖女婿
‘Utbah Ibn Rabī‘ah	烏特巴・本・拉必阿	
‘Utbah Ibn Abī Lahab	烏特巴・本・阿比・拉賀伯	阿布・拉賀伯之子。穆聖女婿
‘Uṯmān Ibn Ṭalḥah Ibn Abī Ṭalḥah	歐斯曼・本・塔爾哈・本・阿比・塔爾哈	聖門弟子
‘Uṯmān Ibn ‘Affān	歐斯曼・本・阿范恩	聖門弟子穆聖女婿
‘Uṯmān Ibn Maẓ‘ūn	歐斯曼・本・馬如恩	聖門弟子
‘Uwaym Ibn Sā‘idah	烏維印・本・撒依達	輔士
‘Uzayr	烏冉也	猶太人所崇拜的聖人或是一位正義之士
	W	
Waraqah Ibn Nawfal	瓦剌嘉・本・拿烏非爾	聖妻哈蒂佳的表哥
William Moyer	威廉・謀耶	東方主義學者
	Y	
Yaḥyā	雅賀亞	先知
Yamāmah	亞麻麻	
Yassār	亞薩爾	鑄劍師
Yāsir	亞細爾	聖門弟子
Yaṯrib	亞斯利伯	麥地那的舊稱
Yawm al-Bu‘āṯ	阿爾・布阿斯日戰役	戰役
Yazīd Ibn Ṯa‘labah	亞濟德・本・撒拉巴	輔士
Yazīd Ibn Mu‘āwiyah	亞濟德・本・穆阿維亞	

外文譯音	中文譯音	備註
Yūnus Ibn Mattā	尤尼斯・本・馬塔	正義之士
Yūsuf	優素福	先知
Z		
Zaqqūm	贊古木	火獄裡贊古木樹的果子
Zayd Ibn Ḥāriṯah	宰德・本・哈力沙	聖門弟子
Zayd Ibn al-Ḫaṭṭāb	宰德・本・阿爾・哈塔伯	聖門弟子
Zaynab	宰娜卜	穆聖的女兒
Zaynab Bint Ğaḥš	宰娜卜・本特・甲賀須	聖妻
Zinnīrah ar-Rūmiyyah	仁尼拉・阿爾・如米雅	寫聖人傳記的第一位女弟子
Zuhayr Ibn Abī Umayyah al-Maḫzūmī	祖海爾・本・阿比・伍麥亞・阿爾・馬賀祖米	
Zum'ah Ibn al-Aswad Ibn al-Muṭṭalib Ibn Asad	祖瑪・本・阿爾・阿斯瓦得・本・阿爾・穆塔力伯・本・阿薩德（簡稱祖瑪）	同 Zumá Ibn Al Aswad 祖瑪・本・阿爾・阿斯瓦得
聖訓集		
Ṣaḥīḥ al-Buḫārī	布哈里聖訓集	
Ṣaḥīḥ Muslim	穆司林聖訓集	
Sunan Abū Dawūd	阿布・達晤得聖訓集	
Sunan an-Nasā'ī	安・那沙義聖訓集	
Sunan at-Tirmiḏī	鐵爾密濟聖訓集	
Sunan Ibn Māğah	本・馬加聖訓集	
al-Musnad	穆斯奈德聖訓集	
古蘭經（中譯本）		
*	馬堅譯	
#	馬仲剛譯	
+	仝道章譯	
&	王靜齋譯	
§	馬金鵬譯	

外文譯音	中文譯音	備註
部落（Banū）名		
‘Ād	阿德	
‘Āmir Ibn Ṣa‘ṣa‘ah	阿密爾・本・撒阿撒阿	
‘Abd ad-Dār (Banī ‘Abd ad-Dār)	阿布得・阿答爾	
‘Abd al-Ašhal	阿布得・阿爾・阿須哈爾	
‘Abd Manāf (Banū ‘Abd Manāf)	阿布得・曼那夫	
al-Aws	阿爾・阿烏司	
al-Ḫazrağ	阿爾・哈茲拉居	
al-Mu’ammil (Banī al-Mu’ammil)	阿爾・姆阿米爾	
al-Qārrah	阿爾・嘎拉賀	
an-Nağğār (Banū an-Nağğār)	安・那甲爾	
Dihāmah	帝哈瑪	
Ğaḥš	甲賀須	
Ğurhum	鳩爾胡	
Ḥāriṯah	哈里薩賀	
Hāšim	哈希姆	
Ḫilāb (Banū Ḫilāb)	賀依拉伯	
Iram	伊賴姆	
Kinānah	其那納	穆聖祖先的部落
Maḫzūm (Banū Maḫzūm)	馬賀祖	
Maḥsu	馬賀蘇	
Mudliğ	目德立居	
Muṭṭalib	穆塔力伯	
an-Naḏir	安・那日爾	猶太部落

外文譯音	中文譯音	備註
Nağd	那吉得	
Nağğār	那嘉爾	
Qaynuqā‘	嘎伊努嘎	猶太人部落
Qurayẓah	古萊壞	猶太人部落
Sa‘d	沙阿德	
Salamah	沙拉瑪	
Salīm Ibn ‘Awf	沙利姆·本·阿武夫	
Salīmah	沙利瑪	
Umayyah	伍麥亞	
Ẓafr	讓福爾	
Zahrah	惹阿賀拉賀	
特殊學術用語		
Ahl al-Bayt	穆聖的家人及子孫	
Allāhu Akbar	真主至大	
‘Aqīdah	伊斯蘭信仰學	
aṣ-Ṣiddīq	大賢阿布·巴克爾的美稱《忠誠者》	
at- Tahira	對聖妻哈蒂佳的尊稱，意為「純潔的人」	
Bismillāh	奉至仁至慈真主 ﷻ 之名	
Buraq	天馬	
Ḏikr	心口合一記念真主	
Du‘ā’	都阿以	祈禱文
Fiqh	伊斯蘭教法	
Ğihād	為主道奮鬥	聖戰
Halal	伊斯蘭教法中合法並允許的	
Ḫalīfah	穆斯林的領導人	
Ḫalwah	坐靜	
Ḥarām	伊斯蘭教法中所禁止的	

外文譯音	中文譯音	備註
‘Ilm al-Ğarḥ wa at-Ta‘dīl	稽查學	
in shā’ Allāh	托靠主	
Istiḫārah	抉擇拜	
La ilāha illallāh	萬物非主，唯有安拉	
Laylatul Qadr	蓋德夜	
Mukallaf	責任人	
Muqri’		教授古蘭經讀與唸的老師
Qārı᾿		讀經人
Qiblah)		朝向
Rabī’ al-Awwal		伊曆三月
ṣallā’llāhu ‘alayhi wa-sallam	虔祈安拉賜福予他	
Sharīʿa	伊斯蘭法律	
Šayḫ	學者（意譯）	謝赫（音譯）
Sīrah Aḫlāq	聖行美學	
Širk	為主舉伴的事	

認識伊斯蘭05

聆聽，先知穆罕默德的跫音

一部為穆斯林而寫的先知傳記（一）

Horcht! Die Schritte des Propheten Muhammad

作　　者　麥爾彥・杜艾伊伯（Mariem Dhouib）
翻　　譯　林謂妤
編　　輯　王家軒
校　　對　李國辰、陳佩伶
封面設計　蕭旭芳

企　　劃　蔡慧華
副總編輯　王家軒
社　　長　郭重興
發行人兼出版總監　曾大福
出版發行　八旗文化／遠足文化事業股份有限公司
地　　址　新北市新店區民權路108-2號9樓
電　　話　02-22181417
傳　　真　02-86671065
客服專線　0800-221029
信　　箱　gusa0601@gmail.com
Facebook　facebook.com/gusapublishing
Blog　gusapublishing.blogspot.com
法律顧問　華洋法律事務所／蘇文生律師

印　　刷　前進彩藝有限公司
定　　價　850元
初版一刷　2022年（民111）6月
ISBN　978-626-7129-29-6　978-626-7129-34-0 (EPUB)　978-626-7129-35-7 (PDF)

國家圖書館出版品預行編目（CIP）資料

聆聽，先知穆罕默德的跫音：一部為穆斯林而寫的先知傳記／麥爾彥・杜艾伊伯（Mariem Dhouib）著；林謂妤譯. -- 一版. -- 新北市：八旗文化出版：遠足文化事業股份有限公司發行, 民111.05
面；　公分. --（認識伊斯蘭；5）
譯自：Horcht! Die Schritte des Propheten Muhammad.
ISBN 978-626-7129-29-6（平裝）

1.CST: 穆罕默德(Muhammad, 570-632)　2.CST: 傳記　3.CST: 伊斯蘭教

259.1　　111006826